RUTH SOUKUP
Trotz deiner Angst – befürchte das Beste

RUTH SOUKUP

Trotz deiner Angst – befürchte das Beste

WIE DU ÄNGSTE ÜBERWINDEST, ZIELE VERFOLGST UND TRÄUME VERWIRKLICHST

Aus dem amerikanischen Englisch von Meike Key

Die englische Originalausgabe erschien unter dem Titel „Do it scared".
Copyright © 2019 by Ruth Soukup. Published by arrangement
with The Zondervan Corporation L.L.C. a subsidiary of HarperCollins Christian
Publishing, Inc.

Bibliografische Information der Deutschen Nationalbibliothek:
Die Deutsche Nationalbibliothek verzeichnet diese Publikation in der
Deutschen Nationalbibliografie; detaillierte bibliografische Daten sind im
Internet über http://dnb.d-nb.de abrufbar.

© 2020 Neukirchener Verlagsgesellschaft mbH, Neukirchen-Vluyn
Alle Rechte vorbehalten
Umschlaggestaltung: Grafikbüro Sonnhüter, www.grafikbuero-sonnhueter.de,
unter Verwendung eines Bildes © Angela Clitton Photography
Lektorat: Christina Herr, Lich
DTP: Breklumer Print-Service, www.breklumer-print-service.com
Verwendete Schrift: Scala Sans, FF Scala, Bauer Bodoni
Gesamtherstellung: GGP Media GmbH, Pößneck
Printed in Germany
ISBN 978-3-7615-6737-1

www.neukirchener-verlage.de

*Für mein wunderbares, fantastisches,
unglaublich motiviertes Team
bei Ruth Soukup Omnimedia –
dieses Buch ist ebenso ein Ergebnis
eurer harten Arbeit wie meiner.*

Inhalt

Geleitwort   9
Unsichtbare Fesseln   11

TEIL EINS
Die sieben Angsttypen   19
   Kapitel eins   Der Aufschieber   20
   Kapitel zwei   Der Regelbefolger   31
   Kapitel drei   Der Rechtmacher   43
   Kapitel vier   Der Außenseiter   55
   Kapitel fünf   Der Selbstzweifler   67
   Kapitel sechs   Der Ausredenfinder   81
   Kapitel sieben   Der Pessimist   94
   Die Angsttypen auf einen Blick   108

TEIL ZWEI
Die Grundsätze des Mutes   111
   Kapitel acht   Wage es zu träumen   112
   Kapitel neun   Regeln sind für Spießer   124
   Kapitel zehn   Ergreife das Steuer   136
   Kapitel elf   Nimm Feedback an   148
   Kapitel zwölf   Es gibt keine Fehler, nur Lektionen   157
   Kapitel dreizehn   Gleichgewicht wird überbewertet   166
   Kapitel vierzehn   Bleibe am Ball   178
   Die Grundsätze des Mutes auf einen Blick   191

TEIL DREI
Mut in Aktion   193

   Kapitel fünfzehn   Definiere dein Ziel   194
   Kapitel sechzehn   Finde dein Warum   205
   Kapitel siebzehn   Erstelle deinen Aktionsplan   217
   Kapitel achtzehn   Baue einen Unterstützerkreis auf   231
   Kapitel neunzehn   Vermeide die Vergleichsfalle   244
   Kapitel zwanzig   Verzichte auf Ausreden   254
   Kapitel einundzwanzig   Bleibe motiviert   268
   Mut in Aktion auf einen Blick   282

Danksagung   284

Quellenangaben   287

Geleitwort

Ich war ein relativ ängstliches Kind. Schon wenn meine Mutter mich zur Nachbarin schickte, um zu fragen, ob ich ein Ei ausleihen könnte, hätte ich mich am liebsten geweigert. Bei Biene Maja rannte ich aus dem Zimmer, weil es mir zu spannend war.

Niemand hätte gedacht, dass ich als erwachsene Frau einen sicheren und prestigeträchtigen Arbeitsplatz in Leitungsposition kündigen und einen Sprung ins Ungewisse wagen würde – einfach nur, weil ich das Gefühl hatte, dass Gott mich herausfordere, meine Komfortzone zu verlassen und einen Weg des Vertrauens zu beginnen.

Es dauerte einige Monate, bis ich mich durchgerungen hatte, dem inneren Impuls nachzugehen und wirklich meine Kündigung einreichte.

Nun, anderthalb Jahre später, blicke ich auf einen Weg voller neuer Chancen und unerwarteter Entwicklungen, ja regelrechten Wundern zurück. Meine Kirche hat mich zwischenzeitlich angestellt, um genau die Projekte zu verwirklichen, die ich auf dem Herzen habe, und ich konnte in den letzten Wochen als Co-Initiatorin von „Deutschland betet gemeinsam" die größte überkonfessionelle Gebetsversammlung mitorganisieren, die Deutschland je gesehen hat.

Corrie ten Boom hat einmal gesagt: „Mut ist Angst, die gebetet hat."

Die meisten großen Dinge geschehen nicht, weil Menschen ohne Angst ihre Träume oder Ideen umsetzen, sondern weil Menschen trotz ihrer Angst mutige Schritte gehen.

Und so freue ich mich sehr über das Buch von Ruth Soukup „Trotz deiner Angst – befürchte das Beste", in dem die Autorin lebensnah und praktisch ermutigt, den eigenen Träumen der eigenen Angst zum Trotz nachzugehen.

Ich bin überzeugt, dass viele Träume wie Samen in den Herzen unzähliger Menschen schlummern und warten, dass ihre Träger sie mutig ins Leben bringen. Möge dieses Buch dabei helfen, dass viele dieser Träume das Licht der Welt erblicken.

Julia Warkentin, Beraterin, Coach, Autorin

Unsichtbare Fesseln

Angst ist eine spannende Sache.

Sie ist ein grundlegender menschlicher Instinkt, der uns vor möglichen Gefahren schützen und uns bei akuter Bedrohung zum Handeln bewegen soll. Unsere Angst dient zum Selbstschutz und interessanterweise könnte das Ausbleiben einer Angstreaktion in bestimmten Situationen auf eine psychische Erkrankung hindeuten. Wir *sollen* uns fürchten.

Gleichzeitig kann ebendiese Angst zu einer unsichtbaren Fessel werden, die uns davon abhält, unser wahres Potenzial zu entfalten. Anstatt uns zu schützen, lähmt sie uns und hindert uns daran, voranzukommen, Risiken einzugehen, mutig unseren Träumen zu folgen und ein Leben zu gestalten, das uns glücklich macht.

Derselbe Instinkt, der uns schützen soll, hält uns gleichzeitig zurück. Und das nicht zu knapp! Glaube mir, ich weiß, wovon ich rede.

Angst hat, seit ich denken kann, eine sehr zentrale und aktive Rolle in meinem Leben gespielt. Ich habe Höhenangst und fürchte mich davor, mich zu blamieren. Menschenmengen machen mich nervös und ich bin kein Fan von Small Talk. Ich habe Sorge, dass andere Menschen mich nicht mögen oder denken, dass ich nervig oder merkwürdig bin und sie in meiner Gesellschaft ihre Zeit vergeuden. Ich zeige nicht gern, wer ich wirklich bin, und ich hasse es, verletzlich zu sein. Ich habe Angst, Fehler zu machen oder zu versagen und dass die anderen dann über mich reden. Vor nicht allzu langer Zeit löste allein der Gedanke daran, vor Publikum zu sprechen, bei mir eine Panikattacke aus.

All diese Angst stand mir im Weg, genauso wie es bei vielen anderen der Fall ist.

Susanne wollte schon immer ihre eigene Bäckerei mit Café eröffnen, aber sie traut sich einfach nicht. Sie hat so viel Angst zu versagen, dass sie ein unglaublich großzügiges Angebot eines Investors ablehnt, das ihr sowohl das Kapital als auch die nötige Ausbildung verschafft hätte, die sie für den Einstieg braucht.

Kirsten war eine talentierte Balletttänzerin und trainierte jahrelang intensiv, aber ihre Angst vor einer Absage war so groß, dass sie sie davon abhielt, bei einer professionellen Tanzschule vorzutanzen, auch wenn das schon immer ihr Traum gewesen war. Noch viele Jahre später hat sie das Gefühl, ihr Potenzial nie voll ausgeschöpft zu haben.

Tina möchte eigentlich nicht mehr als Juristin arbeiten. Schon seit einigen Jahren plant sie, die Kanzlei ihres Vaters zu verlassen und ihre eigene Firma zu gründen, aber sie hat zu viel Angst davor, ihn zu enttäuschen. Diese Verantwortung sowie der Verlust ihrer Unabhängigkeit machen ihr sehr zu schaffen.

Helen möchte reisen. Sie träumt davon, einfach in ihr Auto zu steigen und durch alle fünfzig Staaten der USA bis nach Kanada zu fahren. Von dort aus möchte sie sich noch viel weiter vorwagen, aber das ganze Unternehmen scheint viel zu riskant für eine alleinstehende, sechzigjährige Frau. Hinzu kommen die leisen Zweifel, ob das Reisen wirklich ihr Ding ist.

Constanze ist Wissenschaftlerin, das Verfassen von Artikeln gehört zu ihrem Beruf. Dennoch zeigt sie niemandem ihre Texte, ohne sie vorher perfektioniert zu haben. Sie macht sich Sorgen, dass sie inkompetent oder unprofessionell wirken könnte.

Obwohl sie weiß, dass diese Angst unbegründet ist, ist sie dennoch immer präsent.

Dasselbe Phänomen spielt sich täglich auf tausend verschiedene Arten ab.

Ein großer Traum. Eine noch größere Angst. Und dann – unvermeidlich – ein großes Bedauern.

Aber so muss es nicht kommen.

Vor einigen Jahren habe ich für mich eine Entscheidung getroffen, die alles verändert hat.

Ich beschloss, dass meine Angst mir nicht länger im Weg stehen sollte.

Mir wurde klar, dass es okay ist, Angst zu haben – dass jedem von uns manchmal flau im Magen ist –, aber dass es nicht in Ordnung war, mich durch Angst von der Realisierung meiner Träume abhalten zu lassen. Ich musste einen Weg finden, die Angst zu meinem Vorteil zu nutzen.

Also beschloss ich, von nun an *meiner Angst zu trotzen und das Beste zu befürchten.*

„Trotz deiner Angst – befürchte das Beste" wurde zu meinem Mantra. Ein kleiner Mutmacher, den ich mir immer wieder in Erinnerung rief, wenn ich mich nervös, ängstlich oder unsicher fühlte, meine Komfortzone verließ oder ein Risiko einging. Also im Prinzip die ganze Zeit.

Als ich mein Unternehmen gründete, wurde das Mantra zu einem seiner Grundwerte und bald darauf zum Schlachtruf der Community-Mitglieder sowohl von *Living Well Spending Less* als auch von der Elite *Blog Academy*. Das inspirierte mich zu dem Podcast *Do It Scared*, der anderen – und mir selbst – dabei helfen sollte, Ängste zu überwinden, Ziele zu verfolgen und Träume zu verwirklichen.

Man könnte fast sagen, ich war wie besessen. Und genau an dieser Stelle kommt dieses Buch ins Spiel.

Die Angsttypen

Im Laufe der vergangenen neun Jahre, während ich mich meinen eigenen Ängste stellte und mit vielen Mitgliedern der Community sprach, ist mir bewusst geworden, welchen enormen Einfluss Angst auf unser Leben hat – insbesondere auf das von Frauen. Es ist schrecklich zu hören, dass so viele Menschen ihr Leben an sich vorbeiziehen sehen und zu viel Angst davor haben, etwas zu riskieren, aus Sorge, einen Fehler zu machen, Menschen zu enttäuschen, zu versagen oder ausgelacht zu werden. Sie wissen eigentlich ganz genau, was sie gern tun würden, aber aus Angst lassen sie es dann doch bleiben.

Als ich mit immer mehr Frauen über dieses Thema sprach, erkannte ich außerdem, dass nicht jede Angst gleich ist. Versteh mich nicht falsch, jeder von uns hat vor irgendetwas Angst. Wir alle fürchten uns, und diese Furcht beeinflusst unser Leben, aber die Angst manifestiert sich auf ganz unterschiedliche Weise. Während sich eine Person davor fürchtet, zu versagen, hat die andere Angst davor, verstoßen zu werden. Hier fürchtet sich jemand vor Verantwortung, während dort jemand panische Angst davor hat, etwas falsch zu machen. Ich beschloss, dem Ganzen noch weiter auf den Grund zu gehen, und befragte über 4.000 Mitglieder meiner Communitys zu der Rolle, die Angst in ihrem Leben spielt. Dann engagierte ich ein Team von Wissenschaftlern, um mir bei der Analyse eines schwindelerregenden Datenbergs zu helfen. Mich interessierte besonders, wie genau unsere Ängste uns davon abhalten, unsere Träume zu verfolgen, unsere Ziele zu erreichen und unsere Chancen zu nutzen.

In dem Fragebogen wurden Daten zu Lebenszielen und Zufriedenheit erhoben sowie Fragen hinsichtlich des Erlebens von Angst und Schwierigkeiten gestellt. Es sollten Situationen beschrieben werden, in denen Sorgen und Ängste jemanden davon abgehalten hatten, einen Traum zu verfolgen oder ein Ziel zu erreichen, aber auch solche, in denen jemand seine Angst überwunden hatte, um sich einen Wunsch zu erfüllen. Viele der Fragen wurden als offene Fragen formuliert, und die Erlebnisse, von denen Befragten erzählten, ergaben eine Palette an sowohl unglaublich inspirierenden bis hin zu vollkommen herzzerreißenden Geschichten. Einige dieser Geschichten tauchen in diesem Buch auf, mal als Zitate aus dem Fragebogen, mal als leicht abgewandelte Fallbeispiele.

Die Umfrageergebnisse waren in mehrfacher Hinsicht erstaunlich aufschlussreich, aber eine Entdeckung fiel besonders ins Auge. Als ich schließlich begriff, auf was wir da gestoßen waren, blieb mir buchstäblich die Luft weg. Plötzlich bekam so vieles, was uns zuvor unerklärlich schien, einen Sinn. Dieser Aha-Moment war die Entdeckung von sieben Angstmustern – sieben unterschiedliche Wege, wie Angst sich in unserem Leben manifestiert, und die Art und Weise, wie sie unsere Bereitschaft beeinflusst, aus unserer Komfortzone herauszutreten, um unsere Träume wahr zu machen und unsere Ziele zu verfolgen. Und weil ich es mag, den Dingen einen Namen zu geben (eine Leidenschaft, die mein Team dir sicher bestätigen wird), nenne ich diese sieben Muster „Angsttypen". Sie bestehen aus dem Aufschieber, dem Regelbefolger, dem Rechtmacher, dem Außenseiter, dem Selbstzweifler, dem Ausredenfinder und dem Pessimisten.

Und an dieser Stelle wird es erst so richtig faszinierend. Denn während jeder von uns einige Eigenschaften aller sieben Angsttypen besitzt, haben die meisten von uns mindestens einen dominanten Typ, der uns stärker beeinflusst als die anderen und sich in unserem Leben besonders auffällig auswirkt. Wie die Angst selbst hat jeder der sieben Angsttypen sowohl negative als auch positive Eigenschaften, die uns behindern oder uns helfen können.

Die Tatsache, dass jeder Angst auf unterschiedliche Weise erlebt, bedeutet, dass auch der Weg zur *Überwindung* dieser Angst für jeden ein wenig anders aussieht. Daher ist es wichtig zu wissen, wie genau sich unsere Angst – beziehungsweise unser Angsttyp – auf unser Leben auswirkt, um mit diesem Wissen gezielt gegen die Angst angehen zu können.

Der Test zur Einschätzung der Angsttypen

Zu verstehen, auf welche Art und Weise dich deine Angst zurückhält, ist ein erster, entscheidender Schritt, um genau diese Angst zu überwinden. Es ist allerdings nicht immer einfach, die entsprechenden Aspekte zu identifizieren. Um dir dabei behilflich zu sein, habe ich gemeinsam mit meinem Team einen Test entwickelt, mit dem du deinen persönlichen Angsttyp ermitteln kannst. Du findest ihn online unter doitscared.com/assessment. Der Test dauert ungefähr fünfzehn Minuten und gibt dir anschließend einen Einblick in deinen dominanten Angsttyp.

Während der Test es dir erleichtert, deine persönlichen Ängste zu identifizieren, gibt es einige spezifische Punkte, die du dabei im Hinterkopf behalten solltest:

Es gibt unter den Angsttypen keinen „besseren" oder „schlechteren" Typ. Jeder der sieben Angsttypen hat sowohl positive als auch negative Eigenschaften, auch wenn ihre Namen auf den ersten Blick etwas negativ wirken mögen. Das liegt daran, dass sie die Angst repräsentieren, die uns im Leben zurückhält.

Dein persönlicher Angsttyp kann sich im Laufe deines Lebens verändern, je nach den aktuellen Umständen und Lebensphasen. Am meisten beeinflusst wird er jedoch durch tief gehende Ereignisse wie beispielsweise Erlebnisse in der Kindheit oder Traumata.

Je höher dein Prozentsatz für einen bestimmten Angsttyp ist, desto wahrscheinlicher ist es, dass dieser dein Leben beeinflusst. Aber vielleicht liegen deine Werte für alle sieben Angsttypen auch im unteren bis mittleren Bereich, was bedeutet, dass Angst für dich kein grundlegendes Problem darstellt. Ebenso könnte es sein, dass deine Ergebnisse in mehreren Kategorien gleichzeitig hoch ausfallen.

Über dieses Buch

Dieses Buch soll ein praktisches Werkzeug sein, ein Leitfaden, der dir dabei hilft, dich deinen Ängsten zu stellen, sie zu überwinden und Träume in deinem Leben zu verwirklichen. Es besteht gleichermaßen aus Inspiration, praktischen Tipps und „liebevoller Strenge" und soll dich dazu ermutigen, festgefahrene Überzeugungen zu hinterfragen, die dich von persönlichen Erfolgen abhalten. Zudem dient es als Motivation, um notwendige Schritte einzuleiten und positive Veränderungen herbeizuführen.

Unsere gemeinsame Reise beginnt im ersten Teil, der sich mit dem Verständnis der sieben spezifischen Arten beschäftigt, wie sich Angst in unserem Leben manifestieren kann. Wir werden deinen individuellen Angsttyp identifizieren und lernen, auf welche Weise er dich zurückhält. Außerdem werfen wir für ein tieferes Verständnis ebenfalls einen Blick darauf, wie genau sich Angst im Leben anderer äußern kann. Um an dieser Stelle schneller voranzukommen, empfehlen wir, die Bereiche zu ermitteln, auf die du dich besonders konzentrieren möchtest. Dieser Abschnitt macht besonders viel Spaß, da du höchstwahrscheinlich Eigenschaften von dir selbst oder deinen Mitmenschen in einigen Angsttypen wiederfinden wirst. Bedenke, dass es für jeden Angsttyp konkrete Handlungsschritte gibt, die man gehen muss, um vorwärtszukommen. Diese werden ebenfalls im ersten Teil aufgezeigt.

Im zweiten Teil werden wir über die Grundsätze des Mutes sprechen: Sieben grundlegende Überzeugungen, die deine Denkweise entscheidend verändern können, sobald du sie für dich übernimmst. Sie geben dir den Mut, Dinge zu realisieren, die du zuvor nicht für möglich gehalten hättest.

Im dritten und letzten Teil – Mut in Aktion – stelle ich dir ein paar effiziente Möglichkeiten vor, wie du diese innerlichen Veränderungen konkret anwenden kannst.

Trotz deiner Angst – befürchte das Beste ist als „leichte Lektüre" konzipiert, will aber langsam verdaut werden. Vielleicht möchtest du das eine oder andere Kapitel auch mehrfach lesen. Halte dir stets Textmarker, Stift und Notizbuch bereit, sie werden dir garantiert von Nutzen sein. Nimm außerdem gern die zusätzlichen Hilfsmittel und Arbeitsblätter in Anspruch, die du unter doitscared.com findest. Sie helfen dir dabei, die Informationen aus diesem Buch zu verinnerlichen und in deinem Alltag praktisch anzuwenden. Mein wöchentlicher Podcast *Do It Scared* ist ebenfalls eine gute Ergänzung zu dem hier Gelernten und kann dir weitere Inspiration und Motivation geben.

Also: Auf dass du deiner Angst trotzt und trotz deiner Angst das Beste befürchtest!

Auf dass du Ängste überwindest, Ziele verfolgst und deine Träume verwirklichst!

TEIL EINS
Die sieben Angsttypen

Wenn es darum geht, die Hindernisse zu überwinden, die uns davon abhalten, unsere Ziele zu verfolgen, müssen wir im Hinterkopf behalten, dass es unterschiedliche Arten von Ängsten gibt. Die sieben Angsttypen stehen für verschiedene Möglichkeiten, wie Angst in unserem Leben sichtbar werden kann. Die gute Nachricht ist, dass wir – sobald wir die Angst identifiziert haben, die unser Leben negativ beeinflusst und uns zurückhält – tatsächlich etwas dagegen tun können.

Der Kampf gegen deine größten Ängste beginnt mit der Auswertung unseres Angst-Tests, die dir einen sofortigen Einblick in dein Innenleben gibt. Wenn du also deinen individuellen Angsttyp herausfinden möchtest, führe den Text unter doitscared.com/assessment durch.

Kapitel eins
Der Aufschieber

Wenn deine größte Angst darin besteht, einen Fehler zu machen

Perfektionismus ist nicht so sehr der Wunsch nach Vollkommenheit, sondern vielmehr die Angst vor dem Scheitern, die sich im Aufschieben ausdrückt.
Dan Miller

Amelie hat die Dinge am liebsten auf eine bestimmte Weise. Sie ist unglaublich eigen, wenn es darum geht, wie sie sich kleidet, wie sie ihr Haar macht und ihre Wohnung dekoriert. Für sie ist es von großer Bedeutung, dass diese Dinge perfekt sind, auch wenn sie nicht immer genau sagen kann, was „perfekt" ist. Tatsächlich verbringt sie manchmal Stunden mit der Optimierung von Kleinigkeiten: Sie wechselt ihr Oberteil, ihre Schuhe oder Accessoires und schiebt eine Vase oder einen Bilderrahmen im Wohnzimmer hin und her, auf der Suche nach dem besten Ergebnis.

Der Wunsch nach Perfektion ist in Amelies Leben ständig präsent. Sie hat so viel Angst davor, einen Fehler zu machen, dass sie oft gar nicht erst anfängt. Zum Ausgleich beginnt sie mit einer Aufgabe in der Regel sehr früh, weil sie genau weiß, dass sie sich am Ende an Kleinigkeiten aufhalten wird, um alles genau richtig zu machen.

Auch während ihres Studiums hat sie stets versucht, die Aufgaben frühzeitig zu erledigen und hat oft sogar schon damit begonnen, noch bevor sie von dem Dozenten dazu aufgefordert wurde. Dennoch gab sie ihre Aufsätze immer erst in letzter Minute ab, manchmal sogar mit einer eingeschobenen Nachtschicht, nur um sicherzugehen, dass auch wirklich alles perfekt war. Wenn es jedoch eine Aufgabe gab, die ihr wirklich Angst machte, dann schob sie sie auf unbestimmte Zeit auf.

Heute arbeitet Amelie als Grafikdesignerin für ein aufstrebendes Start-up in der Kaffee-Branche. Sie liebt ihre Arbeit – und den Kaffee –, aber der Stressfaktor ist enorm hoch. Da das Unternehmen sehr schnell wächst, befinden sich die Dinge in ständiger Veränderung. So gut wie jedes Projekt, für das Amelie verantwortlich ist, muss so schnell wie möglich erledigt werden, was ihr keine Zeit lässt, um vorzuarbeiten. Ihr Chef hat keine Ahnung davon, dass sie manchmal bis tief in die Nacht an ihren Designs herumbastelt, damit sie pünktlich fertig werden. Der Schlafmangel, die ständige Veränderung und der Druck, den sie sich selbst auferlegt, um immer perfekte Ergebnisse zu erzielen, beginnen, Amelie auszulaugen.

Veränderungen empfindet Amelie als extrem unangenehm. Sie bevorzugt ihre vertraute Routine und ihre gewohnten Handgriffe. Ihre Freunde und ihr Ehemann bezeichnen sie manchmal liebevoll als unflexibel, aber Amelie zieht es vor, sich selbst als beständig und konsequent zu betrachten. Dennoch steht dieses Bedürfnis nach Beständigkeit ihr manchmal im Weg. Sie fürchtet sich davor, zu weit aus ihrer Komfortzone herauszutreten, auch wenn ein Teil von ihr gern risikofreudiger wäre. Als ihre Gemeinde sie kürzlich fragte, ob sie auf eine Missionsreise nach Kenia mitkommen wolle, lehnte sie ab. „Es ist so weit weg", sagte sie als Begründung, „und alles ist so fremd."

Da ihr Job so stressig ist, hat Amelie wiederholt in Erwägung gezogen, sich als Grafikdesignerin selbstständig zu machen. Der Gedanke daran, von zu Hause aus zu arbeiten und sich die Zeit selbst einzuteilen, ist verlockend, aber sie hat zu viel Angst davor, bei der Unternehmensgründung etwas falsch zu machen. Sie fürchtet sich so sehr davor, zu scheitern, dass sie den Schritt letztendlich nicht wagt. In solchen Situationen fühlt sie sich oft wie gelähmt.

Amelie hat hohe Erwartungen an sich selbst und an ihre Mitmenschen. In Streitsituationen bezeichnet ihr Mann sie oft als perfektionistisch, wobei Amelie nicht versteht, was daran so schlimm sein soll. Was ist falsch daran, nach Perfektion zu streben? Ihrer Meinung nach sollte man etwas lieber ganz bleiben lassen, anstatt es halbherzig oder fehlerhaft zu tun.

Amelie gehört zum Angsttyp des Aufschiebers.

Der Angsttyp des Aufschiebers

Auch bekannt als Perfektionist, hat der Aufschieber hauptsächlich mit der Angst vor Fehlern zu kämpfen, was sich darin äußert, dass er sich nicht verpflichten oder nur schwer mit einer Aufgabe anfangen kann. Aus Furcht vor einem falschen Schritt sucht der Aufschieber stets nach guten Gründen, um es gar nicht erst zu probieren – mit Erfolg.

Ironischerweise zeigt der Aufschieber nach außen hin ein ganz anderes Verhalten, indem er Dinge weit im Voraus plant oder versucht, vorzuarbeiten. Es ist wichtig zu wissen, dass Aufschieben für diesen Angsttyp nicht unbedingt im traditionellen

Sinne bedeutet, sich bis zur letzten Minute vor Aufgaben zu drücken. Stattdessen versucht der Aufschieber, jegliche Art von Fehlern zu vermeiden, indem er versucht, sich so viel Zeit wie möglich für eine Aufgabe zu nehmen.

Im Zweifelsfall hat der Aufschieber Angst zu handeln und kann sich aufgrund dieser Unentschlossenheit gelähmt fühlen, insbesondere wenn eine schnelle Entscheidung getroffen werden muss. Er zieht es vor, übermäßig gründlich zu recherchieren und alles bis ins kleinste Detail zu planen und zu organisieren. Dieses hohe Maß an Vorbereitung kann durchaus von Vorteil sein, aber ebenso zur Behinderung werden, wenn Planung und Recherche zum Ersatz für tatsächliches Handeln avancieren.

Die Hauptangst des Aufschiebers, einen großen Fehler zu machen – insbesondere einen, der nicht rückgängig gemacht werden kann –, hindert ihn daran, seine Träume zu verwirklichen und seine Ziele zu verfolgen. Es braucht häufig eine Deadline oder andere äußere Einflüsse, um ihn zum Handeln zu bringen; auf sich selbst gestellt, schiebt er die Dinge ansonsten bis auf unbestimmte Zeit auf.

Laut unseres Fragebogens ist der Aufschieber der gängigste unter den Angsttypen: einundvierzig Prozent geben ihn als Haupttyp an, bei vierundsiebzig Prozent der Befragten ist er unter den ersten drei.

Positive Eigenschaften

Das Verlangen des Aufschiebers nach Perfektion beflügelt sein Streben nach Höchstleistungen. Er schätzt Qualität und setzt auf hohe Standards, was sich in exzellenten Ergebnissen äußert.

Der Aufschieber ist besonders gut für Aufgaben geeignet, die einen scharfen Blick fürs Detail und eine besonders sorgfältige Vorbereitung erfordern. Zudem führt seine Gründlichkeit bei Recherche und Planung zu weniger Fehlern und besseren Endergebnissen.

Der Aufschieber bevorzugt Ordnung und Struktur und hat in der Regel einen guten Blick für das große Ganze. Er arbeitet konzentriert und fleißig, hat ein starkes Verantwortungsbewusstsein und ist aufgaben- und ergebnisorientiert. Deshalb ist er oft in Berufen zu finden, die eine gewisse Liebe zum Detail erfordern, beispielsweise in der Forschung, im Ingenieurwesen, als Autor oder Autorin, Innenarchitekt, Grafikdesignerin, im Lehramt oder in der Verwaltung.

Gewohnheiten und Verhaltensweisen

- Plant gern im Voraus, um so viel Zeit wie möglich zur Verfügung zu haben
- Organisiert Urlaube und große Projekte oft Monate oder gar Jahre im Voraus
- Ist eher detailorientiert
- Vermeidet Dinge oder schiebt sie auf, wenn er sich nicht qualifiziert genug fühlt
- Braucht von Natur aus Ordnung und Struktur
- Kontrolliert seine Arbeit oft mehrmals, um sicherzustellen, dass alles perfekt ist
- Hat nie das Gefühl, dass etwas wirklich „fertig" ist
- Betreibt gern Recherche und hat stets das Gefühl, dass es noch mehr zu lernen gibt
- Kann extrem selbstkritisch sein

- Fehler deprimieren oder ärgern ihn zutiefst
- Arbeitet zielgerichtet und kennt die Deadlines genau

Die Stimme des Aufschiebers

Einer der aussagekräftigsten Teile des Fragebogens waren die Aussagen, die die Befragten zur Beschreibung ihrer Ängste machten. Jeder Angsttyp hat seine eigene Stimme, seine individuelle Art, auszudrücken, wie die Angst aussieht und sich anfühlt. Die folgenden Aussagen sind Zitate von Befragten, die hohe Werte für den Aufschieber erzielten:

- „Ich schäme mich so sehr, wenn ich etwas nicht perfekt erledige, dass ich gar nicht erst anfange."
- „Ich befürchte immer, nicht alle notwendigen Informationen zu haben, um voranzukommen."
- „Ich hasse dieses unangenehme Gefühl in einer unbekannten Situation. Veränderungen machen mich nervös und bei neuen Aufgaben habe ich immer Angst zu versagen."
- „Ich habe solche Angst, es nicht zu schaffen. Die Furcht, bei meinem ‚großen Ziel' zu versagen, hält mich davon ab loszulegen. Ich möchte meinen Mann und meinen Sohn nicht enttäuschen und ich möchte nicht, dass andere aufgrund meines Versagens über mich urteilen und übersehen, was ich bei meiner aktuellen Arbeit jeden Tag erreiche."
- „Ich habe Angst vor Fehlern und manchmal auch vor Erfolg. Im Prinzip habe ich Angst vor Veränderung, deshalb hält mich etwas in meinem Inneren zurück. Da, wo ich jetzt bin, bin ich ‚sicher'."

- „Ich fürchte mich davor zu versagen. Deshalb möchte ich es gar nicht erst versuchen. Neue, unbekannte Situationen machen mir Angst."

Wie dieser Angsttyp dir im Weg stehen kann

So bewundernswert die Liebe zum Detail und das beinahe fanatische Streben nach Perfektion auch sind, kann die übermäßige Angst vor Fehlern und das starke Zögern hinsichtlich unwiderruflicher Entscheidungen den Aufschieber daran hindern, Risiken einzugehen, neue Dinge auszuprobieren und große Ziele zu verfolgen.

Wenn du zum Angsttyp des Aufschiebers gehörst, kann dich das auf folgende Weise negativ beeinflussen und deinen Tatendrang bremsen:

- Es ist für dich von so großer Bedeutung, weit im Voraus zu planen, dass du die Möglichkeiten ablehnst, die sich direkt vor dir auftun.
- Du sagst zu oft Nein.
- Die Angst davor, einen Fehler zu machen, lähmt dich – so sehr, dass du nicht einmal einen ersten Schritt gehen kannst.
- Du fühlst dich nie richtig bereit, um anzufangen – also lässt du es einfach.
- Du verbringst so viel Zeit mit der Recherche, der Planung und der Organisation, dass du nie richtig loslegst.
- Es fällt dir schwer, dich an Deadlines zu binden.
- Du schaffst es kaum, deine eigenen hohen Anforderungen zu erfüllen, und bist nie vollkommen zufrieden mit deinen Ergebnissen.

- Es fällt dir schwer, wichtige Projekte zu beenden, da du stets das Gefühl hast, es gibt noch etwas zu verbessern.
- Du gibst dir selbst kaum Anerkennung für deine Leistungen und erlaubst dir nicht die Freiheit, Neues auszuprobieren und Fehler zu machen.
- Du fühlst dich ängstlich und besorgt, wenn du nicht genügend Zeit für eine Recherche oder Planung hast.

So besiegst du diese Angst

Hier findest du einige Strategien für Aufschieber, die dir dabei helfen können, die Angst vor Fehlern zu überwinden:

Umdenken
Wenn du dein Leben als eine Reihe von *Lehreinheiten* betrachtest anstatt als eine Reihe von Fehlern, so erhältst du automatisch mehr Freiheit zum Ausprobieren und Experimentieren und verlierst den selbst auferlegten Zwang nach Perfektion. Die Angst vor Fehlern und Irrtümern ist bei dem Aufschieber so stark ausgeprägt, dass sie ihn oft daran hindert, überhaupt zu handeln. Ohne konkrete Schritte in die richtige Richtung bleiben die Ziele in deinem Kopf allerdings unerreichbar. Deshalb ist es besonders wichtig, die Perspektive zu wechseln und Fehler, Imperfektion und falsche Entscheidungen auf andere Weise zu betrachten.

Aktiv werden
Eine einfache und doch unglaublich effektive Methode, die du sofort umsetzen kannst, ist der Einsatz von konkreten Deadlines in deinem Zeitplan – und zwar solche, die Konsequenzen haben, sofern sie nicht eingehalten werden. Du kannst dir die „Strafe" selbst auferlegen, oder du bittest deinen Partner oder eine gute Freundin, dir behilflich zu sein. Selbst deinen Chef kannst du mit ins Boot holen und ihn darum bitten, die Deadline und die eventuellen Konsequenzen festzulegen. Je „realer" die Deadlines sind, desto eher wirst du sie einhalten.

Deine natürliche Neigung als Aufschieber ist es, so viel Zeit wie möglich zwischen dir und der Deadline einzuplanen. Dies führt manchmal dazu, dass du zu weit im Voraus planst, manchmal wartest du auch bis zur letzten Minute, bis du endlich loslegst. In beiden Fällen bedeutet es jedoch, dass du unbedingt eine Deadline brauchst, die dir Orientierung gibt.

Versuche einmal, das Gegenteil von Perfektion – also Imperfektion – zu üben: Mache jeden Tag eine Sache einfach nur um der Handlung willen und nicht, weil sie perfekt erledigt werden muss. Gib zum Beispiel einen Arbeitsauftrag schon in der Rohfassung ab, anstatt am Schluss das Endergebnis einzureichen. Beobachte, wie du dich dabei fühlst. Letztendlich ist konkretes Handeln das einzige Gegenmittel gegen Angst. Je mehr du also übst zu handeln – auch wenn es zunächst nur kleine Schritte in die richtige Richtung sind –, desto leichter wird es dir mit der Zeit fallen, auch größere und drastischere Schritte zu tun.

Verantwortung übernehmen
Ein Rechenschaftspartner ist jemand, der dich unterstützt, ermutigt und dir dabei hilft, dich an Abmachungen zu halten.

(Mehr zur Zusammenarbeit mit Rechenschaftspartnern erfährst du übrigens in Kapitel elf und achtzehn.) Wichtig für einen Aufschieber ist es, einen Rechenschaftspartner zu finden, der selbst *kein* Aufschieber ist. Nur jemand mit anderen Stärken und einem anderen Angsttyp als du kann dir den Blickwinkel geben, den du brauchst. Halte nach jemandem Ausschau, der dich dazu ermutigt, zu handeln und weiterzumachen, auch wenn die Dinge vielleicht nicht ganz perfekt sind, und der dich an deine Ziele erinnert, wenn du am liebsten aufgeben möchtest oder dich vor Verbindlichkeiten fürchtest.

Der Weg aus dem Perfektionismus

Amelie weiß, dass sie die Dinge vermutlich immer so am liebsten haben wird „wie sie sind". Dennoch hat sie damit begonnen, ihrer Angst vor Fehlern und Versagen – die sie bisher vom Handeln zurückgehalten hat – aktiv entgegenzutreten.

Ihr erster Schritt war eine Notiz auf ihrem Schreibtisch, auf der geschrieben stand: „Es gibt keine Fehler, nur Lektionen." Sie ist sich nicht sicher, ob sie den Spruch schon richtig verinnerlicht hat, aber diese kleine Erinnerung ist ihr sehr wichtig. Im Laufe der vergangenen Wochen hat sie bemerkt, dass sich ihre Sorgen und die Panik bei der Abgabe eines Projekts signifikant reduziert haben.

Amelie hat ebenfalls angefangen, sich für die Bearbeitung gewisser Aufgaben einen Wecker zu stellen, zusätzlich zu den konkreten Deadlines für größere Projekte. Dies hat ihr geholfen, das endlose Optimieren zu reduzieren und sie hat sogar den Eindruck, dass die Arbeitsergebnisse besser sind als vorher. Ihr Chef scheint keinen Qualitätsunterschied bemerkt zu haben, doch Amelie fühlt sich wesentlich weniger gestresst hinsichtlich all der Veränderungen um sie herum.

Während Amelie ihren Job mehr und mehr genießt, hat ihre neu gewonnene Freiheit im Hinblick auf Fehler sie dazu veranlasst, ernsthafter über eine Selbstständigkeit als Grafikdesignerin nachzudenken. Für mehr Unterstützung und Ermutigung ist sie einer Facebookgruppe von freien Grafikdesignern beigetreten. Dort hat sie bereits einige interessante Kontakte knüpfen können und Antworten auf viele ihrer Fragen zur Selbstständigkeit erhalten. Einige der Gruppenmitglieder ermutigten sie dazu, ihren Chef zu fragen, ob er sie in Teilzeit anstellen würde, damit sie nebenher ihr eigenes Unternehmen ausbauen könnte. Und siehe da, er stimmte zu!

Amelie war nie bewusst gewesen, wie sehr ihr Streben nach Perfektion ihr Leben beeinflusste hatte. Nun hat sie jedoch erkannt, in welchem Ausmaß ihre Angst vor Fehlern sie in vielen Bereichen zurückgehalten und behindert hatte. Außerdem ist sie erstaunt, wie viel glücklicher und erfüllter sie sich fühlt, jetzt, da sie aktiv daran arbeitet, diese Angst zu überwinden – auch wenn das bedeutet, ab und an einen Fehler zu machen.

Kapitel zwei
Der Regelbefolger

Wenn deine größte Angst darin besteht, aus der Reihe zu tanzen

Lerne die Regeln wie ein Profi, damit du sie brechen kannst wie ein Künstler.
manchmal Pablo Picasso zugeschrieben

Thea war schon immer darauf bedacht, alles richtig zu machen. Als Kind hat sie stets Verantwortungsbewusstsein und Zuverlässigkeit bewiesen; sie war diejenige, die nie unangenehm auffiel und sich nie gegen die Lehrer stellte. Sie hat hart gearbeitet, nie Grenzen überschritten und sich immer strikt an alle Regeln gehalten. Außerdem war ihr schon sehr früh klar, dass sie im Rechtssektor arbeiten wollte.

Nach ein paar Jahren beim Militär wurde sie Polizistin in einer Stadt, die nur knapp dreißig Kilometer von ihrer Heimat entfernt lag. Im Großen und Ganzen liebte sie ihren Job. Das Gesetz war eindeutig und unumgänglich und es gab ihr ein gutes Gefühl, genau zu wissen, was von ihr erwartet wurde. Sie arbeitete vorbildlich, hielt sich an die Regeln und erklomm die Karriereleiter, so wie es sein sollte.

In ihrer Freizeit engagierte sich Thea im Ort und war ein aktives Mitglied in ihrer Kirche. Sie und ihr Mann kauften ein Stück Land außerhalb der Stadt, und als ihre drei Kinder geboren waren, begannen sie mit dem Anbau von Gemüse als kleines Familienprojekt. Das Gärtnern wurde für Thea schnell zu einer Leidenschaft: Sie liebte es zu sehen, dass die Erzeugnisse umso besser wurden, je mehr Aufwand sie betrieb – je penibler sie beispielsweise darauf achtete, die exakt richtige Menge an Wasser und Dünger einzusetzen.

Sie konnte kaum genug davon bekommen, einzulegen und zu konservieren, und schon bald verschenkte sie hausgemachte Salsa-Soße und saure Gurken an Freunde und Familie – zu deren großer Freude.

Theas Leben war stabil und berechenbar, genau so, wie sie es mochte.

Und dann hatte sie einen Unfall.

Zu Theas großem Nachteil geschah der Unfall nicht bei der Arbeit, was ihr eine Frührente sowie Erwerbsunfähigkeitsleistungen ermöglicht hätte. Sie hatte lediglich einem Freund beim Umzug geholfen und war auf einer Stufe ausgerutscht. Das Ergebnis war eine gerissene Sehne und einige beschädigte Knorpel in ihrem Knie.

Sie wurde vom Außendienst abgezogen und temporär für den Schreibtischdienst eingeteilt. Doch diese vorübergehende Lösung wurde schließlich zu ihrer dauerhaften Aufgabe, da ihr Knie nicht richtig heilte. Dies brachte eine Degradierung sowie eine deutliche Lohnkürzung mit sich.

Theas Leben fühlte sich plötzlich wesentlich weniger stabil und berechenbar an.

Es waren noch drei Jahre bis zur Rente und Thea wusste, dass sie ihr Einkommen irgendwie aufstocken musste, weshalb sie begann, ihre hausgemachten Soßen und Einmachgläser auf dem Wochenmarkt zu verkaufen. Sie hatte ein Talent für ausgefallene Geschmackskombinationen, was ihre Produkte umso köstlicher und beliebter machte. Mit der Zeit bekam sie eine richtige lokale Fangemeinde.

Inzwischen wird sie von einigen ihrer Stammkunden dazu ermutigt, ihr Unternehmen auszubauen, eine eigene Marke für ihre Produkte zu entwickeln und sie vielleicht sogar online zu verkaufen. So gern Thea auch mehr Geld verdienen möchte, so sehr zögert sie angesichts dieser neuen Aufgabe. Sie weiß, dass es bezüglich des Verkaufs von Lebensmitteln unzählige Regulierungen gibt, die zu beachten sind, und sie ist sich nicht sicher, ob sie all diese Anforderungen jemals erfüllen kann. Der Verkauf auf dem Wochenmarkt ist eine Sache – hier sind die Regeln relativ entspannt. Aber ein eigenes Unternehmen zu gründen, ihre Produkte online zu verkaufen und sie vielleicht sogar in andere Länder zu liefern, dem sieht sich Thea einfach nicht gewachsen. Wo soll sie anfangen, nach all den Regulierungen und Vorschriften zu suchen? Und was, wenn sie eine übersieht? Allein der Gedanke an die Verletzung einer wichtigen Verordnung und die daraus resultierenden Schwierigkeiten lassen sie schaudern. Jedes Mal, wenn sie die Idee auch nur in Erwägung zieht, fühlt sie sich wie gelähmt.

Thea ist festgefahren. Denn es gibt einfach keine Möglichkeit.

Thea gehört zum Angsttyp des Regelbefolgers.

Der Angsttyp des Regelbefolgers

Regelbefolger sind diejenigen, die immer exakt nach Vorschrift handeln. Sie zeigen eine überdimensionale Angst vor Autorität, was sich in einer extremen Abneigung gegen Regelverletzungen oder Handlungen, die als „nicht erlaubt" gelten, äußert. Allein der Gedanke daran, in Schwierigkeiten zu geraten, hält den Regelbefolger davon ab, voranzukommen – auch wenn die möglichen „Strafen" sich lediglich im Kopf abspielen.

Für ihn gibt es nur Schwarz und Weiß und er neigt zu Angstreaktionen, sobald er das Gefühl bekommt, dass er selbst oder einer seiner Mitmenschen sich außerhalb der Normen für akzeptables Verhalten bewegt. Regelbefolger sind hauptsächlich damit beschäftigt, sicherzustellen, dass die Menschen in ihrer Umgebung die richtigen Entscheidungen treffen, und können deshalb als ungewöhnlich neugierig wahrgenommen werden.

Der Regelbefolger wird von der Annahme geleitet, alles breche in Chaos aus, wenn man sich nicht an die Vorschriften hält. Seiner Meinung nach sollten die Dinge im Leben so akzeptiert werden, wie sie sind, anstatt sie infrage zu stellen oder sie gar zu verändern. Am besten fühlt er sich, wenn er recht behält und seine Entscheidungen als korrekt anerkannt werden.

Regelbefolger stellen Vorschriften oft über ihre eigene Beurteilung, da ihre übermäßige Angst davor, aus der Reihe zu tanzen, alles andere überschattet. Ebendiese Angst kann sie auch davon abhalten, ihre Träume zu verwirklichen. Sie misstrauen in den meisten Fällen ihrem Bauchgefühl und fürchten sich vor Handlungen, die nicht genau vorgegeben und definiert sind.

Regelbefolger neigen dazu, sich anzupassen, und werden oft als unflexibel wahrgenommen. Es beruhigt sie, zu wissen, dass es einen „richtigen" Weg gibt und sie verlassen sich am liebsten auf festgelegte Normen. Sie fühlen sich unwohl bei dem Gedanken, über den Tellerrand zu schauen oder ihren eigenen Weg zu gehen, und urteilen manchmal entsprechend negativ über Menschen, die genau das tun.

Der Regelbefolger belegt den zweiten Platz unter den Angsttypen: Vierzehn Prozent der Befragten geben diesen Typ als ihren Haupttyp an, bei vierundsechzig Prozent ist er unter den ersten drei Angsttypen.

Positive Eigenschaften

Regelbefolger sind verantwortungsbewusste, vertrauenswürdige und sehr treue Freunde und Mitarbeiter. Sie neigen dazu, außergewöhnlich fleißig, sorgfältig und zuverlässig zu sein, ebenso wie rücksichtsvoll und zuvorkommend. Man kann sich darauf verlassen, dass sie auf andere Menschen achtgeben.

Der Regelbefolger hat ein gutes Gefühl für Richtig und Falsch sowie ein starkes Urteilsvermögen und einen ausgereiften Moralkodex. Dieses Pflichtbewusstsein gegenüber anderen und der Gemeinschaft insgesamt zeigt sich oft in freiwilligem Engagement oder einer Anstellung im öffentlichen Dienst.

Außerdem zeichnet sich der Regelbefolger durch Detailgenauigkeit und Durchhaltevermögen aus – jede Kleinigkeit wird akribisch auf ihre Richtigkeit geprüft. Er nimmt sich Zeit, um das Kleingedruckte zu lesen und um sicherzustellen, dass er alles richtig gemacht hat. Aufgrund ihres Bedürfnisses nach Vorgaben fühlen sich Regelbefolger oftmals zu Berufen hingezogen, die sich durch klare Richtlinien sowie einen fundierten, geradlinigen Karriereweg auszeichnen. Beispiele hierfür sind das Rechtswesen sowie Maschinenbau, Mathematik, Informatik, öffentlicher Dienst oder Medizin.

Gewohnheiten und Verhaltensweisen

- Achtet darauf, die Dinge auf die „richtige" Weise und in der „richtigen" Reihenfolge zu tun
- Braucht die Bestätigung, dass es einen etablierten Plan oder ein festgelegtes Protokoll gibt
- Achtet darauf, dass andere die richtigen Entscheidungen treffen
- Sieht die Welt in Schwarz und Weiß
- Möchte auf keinen Fall aus der Reihe tanzen; hat Angst, in Schwierigkeiten zu geraten
- Ist häufig ein Gewohnheitstier; liebt Ordnung und Routine
- Arbeitet hart für mehr Stabilität und Berechenbarkeit im Leben
- Hat gern recht
- Vermeidet Chaos und Unsicherheit

Die Stimme des Regelbefolgers

Dies sind einige der Gedankengänge und Überzeugungen der Befragten, die eine hohe Übereinstimmung mit dem Regelbefolger aufwiesen:

- „Ich fürchte mich am meisten vor unbekannten Gebieten, in denen es keine Unterstützung oder Vorgaben gibt, an denen ich mich orientieren kann."
- „Ich brauche jemanden, der mir genau zeigt, was ich machen soll, oder mir einen Plan gibt, an den ich mich halten kann. Diese Anweisungen werde ich bis ins kleinste Detail befolgen, solange ich weiß, dass es funktioniert."

- „Es macht mich traurig, wenn ich sehe, dass andere sich nicht an die Regeln halten oder die Dinge nicht richtig machen."
- „Ich muss immer sichergehen, dass ich alles Notwendige weiß und alle Vorschriften einhalte, die meine Arbeit regulieren."
- „Ich habe mein Leben lang bei allem erst um Erlaubnis gefragt. Ich habe immer Sorge, dass das, was ich tun möchte, nicht erlaubt sein könnte."
- „Es fällt mir schwer, genau zu wissen, was ich tun soll und es dann ohne Fehler auszuführen."
- „Ich hasse den Gedanken daran, etwas falsch zu verstehen."
- „Am meisten fürchte ich mich davor, nicht die ‚richtige' Entscheidung zu treffen. Was ist, wenn ich mich für die eine Option entscheide? Was verpasse ich, wenn ich nicht die andere Option wähle?"

Wie dieser Angsttyp dir im Weg stehen kann

Bei all seinen positiven und liebenswerten Eigenschaften kann die Angst vor Regelübertretungen, Fehlern oder eventuellen Schwierigkeiten zu einem großen Hindernis für den Regelbefolger werden, wenn es um das Ausprobieren neuer Dinge oder das Erreichen von Zielen geht. Tatsächlich neigen Regelbefolger dazu, einer Option erst gar keine Chance zu geben, aus Sorge, es könnte dabei nicht den einen „richtigen" Weg geben.

Hier sind ein paar Beispiele, wie du als Regelbefolger negativ beeinflusst und ausgebremst werden kannst:

- Auch wenn du manchmal von neuen Abenteuern träumst, wirst du vermutlich kein Risiko eingehen, wie zum Beispiel bei einem Jobwechsel, einer Unternehmensgründung, dem Umzug in eine neue Stadt oder der Wiederaufnahme eines Studiums.
- Du lässt dich leicht von deinem Umfeld beeinflussen und schwimmst mit dem Strom – weil es zum guten Ton gehört und nicht unbedingt weil es dir persönlich nützt.
- Es fällt dir schwer, dir selbst die Freiheit zu geben, Neues auszuprobieren und Fehler zu machen.
- Du hast Schwierigkeiten damit, harmonische Beziehungen zu weniger regelgetreuen Menschen oder Personen aufrechtzuerhalten, die in einem bestimmten Bereich ihres Lebens ein schlechtes Urteilsvermögen gezeigt haben. Deine Neigung, die Dinge in Schwarz und Weiß zu sehen, kann zu einer gewissen Strenge und Unnachgiebigkeit deinerseits führen.
- Dein ausgeprägter Respekt vor Autorität verleitet dich dazu, die Anweisungen einer Person in einer Machtposition hinzunehmen, anstatt dir deine eigene Meinung zu bilden und diese auszudrücken.
- Wenn es keine konkreten Pläne oder Vorschriften zur Orientierung gibt, fühlst du dich hilflos.
- Deine Überzeugungen bezüglich deines Geschlechts, Status, deiner Herkunft, Religion sowie deines Bildungsniveaus bestimmen dein Vertrauen in deine Fähigkeiten.

So besiegst du diese Angst

Die folgenden Strategien können dir dabei helfen, deine Angst vor einem Regelbruch zu überwinden:

Umdenken

Es ist nicht immer einfach, seinen eigenen Regeln zu folgen – insbesondere, wenn du es bevorzugst, den Regeln anderer Menschen zu folgen. Dennoch kann es sehr hilfreich sein, sich seine eigene Meinung zu bestimmten Themen zu bilden und Prinzipien zu entwickeln, an denen du dich in deinem Leben orientieren möchtest. Dies trägt dazu bei, den stetigen Druck zu mindern, den du bei dem Versuch empfindest, allen bestehenden Normen gerecht zu werden. Deine Prinzipien müssen nicht zwangsläufig bis ins Detail durchdacht oder besonders originell sein. Hauptsache, du bleibst dir selbst treu und deine Grundsätze passen zu deinen Überzeugungen. Somit hast du deine eigenen Richtlinien entwickelt, denen du folgen kannst – Richtlinien, die über all den angeblich richtigen Regeln stehen sollten, die von außen kommen.

Wende diese Richtlinien sowohl präventiv als auch reaktiv an. Schreibe hierzu zunächst eine grobe Formulierung deiner Richtlinien auf, um dich daran zu erinnern, wie du dein Leben gestalten möchtest. Wähle dann eine bestimmte Situation aus, die dir Probleme bereitet, und überlege dir, welche direkte oder indirekte Regel du hier zu befolgen versuchst. Formuliere diese Regel anschließend so um, dass sie deinen eigenen Prinzipien und Richtlinien entspricht. Eine solche indirekte – und unerreichbare! – „Regel" in vielen Unternehmen ist: „Gib alles, was du hast, oder du wirst versagen und dich schuldig fühlen." Eine neue Formulierung könnte in etwa lauten: „Ich werde X tun, und nicht mehr. Und ich werde mir hierfür von niemandem Schuldgefühle einreden lassen. Ich selbst definiere, was Erfolg für mich bedeutet."

Aktiv werden
Schreibe alle Regeln auf, vor deren Verletzung du Angst hast, und nimm dir eine nach der anderen vor. Der Drang, sich an bestehende Vorgaben halten zu wollen, kann für einen Regelbefolger schnell überwältigend werden. Bei näherem Hinsehen wirst du jedoch feststellen, dass viele dieser Vorgaben gar keine richtigen „Regeln" sind, oder dass sie ganz leicht eingehalten werden können. Nicht alle Regeln sind schlecht, aber die Angst davor, sie zu brechen, sollte dich nicht davon abhalten, deine Träume zu verwirklichen. Versuche, die für dich so angsteinflößenden Regeln aus einem neuen Blickwinkel zu betrachten. Du wirst feststellen, dass viele von ihnen gar nicht so wichtig sind, wie es dir vielleicht vorkommt.

Übe außerdem aktiv, unsinnige Regeln zu brechen und entdecke die Welt außerhalb deiner Komfortzone auf eine Weise, die sich nicht zu riskant anfühlt. Sage zum Beispiel deine Meinung, wenn sich jemand unhöflich verhält, stelle deine Möbel um oder überspringe einen Schritt in einer Anleitung, wenn du dies noch nie zuvor getan hast. Einfach nur, um deine Grenzen zu testen. Fange mit kleinen Schritten an. Du wirst überrascht sein, wie schnell du auch größere Schritte wagst! Als Regelbefolger sind die Grenzen deiner Komfortzone sehr genau definiert. Deshalb ist es so wichtig, klein anzufangen, um dann nach und nach trotz Angst größere Risiken ein- und schwierigere Herausforderungen anzugehen.

Verantwortung übernehmen
Als Regelbefolger brauchst du einen Rechenschaftspartner, der selbst *kein* Regelbefolger ist. Suche nach jemandem mit anderen Stärken, einer anderen Sichtweise und einem anderen Angsttyp als du selbst. Jemand, der die für dich so Furcht einflößenden Regeln in ein anderes Licht rückt und dich dazu ermuntert, dir deine eigene Meinung zu bilden und die Dinge zu hinterfragen, anstatt dich mit scheinbaren Gegebenheiten zufriedenzugeben. Dein Rechenschaftspartner sollte dich darauf aufmerksam machen, wenn du in deine Gewohnheit verfällst, alles nur schwarz oder weiß zu sehen.

Theas Tanz aus der Reihe

An einem Samstagmorgen auf dem Wochenmarkt betonte Jenny, eine von Theas Stammkundinnen, erneut, wie sehr sie sich wünschte, Thea würde ihr Unternehmen auf das nächste Level bringen und ihre Produkte online verkaufen.

„Thea, deine Salsa-Soße schmeckt einfach himmlisch! Das solltest du der Welt da draußen nicht vorenthalten!"

Wie immer lächelte Thea, seufzte und sagte wehmütig: „Ich weiß einfach nicht, wie ich mit all den Auflagen und Regeln zurechtkommen soll. Ich habe solche Angst davor, etwas falsch zu machen, dass ich gar nicht weiß, wo ich anfangen soll."

Dieses Mal jedoch bekam sie von Jenny eine überraschende Antwort: „Wieso belegst du nicht einen Kurs, in dem dir all die Regeln erklärt werden? Ich bin sicher, dass es da entsprechende Konferenzen oder Schulungen gibt. Du solltest dir das mal genauer ansehen!"

Thea war sprachlos. Wieso war sie nicht selbst darauf gekommen?

Sobald sie vom Markt nach Hause kam, begann sie mit ihrer Recherche. Mit Erfolg: Sie entdeckte eine Konferenz zum Thema E-Commerce, die im nächsten Monat in einer nahe gelegenen Stadt stattfinden sollte. Spontan meldete sie sich an und hoffte, das Richtige zu tun.

Es sollte sich herausstellen, dass dies die beste Entscheidung in Theas Leben gewesen war.

Auf der Konferenz belegte sie einen Kurs zum Thema Lebensmitteleinzelhandel und lernte die Handhabung der Regeln und Vorschriften bezüglich der Lebensmittelsicherheit kennen. All ihre Fragen wurden beantwortet und sie fuhr mit einem konkreten Aktionsplan nach Hause. Aber das war noch nicht alles: Sie hatte auf der Konferenz auch einige andere Händler kennengelernt, die schon länger im Geschäft waren, und hatte so noch viel mehr über den Online-Handel erfahren können – zum Beispiel wie man eine Website erstellt und wie man Vertrieb und Marketing abwickelt. Außerdem hatte sie sich für eine Online-Gruppe angemeldet, in der sie Unterstützung und Tipps erhalten würde.

Ausgestattet mit einer Reihe von „Anweisungen", fühlte sich Thea bereit, ihren Traum zu verwirklichen. Sie befolgte ihren Plan Schritt für Schritt und nach einigen Monaten war ihre eigene Website eingerichtet und der Online-Verkauf hatte begonnen.

Zum allerersten Mal freut sich Thea auf das Unbekannte, anstatt sich davor zu fürchten. Sich ihrer Angst zu stellen und aus der Reihe zu tanzen, hat ihr Mut und Selbstvertrauen gegeben. Und nun kann sie es kaum erwarten, zu sehen, was die Zukunft für sie bereithält.

Kapitel drei
Der Rechtmacher

Wenn du am meisten Angst vor dem Urteil anderer Menschen hast

Wahrscheinlich wäre es dir egal, was andere über dich denken, wenn du wüsstest, wie selten sie es tun.
Olin Miller

Alle lieben Miriam.

Sie ist einfach so ... *nett*. Aufmerksam, freundlich, großzügig und immer bereit, mit anzupacken. Sie sagt äußerst selten Nein, weil sie es hasst, ihre Mitmenschen zu enttäuschen oder im Stich zu lassen.

Dies ist eine Eigenschaft, die es anderen leider oft zu leicht macht, sie auszunutzen. Ob auf der Arbeit, in der Gemeinde oder bei Elternversammlungen in der Schule: Jeder weiß, dass Miriam die richtige Ansprechpartnerin ist, wenn es um einen Gefallen geht, denn sie tut alles, um zu helfen. Ihre Freunde fragen sich manchmal, ob sie überhaupt noch Zeit zum Schlafen findet.

Miriam ist Geschäftsstellenleiterin einer großen Baufirma und ihr Chef ist ein absoluter Fan von ihr – zu Recht! Sie ist die perfekte Vorzeigemitarbeiterin, kommt morgens früher ins Büro und bleibt abends auch mal länger, immer besonders darauf bedacht, eine gute Leistung abzuliefern. Manchmal kümmert sie sich sogar um die Arbeit ihrer Kollegen, wenn diese nicht nachkommen.

Miriam hasst Konflikte und Spannungen, deshalb versucht sie stets, Harmonie zu schaffen und dafür zu sorgen, dass sich niemand übergangen oder enttäuscht fühlt. Manchmal zieht ihr Chef sie damit auf und nennt sie „Pollyanna", nach einer Romanfigur, die stets versucht, optimistisch zu bleiben.

Diese Charaktereigenschaften haben Miriam schon immer begleitet. Sie wuchs in einer glücklichen Familie auf – fast schon perfekt: Mutter und Vater mit zwei Kindern, einem Jungen und einem Mädchen, in einer behaglichen Ranch am Stadtrand. Doch dann begann Miriams älterer Bruder zu rebellieren und stolperte von einer verzwickten Lage in die nächste. Zu Hause wurde nur noch gestritten und Miriam versuchte, die Harmonie so gut es ging zu bewahren, indem sie sich bemühte, eine perfekte Tochter zu sein.

Ihr Aussehen ist Miriam sehr wichtig, da sie sich stets darum sorgt, was andere von ihr denken. Sie geht gern mit der Mode, ohne dabei zu sehr aufzufallen. Außerdem achtet sie penibel auf die Dekoration und die Sauberkeit ihres Zuhauses, damit auch ja keiner auf die Idee kommt, sie sei keine gute Hausfrau!

Miriam hatte schon immer ein sehr lebendiges Sozialleben und viele Freunde. Mit ihrem Lächeln erhellt sie jeden Raum und ihre Gesellschaft ist unglaublich angenehm. Mit ihrem Ehemann geht es in der Regel sehr harmonisch zu, vor allem, weil Miriam sich nicht gern streitet und deshalb eher seiner Meinung zustimmt, als ihre eigene zu vertreten.

Immer mal wieder träumt Miriam davon, ihr eigenes Unternehmen zu gründen. Sie würde liebend gern ein kleines Café eröffnen, findet aber leider keine Zeit, um sich ernsthaft damit auseinanderzusetzen. Zudem fürchtet sie sich davor, was andere Leute davon halten würden – insbesondere, wenn das ganze Projekt scheitert. Damit könnte sie nicht umgehen.

Manchmal findet Miriam ihr Leben anstrengend und überfordernd. Sie verwendet so viel Zeit und Energie darauf, andere Menschen glücklich zu machen, dass nicht viel Zeit bleibt, um sich um ihre eigenen Wünsche und Träume zu kümmern. Sie ist sich nicht einmal sicher, ob sie überhaupt weiß, was sie sich wünscht.

Miriam gehört zum Angsttyp des Rechtmachers.

Der Angsttyp des Rechtmachers

Der Rechtmacher ist auf die Bestätigung anderer angewiesen, weshalb seine größte Angst die vor Zurückweisung ist. Dies führt wiederum zu der Angst, andere zu enttäuschen, sowie zu der Sorge darüber, was andere sagen oder denken könnten. Die Hauptsorge des Rechtmachers kann demnach als die Angst vor der Reaktion anderer zusammengefasst werden.

Aufgrund der ausgeprägten Angst vor Verurteilung und Spott und weil der Rechtmacher permanent darüber nachdenkt, was andere sagen oder wie sie reagieren könnten, ist er oft sehr zögerlich, wenn es um konkretes Handeln geht. Seine Unentschlossenheit kann ihn lähmen und ihn daran hindern, aktiv zu werden. Seine größte Angst ist es, sich zum Narren zu machen.

Auch wenn sie sich selbst eher nicht als extrovertiert bezeichnen würden, sind Rechtmacher in der Regel bekannt und beliebt. Da sie stets darauf bedacht sind, wie sie wahrgenommen werden, neigen sie dazu, ihre Worte sorgfältig auszuwählen oder sogar ihre eigene Meinung bezüglich eines Themas zu verbergen, wenn sie nicht zum allgemeinen Konsens passt.

Gleichzeitig ist der Rechtmacher sehr gesellig, lustig und immer mittendrin, da er so die Zuneigung und Bestätigung anderer gewinnen kann; ebenso wie durch sein Aussehen oder gewisse Statussymbole wie ein teures Auto, ein Traumhaus oder Designerkleidung.

Der Rechthaber neigt dazu, zum Jasager zu werden – jemand, der allem zustimmt und manchmal sogar um der Harmonie willen seinen eigenen Standpunkt ändert. Für ihn ist es wichtig, gut mit anderen auszukommen, deshalb würde er nie etwas tun, was andere ärgern, verletzen oder enttäuschen könnte.

Ihr oft übermäßiges Interesse an dem Urteil anderer macht Rechtmacher anfällig für Gruppenzwang, da sie unbedingt dazugehören möchten und sich zum Erreichen dieses Ziels wenn nötig entsprechend anpassen.

Obwohl er nicht unbedingt als kleinlaut wahrgenommen wird, fällt es dem Rechtmacher extrem schwer, Nein zu sagen und Grenzen zu setzen, da er große Angst davor hat, seine Mitmenschen zu enttäuschen. Andere nehmen ihn als hilfsbereite, freundliche und großzügige Person wahr, die anderen gern ihre Zeit und Energie zur Verfügung stellt.

So ehrenhaft diese Eigenschaften auch sein mögen, so können sie den Rechtmacher auch dazu verleiten, sich so sehr für die Bitten und Prioritäten anderer aufzuopfern, dass er seine eigenen Träume und Ziele aus den Augen verliert. Dies kann zu starker Unzufriedenheit und Verbitterung führen, die sich dann und wann auf überraschende Weise äußert.

Der Rechtmacher ist der dritthäufigste Angsttyp. Einundzwanzig Prozent geben ihn als ihren Haupttyp an und bei dreiundsechzig Prozent der Befragten taucht er unter den ersten drei auf.

Positive Eigenschaften

Rechtmacher sind in der Regel die freundlichsten, aufmerksamsten und großzügigsten Menschen, die es gibt. Sie sind fürsorglich und rücksichtsvoll und helfen, wo sie können. Außerdem sind sie sehr beliebt und oftmals lustig, zuvorkommend und angenehme Gesprächspartner.

All diese Eigenschaften machen den Rechtmacher zu einem wunderbaren Freund. Er ist ein fantastischer Verbündeter und ein wertvoller Mitarbeiter – zuverlässig, professionell und absolut vorbildlich. Er vollbringt in so gut wie jeder Berufssparte Glanzleistungen, aber besonders gut ist er in Berufen aufgehoben, in denen er eine unterstützende Rolle einnehmen und mit Menschen arbeiten kann. Beispiele hierfür sind Verwaltung, Krankenpflege, Lehramt, Sozialarbeit, Kundenservice und Einzelhandel.

Gewohnheiten und Verhaltensweisen

- Macht sich übermäßige Sorgen darum, dumm oder albern zu wirken
- Möchte seine Mitmenschen auf keinen Fall enttäuschen
- Verbringt extrem viel Zeit damit, sich zu fragen, was andere denken oder sagen könnten
- Ist in der Regel bekannt und beliebt
- Beschäftigt sich gegebenenfalls übermäßig mit seinem Aussehen sowie mit Statussymbolen; versucht, mit seiner Kleidung zu beeindrucken
- Schwimmt nicht gern gegen den Strom; versteckt oder ändert seine persönliche Meinung, um sich anzupassen

- Hat Angst davor, verurteilt zu werden oder einen Freund zu verlieren; vermeidet alles, was eine Freundschaft riskieren könnte
- Sagt zu oft Ja und ist dadurch schnell überlastet
- Sorgt sich intensiv um das Urteil anderer Leute
- Wird in der Regel als lustig, warmherzig, großzügig und freundlich wahrgenommen
- Wünscht sich nichts mehr, als dazuzugehören

Die Stimme des Rechtmachens

Dies sind einige Gedanken und Überzeugungen der Befragten, die einen hohen Wert für den Rechtmacher erzielten:

- „Ich habe Angst davor, zu versagen und ausgelacht zu werden. Ich fürchte mich davor, meine Freundinnen zu verlieren."
- „Ich weiß, dass mich das eigentlich nicht interessieren sollte, aber ich habe Angst vor dem, was andere über mein Verhalten denken, und davor, dass sie nicht damit einverstanden sind."
- „Ich will mich nicht blamieren und ich will nicht, dass andere denken, ich würde zu viel Geld ausgeben. Ich will meine Lieben nicht enttäuschen oder auf irgendeine Weise verärgern."
- „Ich habe Angst davor, überfordert zu sein, und deshalb die Leute im Stich lassen zu müssen. Ich liebe es, neue Dinge zu lernen, aber wenn jemand anderes darauf angewiesen ist, werde ich nervös. Ich habe schon früher Menschen aus Zeitmangel, mangelnder Ausdauer oder mangelnder Willenskraft im Stich gelassen, und das macht

mich misstrauisch bezüglich meiner Grenzen. Das ist der Grund, warum ich Chancen oft nicht ergreife."
- „Ich mache mir immer Sorgen, was andere sagen oder wie sie reagieren werden."
- „Ich habe ein paar Workshops organisiert, bei denen ich über Selbstliebe und das Überwinden von emotionsbedingten Essstörungen sprechen wollte. Dann habe ich alles wieder abgesagt. Meine Angst, bewertet und als unqualifiziert verurteilt zu werden, war zu groß."
- „Ich fürchte mich davor, vor anderen bloßgestellt oder als ‚künstlich' abgestempelt zu werden. Ich habe Angst, negativ aufzufallen, weil ich weniger qualifiziert bin als meine Mitbewerber."
- „Ich habe wahnsinnige Angst davor, Fehler zu machen und andere zu enttäuschen. Ich möchte mich auf keinen Fall blamieren."

Wie dieser Angsttyp dir im Weg stehen kann

Als Rechtmacher läufst du Gefahr, dich durch die Gedanken, Meinungen und Bedürfnisse anderer von der Verfolgung deiner eigenen Träume, Wünsche und Ziele abhalten zu lassen.

Auf diese Weise kann der Rechtmacher-Angsttyp dir im Weg stehen und das Leben schwer machen:
- Du vermeidest es, aktiv zu werden oder ein Ziel zu verfolgen, weil du Angst davor hast, was andere sagen oder denken könnten.
- Du bist anfällig für Gruppendruck oder stimmst der Mehrheit zu, einfach weil das alle tun und weil du dazugehören möchtest.

- Es fällt dir schwer, eine Bitte abzulehnen, was dazu führt, dass du dich überfordert fühlst und dir wenig Zeit bleibt, um dich um deine eigenen Träume und Bedürfnisse zu kümmern.
- Du neigst dazu, dich aufgrund deiner Hilfsbereitschaft und Großzügigkeit schnell von anderen ausnutzen zu lassen.
- Deine übermäßige Angst davor, andere zu enttäuschen, kann dazu führen, dass du den Forderungen anderer nachgibst, anstatt Stellung zu beziehen und ein eigenes Urteil zu fällen.
- Du empfindest Sorge und Angst, wenn du beurteilt wirst oder beurteilt werden könntest.
- Es ist dir wichtiger, von anderen gemocht und akzeptiert zu werden, als deine eigenen Ziele zu verfolgen.

So besiegst du diese Angst

Mit den folgenden Strategien kannst du deine Angst vor Verurteilung und die Furcht davor, andere zu enttäuschen, überwinden:

Umdenken

Ein Großteil deiner Angst vor Verurteilung oder Enttäuschung kommt von einem Szenario, das sich in deinem Kopf abspielt. Ein Szenario, das dich davon überzeugt, andere würden dich nicht mögen, sobald du dich nicht ihren Erwartungen entsprechend verhältst. Wenn du dich von dieser Angst lösen möchtest, dann solltest du unbedingt an dieser Stimme in deinem Kopf arbeiten. Suche nach alternativen Aussagen, nach positiven Behauptungen, die deine negativen Gedanken in eine andere Richtung lenken und die Stimme in deinem Kopf übertönen.

Falls du beispielsweise denkst, deine Mitmenschen würden dich verurteilen oder verachten, sobald du ihnen nicht zustimmst, könnte eine alternative Behauptung lauten: „Es ist okay, meine eigene Meinung zu haben und nicht mit anderen Leuten übereinzustimmen. Uneinigkeit bedeutet nicht, dass sie mich nicht mögen." Falls du Angst davor hast, andere zu enttäuschen, dann kannst du dir selbst etwas sagen wie: „Die Menschen, die wirklich wichtig sind, sind mir nicht böse, wenn ich Grenzen setze." Manchmal reichen schon kleine Anpassungen aus, um das Szenario im eigenen Kopf positiv zu verändern.

Aktiv werden
Die wichtigste Übung für den Rechtmacher ist das Neinsagen. Wenn du keine Grenzen setzt, dann wirst du irgendwann keine Energie mehr haben, dich zu hundert Prozent um irgendetwas oder irgendjemanden kümmern zu können. Oder schlimmer noch, du beginnst, all die Aufgaben, die du übernommen hast, sowie all die anderen Dinge in deinem Leben, die du tun solltest oder könntest, unerträglich zu finden. Überforderung ist ein Teufelskreis, den du am besten durchbrichst, indem du Nein sagst. Für einen Rechtmacher ist dies leichter gesagt als getan! Aber auch hier ist die goldene Regel: Übung macht den Meister. Also tu alles, was nötig ist, um dich aus der Affäre zu ziehen: Bitte um Bedenkzeit, delegiere die Aufgabe an eine Kollegin oder lasse einen Freund die Absage für dich aussprechen. Wichtig ist, dass du auf irgendeine Weise Nein sagst, und zwar immer wieder.

Erlaube dir gleichzeitig, dir Zeit für dich selbst und deine eigenen Projekte, Träume und Prioritäten zu nehmen. Mache feste Termine mit dir selbst aus. Diese Zeiträume können zunächst klein ausfallen, damit du und andere sich an die neuen Umstände gewöhnen können. Mache dir bewusst, dass du durch das Aufladen der eigenen Batterien deine neu gewonnene Energie anschließend wieder anderen zur Verfügung stellen kannst. So profitieren alle davon.

Als Rechtmacher hast du vermutlich bereits seit Längerem die Bedürfnisse anderer über deine eigenen gestellt, und der Mangel an Selbstfürsorge hat seine Spuren hinterlassen. Erinnere dich deshalb immer wieder daran, dass es mit den persönlichen Bedürfnissen ist wie mit den Sauerstoffmasken im Flugzeug: Setze zuerst deine eigene Maske auf, bevor du anderen hilfst. Es ist wichtig, dass du dich zunächst um dich selbst und deine Bedürfnisse kümmerst, damit du voll und ganz für andere da sein kannst.

Verantwortung übernehmen
Zur Überwindung jeglicher Art von Angst ist es am effektivsten, dir eine Mentorin oder einen Mentor zu suchen, der all die Eigenschaften verkörpert, die du dir aneignen willst und von ihm zu lernen. Finde nach Möglichkeit jemanden mit einem anderen Angsttyp, um deine eigenen Rechtmacher-Neigungen auszugleichen.

Im Idealfall findest du eine Person, die dich entschieden aus deiner Komfortzone schubst und dir dabei hilft, Nein zu sagen und dir Zeit für dich selbst zu nehmen. Das mag sich zu Beginn ein wenig unangenehm anfühlen, aber letztendlich – insbesondere mit der Unterstützung von jemandem, dem du vertraust – wirst du die neue Herausforderung meistern.

Schritt für Schritt dem Ziel näher

Miriam stand kurz vor dem Nervenzusammenbruch, und dennoch wollte sie sich niemandem anvertrauen, aus Angst, eine Enttäuschung zu sein. Als sie weiterhin versuchte, all ihren Verpflichtungen nachzukommen, wurde sie immer erschöpfter. Die Überforderung und der Schlafmangel machten alles nur noch schlimmer.

Dann wurde sie von einer starken Grippe außer Gefecht gesetzt und ans Bett gefesselt. In dieser Zeit hörte sie einen Podcast über Selbstfürsorge und Neinsagen und ihr wurde klar, etwas musste sich ändern.

Den Beginn machte Miriam mit einem eingehenden Gespräch mit ihrem Mann, der sich freute zu hören, dass sie sich von nun an etwas mehr Zeit für sich selbst nehmen wollte. Er versicherte ihr, dass er sie lieben werde, auch wenn sie nicht immer mit ihm einer Meinung sei.

Für Miriam war dies ein großer Erfolg.

Anschließend begann sie damit, Nein zu sagen und sich elegant der einen oder anderen Verpflichtung zu entziehen, der sie zuvor zugestimmt hatte. Sie war erstaunt über das Verständnis, das ihr von allen Seiten entgegengebracht wurde. Niemand wurde sauer oder war enttäuscht. Ihr wurde bewusst, dass all der Druck, der sich mit der Zeit aufgebaut hatte, hauptsächlich von ihr selbst kam.

Auf der Arbeit versuchte sie nicht mehr, bei jedem Konflikt die Wogen zu glätten, sondern ermunterte die Teammitglieder stattdessen dazu, Meinungsverschiedenheiten unter sich zu klären. Außerdem setzte sie hinsichtlich ihres Arbeitsplans ganz bewusst Grenzen.

Die größte Veränderung für Miriam war jedoch die neue Denkweise, die sich mit all den äußeren Veränderungen einstellte. Sie erlaubte es sich selbst, ihre eigenen Prioritäten und Bedürfnisse an erste Stelle zu setzen. Noch hat sie nicht den Mut, ihr eigenes Café zu eröffnen, aber sie kommt auch diesem Ziel jeden Tag ein Stück näher.

Kapitel vier
Der Außenseiter

Wenn du dich am meisten vor Ablehnung fürchtest

Ich bin gut im Davonlaufen. Ablehnung lehrt einen, wie man ablehnt.
Jeanette Winterson

Yvonne ist nicht unbedingt eine Person, die man als ängstlich bezeichnen würde, eher das Gegenteil. Sie wirkt die meiste Zeit völlig unerschrocken, schreibt ihre eigenen Gesetze und lebt nach ihren eigenen Regeln. Sie ist direkt, selbstbewusst und mutig, bestimmt ihren Alltag selbst und scheint sich nicht dafür zu interessieren, was andere von ihr denken. Sie ist stets auf der Suche nach neuen Abenteuern, ist immer unterwegs und bleibt selten lange am selben Ort.

Sie arbeitet als freiberufliche Unternehmerin in der Technologiebranche, was ihr viel Unabhängigkeit und Freiheit gibt und es ihr ermöglicht, für Lang- oder Kurzzeitprojekte herumzureisen. Genau so mag sie es. Jedes Mal, wenn Yvonne versucht hat, länger als ein Jahr für jemand anderen zu arbeiten, ist das nicht sonderlich gut gelaufen.

Die Unternehmen, für die sie gearbeitet hat, waren stets beeindruckt von ihrer Fähigkeit, die Ärmel hochzukrempeln und ihre Arbeit zu erledigen, auch wenn sie dabei hier und dort ihre Ellbogen einsetzen musste. Yvonne nimmt kein Blatt vor den Mund und spricht oft Dinge an, die andere lieber für sich behalten, aber manchmal kann ihr dieser direkte Kommunikationsstil auch zum Verhängnis werden.

Tatsächlich ist Yvonne gegenüber ihren Mitmenschen eher skeptisch und kann unter Stress auch schon einmal an Vertrauensstörungen leiden. Auch wenn sie in der Regel ein Stimmungsmacher ist, zählt sie nur eine Handvoll Menschen zu ihrem inneren Kreis und sieht sie als wahre Freunde an, denen sie vertraut.

Trotzdem ist sie stets verletzt, wenn sie sich ausgeschlossen oder übergangen fühlt, zum Beispiel wenn ihre Kolleginnen nach der Arbeit noch ausgehen oder Pläne fürs Wochenende machen und sie nicht einladen. Sie tut zwar so, als würde ihr das nichts ausmachen, aber das tut es doch.

Yvonne ist die mittlere von drei Schwestern und fühlte sich immer wie das schwarze Schaf der Familie. Ihre beiden Schwestern waren beide sportlich und bei allen beliebt – insbesondere bei ihren Eltern –, während Yvonne nie so richtig das Gefühl hatte, dazuzugehören. Sie war mehr ein „Nerd", wie ihre Schwestern sie nannten, und interessierte sich für Dinge wie Theater, Computer und Kunst. Damit konnte der Rest ihrer Familie nichts anfangen.

Obwohl sie wusste, dass ihre Familie sich um sie kümmerte, fühlte sie sich nie wirklich geliebt oder akzeptiert. Sie waren zu beschäftigt mit Fußballturnieren, Volleyballspielen und Basketballtraining, als dass sie Zeit für Kunstausstellungen oder Roboterwettbewerbe gehabt hätten. Yvonne versuchte, so zu tun, als sei ihr das egal, aber tief in ihrem Innern war sie verletzt.

Auf dem Gymnasium schlüpfte sie dann vollends in die Rolle der Außenseiterin. Wenn sie sowieso schon der Rebell der Familie war, dann konnte sie diese Rolle auch vollends ausleben. Sie begann, ihre Grenzen zu testen, sie zu überschreiten und die Regeln infrage zu stellen. Dadurch steckte sie ständig in irgendwelchen Schwierigkeiten.

Nach der Schule wollte sie ein Jahr lang reisen, bevor sie mit dem Studium begann, und diese Entscheidung betrachtet sie noch heute als eine der besten ihres Lebens: Zum ersten Mal stand sie nicht mehr im Schatten ihrer Schwestern.

Heute kommt Yvonne gut mit ihren Geschwistern aus, sie alle haben mittlerweile ihr eigenes Leben und ihre eigenen Familien. Mit ihrem guten Job und dem beeindruckenden Einkommen wird sie zwar nicht mehr als Querulantin gesehen, dennoch fühlt sie sich nach wie vor nicht ganz zugehörig, weshalb sie dazu neigt, ihre Schwestern auf Abstand zu halten.

Yvonne gehört zum Angsttyp des Außenseiters.

Der Angsttyp des Außenseiters

Der Außerseiter ist ein durch und durch unerschrockener Individualist und kämpft am meisten mit der Angst vor Ablehnung. Es fällt ihm schwer, Menschen zu vertrauen, weshalb er andere oft zurückweist, bevor er selbst zurückgewiesen werden kann.

Paradoxerweise wirkt der Außenseiter auf Außenstehende zumeist unerschrocken und wie jemand, den es nicht stört, was andere von ihm halten, der seinen eigenen Weg geht, seine Meinung sagt und sich nicht davor scheut, gegen den Strom zu schwimmen.

Tatsächlich aber hegen Außenseiter die innere Überzeugung, dass man sich auf niemanden verlassen und niemandem vertrauen kann. Sie nehmen jeden kleinen Hinweis als Beweis für diese Theorie, was dazu führt, dass sie andere noch vehementer zurückweisen. Selbst harmlose Situationen, in denen Außenseiter gar nicht wirklich zurückgewiesen werden, nehmen sie oftmals persönlich.

Da er sich selbst als nicht liebenswürdig betrachtet, versucht der Außenseiter oft verzweifelt, sich seinem Umfeld zu „beweisen", sei es durch bemerkenswerte Leistungen, finanziellen Erfolg, sozialen Status oder extreme Verhaltensweisen.

Der Außenseiter ist von Natur aus ein Rebell, der Grenzen übertritt und Regeln bricht, um seinen eigenen Weg zu gehen. Er verabscheut Disziplin und Konventionen und zieht es stattdessen vor, die Angelegenheiten selbst in die Hand zu nehmen. Dies lässt ihn wie bereits erwähnt von außen furchtlos wirken, während diese gleichgültige Haltung eigentlich einen Selbstschutzmechanismus darstellt.

Im Extremfall kann ein Außenseiter zu selbstzerstörerischen oder kriminellen Mitteln greifen. Da er der Ansicht ist, die Welt habe sich gegen ihn verschworen, hält er generell nicht viel von den Regeln und Normen ebenjener Gesellschaft. Dementsprechend können sich Außenseiter ebenfalls egoistisch und selbstverliebt verhalten und aufgrund ihrer eigenen, festgefahrenen Sichtweise fehlt es ihnen oft an Empathie.

Dem Außenseiter fällt es schwer, im Team zu arbeiten und um Hilfe oder Unterstützung zu bitten. Oft fehlt es ihm an entsprechendem Feingefühl und er will die Dinge auf seine Weise angehen, ohne sich von anderen ins Handwerk pfuschen zu lassen. Deshalb arbeitet er am liebsten allein.

Außenseiter haben starke Überzeugungen und zögern nicht, ihre Meinung auch zu äußern. Manchmal nutzen sie ihre polarisierenden oder kontroversen Aussagen sogar ganz bewusst, um andere Menschen zurückzuweisen und sich somit selbst vor Zurückweisung zu schützen.

Der Außenseiter ist mit fünfzehn Prozent der vierthäufigste Angsttyp, bei achtunddreißig Prozent der Befragten taucht er unter den ersten drei auf.

Positive Eigenschaften

Außenseiter sind hoch motiviert und erfolgsorientiert, auch wenn es oftmals nur dem Zweck dient, sich zu beweisen. Ihre Beharrlichkeit lässt sie weitermachen, wo andere schon längst aufgegeben hätten, und macht sie allgemein risikofreudiger.

Sie arbeiten zwar nicht sonderlich gut im Team, entpuppen sich aber als überraschend gute Führungskräfte, sofern sie sich nicht durch Vertrauensprobleme oder polarisierende Ansichten selbst im Weg stehen. Außenseiter haben im Allgemeinen keine Angst davor, Fehler zu machen und sie haben ein Händchen für das Ergreifen von Gelegenheiten sowie von Verantwortung.

Als Vollblut-Individualist hat der Außenseiter ein Talent dafür, die Dinge kritisch zu hinterfragen und sich eine komplexe Meinung zu bilden. Er schlägt berufliche Wege ein, die es ihm ermöglichen, individuelle Erfolge zu erzielen, Anerkennung zu erhalten und gegen den Strom zu schwimmen. Er bevorzugt es, selbst die Zügel in der Hand zu halten und die Dinge auf seine Weise zu erledigen, anstatt jemand anderem Folge zu leisten. Passende Berufe finden sich im Unternehmertum, in der Wirtschaft, im Theater oder in der Regie sowie in der Schriftstellerei, der Künstlerbranche oder als Freiberufler.

Gewohnheiten und Verhaltensweisen

- Ist der festen Überzeugung, dass andere einen generell im Stich lassen
- Hat Angst davor, andere Menschen zu nah an sich heranzulassen
- Pflegt in der Regel nur einige wenige enge Freundschaften
- Bevorzugt tief gehende Konversationen anstelle von Small Talk
- Hat keine Angst davor, seine Meinung frei zu äußern und kann daher gegebenenfalls als unhöflich wahrgenommen werden
- Hat oftmals das Gefühl, nicht dazuzugehören
- Kann sehr empfindlich auf wahrgenommene Zurückweisung reagieren (ob real oder nicht) und fühlt sich persönlich angegriffen, wenn ihm jemand absagt oder ihn nicht mit einplant
- Oft fehlt es ihm an Taktgefühl und Empathie
- Kann egoistisch und selbstverliebt sein; möchte, dass die Dinge so gemacht werden, wie er es für richtig hält
- Ist nicht sonderlich teamfähig und hat Schwierigkeiten, mit anderen zusammenzuarbeiten
- Hat keine Angst davor, Risiken einzugehen, Neues auszuprobieren und gegen den Strom zu schwimmen
- Passt sich nicht gern der Mehrheit an

Die Stimme des Außenseiters

Hier sind einige der Aussagen und Ansichten der Befragten, die hohe Werte beim Außenseiter erzielt haben:
- „Ich habe Angst, dass ich nicht gut genug bin, um erfolgreich zu sein, und dass niemand meine Fotos kaufen möchte."
- „Ich habe es gehasst, für andere zu arbeiten – deshalb habe ich mich selbstständig gemacht."
- „Ich bin an einen neuen Ort gereist, um neue Leute kennenzulernen. Am Anfang hat mir das sehr gut gefallen, aber dann begann ich, mir Sorgen zu machen, dass die Leute mich nicht mögen könnten. Ich bin dann wieder abgereist und habe mich hinterher darüber geärgert, denn ich hatte alles geplant und hatte es ja auch probiert, habe aber schließlich meine Angst vor Zurückweisung siegen lassen."
- „Ich möchte mich der Welt nicht öffnen, nur um von ihr abgewiesen zu werden."
- „Ich werde wohl nie Anerkennung für das bekommen, was ich erreicht habe."
- „Ich habe Panik davor, andere zu nah an mich heranzulassen. Ich würde gern neue Freunde finden, aber aufgrund meiner Vergangenheit habe ich zu viel Angst davor, mir einen Ruck zu geben und anderen zu vertrauen."
- „Ich habe die Erfahrung gemacht, dass man sich auf niemanden verlassen kann und die Dinge am besten selbst in die Hand nimmt."
- „Ich glaube, am Ende wird man sowieso nur enttäuscht, wenn man sich zu sehr auf andere verlässt."
- „Mein Mann ist vor einem Jahr gestorben und ich wollte mich vor Kurzem mal im Online-Dating probieren, war

dann aber doch zu feige. Ich bin gerade mal vierzig und möchte nicht für den Rest meines Lebens allein bleiben, aber noch größere Angst habe ich davor, zurückgewiesen zu werden. Ich bin von mir selbst enttäuscht, aber nicht genug, um etwas zu ändern."
- „Ich muss nicht Teil der Masse sein, ich mache gern mein eigenes Ding."

Wie dieser Angsttyp dir im Weg stehen kann

Während Außenseiter auf andere stark und unerschrocken wirken – sie sagen ihre Meinung, probieren neue Dinge aus, sind unabhängig und risikofreudig –, kann ihre Angst vor Zurückweisung sie auf eine Art einschränken, die oft gar nicht direkt greifbar ist.

Auf folgende Weise kann der Außenseiter-Angsttyp dich negativ beeinflussen und zurückhalten:
- Du bist davon überzeugt, dass man niemandem vertrauen kann, was dich davon abhält, dich zu öffnen und verletzbar zu machen. Dadurch entgehen dir wertvolle zwischenmenschliche Bindungen und eventuell sogar nützliche geschäftliche Kontakte.
- Du reagierst sehr empfindlich auf jegliche Art von Zurückweisung, auch wenn du gar nicht wirklich zurückgewiesen wirst.
- Du bist so fixiert darauf, dich zu beweisen, dass dein Erfolg oft auf Kosten anderer Leute geht.
- Es fällt dir schwer, mit anderen zusammenzuarbeiten.
- Du gehst Risiken ein und triffst Entscheidungen, die gefährlich, ungesund oder gar kriminell sind.

- Du verstößt Menschen, die dir helfen möchten.
- Du empfindest Angst und Panik, wenn du den Eindruck gewinnst, dass du ausgeschlossen wirst.
- Es fehlt dir an Empathie, weshalb du von anderen als kalt wahrgenommen wirst, was in dir wiederum das Gefühl von Zurückweisung schürt.
- Du bist engstirnig und egoistisch und bestehst darauf, dass die Dinge auf deine Weise erledigt werden.
- Du bist introvertiert und fühlst dich in der Gesellschaft anderer Menschen unwohl.

So besiegst du diese Angst

Wenn du zum Angsttyp des Außenseiters gehörst, kannst du deine Angst vor Zurückweisung folgendermaßen überwinden:

Umdenken

Wie bei den meisten Angsttypen entsteht die Angst in deinem Kopf. In diesem Fall ist es die Überzeugung, dass du anderen Leuten nicht vertrauen kannst und dass du sie besser zurückweist, bevor sie dich zurückweisen.

Zur Überwindung deiner Angst solltest du dir eine neue Denkweise aneignen. Überlege dir bekräftigende Aussagen und positive Behauptungen, die du täglich wiederholen kannst, um die alten Denkmuster zu ersetzen. Wenn du zum Beispiel der Meinung bist, dass man niemandem vertrauen kann, dann könntest du dir sagen: „Nur weil ich in der Vergangenheit verletzt wurde, heißt das noch lange nicht, dass niemand vertrauenswürdig ist. Es gibt viele Menschen in meinem Leben, denen ich durchaus vertrauen kann." Wenn du dich vor Enttäuschung oder Zurückweisung fürchtest, dann könnte ein neues Denkmuster sein: „Bloß weil jemand anderer Meinung ist oder Grenzen setzt, bedeutet das nicht automatisch, dass er mich als Person ablehnt."

Aktiv werden
Zusätzlich zur Veränderung deiner aktuellen Denkmuster ist es ratsam, in realen Alltagssituationen aktiv Vertrauen zu üben und einen Schritt auf andere zuzugehen. Dies wird dir dabei helfen, deine neuen Überzeugungen zu festigen.

Suche nach Möglichkeiten, dich der Welt Stück für Stück mehr zu öffnen, insbesondere in Situationen, vor denen du normalerweise zurückschrecken würdest. Bitte zum Beispiel um Hilfe oder schließe dich einer Gruppe an, wenn du eine Aufgabe unter normalen Umständen allein erledigt hättest. Wenn deine Vertrauensprobleme tief gehender sind, dann ziehe es in Erwägung, professionelle Hilfe in Anspruch zu nehmen, um der Angst auf den Grund zu gehen.

Am allerwichtigsten ist jedoch, dass du deine zurückweisende Haltung ablegst und dich nicht jedes Mal ausgegrenzt fühlst, wenn jemand Nein sagt. In den meisten Fällen richtet es sich nicht gegen dich persönlich!

Verantwortung übernehmen
Als Außenseiter hast du Schwierigkeiten damit, dich verletzbar zu machen. Besonders dann ist es wichtig, dich aktiv zu öffnen, und wenn es nur gegenüber einem oder zwei Rechenschaftspartnern ist. Das fühlt sich vermutlich zunächst sehr unnatürlich an. Dennoch ist es für die Angstüberwindung unbedingt

notwendig, sich Unterstützung und ehrliches Feedback zu suchen. Dein Rechenschaftspartner wird dir dabei helfen, die Momente zu identifizieren, in denen dein innerer Außenseiter den Verteidigungsmodus aktiviert, und dich dabei unterstützen, dich deiner Angst vor Zurückweisung zu stellen.

Vielleicht findest du es außerdem ratsam, eine Art Mentorin zurate zu ziehen, die dich begleitet und leiten kann. Für dich als Außenseiter mag dieser Schritt besonders schwierig sein, da du es nicht gewohnt bist, andere um Hilfe zu bitten. Allerdings ist dies genau der Schritt hinaus aus der Komfortzone, den du brauchst, um deine Angst zu überwinden. Auch wenn es sich zunächst merkwürdig anfühlt, von einer Mentorin begleitet zu werden, so wird dir die Unterstützung von jemandem, dem du vertraust, letztendlich zeigen, wie wertvoll es sein kann, mit anderen auf kooperative Weise zusammenzuarbeiten.

Die Angst vor Ablehnung überwinden

Der erste Hinweis darauf, dass Yvonnes Ansichten bezüglich ihrer Familie ein wenig verzerrt waren, kam an ihrem siebenunddreißigsten Geburtstag. Ihre Eltern und Schwestern kamen vorbei, um gemeinsam zu feiern, und nach ein paar Gläsern Wein machte Yvonne Scherze darüber, dass ihre Eltern ihre Geschwister immer lieber gehabt hätten und sie sowieso nie richtig in die Familie gepasst habe.

Die Reaktion ihrer Mutter überraschte sie.

„Yvi, wir haben dich immer lieb gehabt und deine Unabhängigkeit bewundert", sagte sie. „Und wir wollten dich immer unterstützen, aber das hast du nie richtig zugelassen. Ich musste mich in dein Zimmer schleichen, um die Termine für deine

Theateraufführungen zu finden und habe mich dann ganz hinten in den Zuschauerraum gesetzt, damit du mich nicht siehst. Ich dachte, du würdest nicht wollen, dass ich komme."

Ihre Schwestern stimmten zu.

„Ja, Yvi, du warst immer so viel cooler als wir. Wir dachten, du würdest uns hassen."

Alles, was Yvonne all die Jahre lang geglaubt hatte, über sich und ihre Familie zu wissen, wurde plötzlich in ein völlig neues Licht gerückt. Das war der Moment, in dem sie merkte, dass sie etwas ändern musste.

Sie fragte eine ihrer engsten Freundinnen um Rat, und ihr wurde bewusst, wie ihre Angewohnheit, andere Menschen zurückzuweisen, sich durch ihr Leben gezogen hatte und von ihrer Angst vor Ablehnung geschürt worden war.

Yvonne war wild entschlossen zu handeln und begann bei ihrer Familie. Sie organisierte regelmäßige Treffen mit ihren Schwestern, um auszugehen, gemeinsam zu essen, zu quatschen und sich näherzukommen. Sie konnte kaum glauben, wie viel Spaß die drei zusammen hatten und wie viel ihr in all den Jahren entgangen war, in denen sie sie auf Abstand gehalten hatte.

Sie arbeitete außerdem daran, sich mit ihren Kolleginnen gutzustellen, und ging sogar zu der After-Work-Party. Es stellte sich heraus, dass sie nie eingeladen worden war, weil alle dachten, Yvonne würde sie nicht mögen. Durch ihre neuen Kontakte eröffneten sich ihr berufliche Möglichkeiten, die sie sonst nicht gehabt hätte.

Yvonne befreite sich Schritt für Schritt von ihrer Überzeugung, dass man niemandem trauen kann, öffnete sich und ließ andere näher an sich heran. Ab und zu wird sie immer noch verletzt – oder empfindet dies zumindest so –, aber insgesamt fühlt sich Yvonne glücklicher und akzeptierter als je zuvor.

Kapitel fünf
Der Selbstzweifler

Wenn deine größte Angst darin besteht, unzureichend zu sein

Von dem Moment an, in welchem du zweifelst, dass du fliegen kannst, wirst du es nie mehr wieder können.
James Matthew Barrie, in „Peter Pan"

Sandra hat sich schon immer gefragt, wie es sich wohl anfühlt, selbstbewusst zu sein.

Manchmal beobachtet sie ihre drei Geschwister, die scheinbar nichts aus der Bahn werfen kann, und wünscht sich, sich eine kleine Scheibe von ihnen abschneiden zu können. Sie alle haben erfolgreiche Karrieren, sind ständig unterwegs und genießen ihr Leben, während Sandra ständig das Gefühl hat, bloß als Beobachter am Rand zu sitzen.

Es ist schwer, in solch einer Situation nicht eifersüchtig zu werden.

Es war nicht immer so, zumindest nicht in diesem Ausmaß. In der Schule war Sandra Sportlerin, der absolute Star des Volleyball-Teams. Sie führte ihre Mannschaft zu mehreren staatlichen Turnieren und wurde von allen gefeiert.

Dennoch fühlte sie sich stets unzureichend. Sie hatte panische Angst davor, dass die Leute irgendwann erkennen würden, dass sie gar nicht so bewundernswert war. Tatsächlich war der wahre Grund für ihr hartes Training (sie verbrachte quasi jede freie Minute damit) die Angst davor, nicht gut genug zu sein und die Erwartungen der anderen nicht erfüllen zu können.

Ihr wurde ein Volleyball-Stipendium an einer angesehenen Privatschule angeboten, aber sie lehnte ab und entschied sich stattdessen für ein Studium an einer staatlichen Universität. Dort hörte sie mit dem Sport auf, da sie den Druck nicht mehr aushielt.

Trotzdem fragt sie sich nach all den Jahren auch heute noch: *„Was wäre, wenn ...?"*

Nach dem Studium wurde sie die Assistentin des Vertriebsleiters eines lokalen Start-ups. Zu Beginn war es eine Herausforderung und im ersten Jahr lebte sie in ständiger Angst, etwas falsch zu machen und entlassen zu werden. Doch schließlich begann sie, ihren Job zu lieben. Sie wusste immer ganz genau, was in welcher Situation zu tun war, und die Arbeit machte ihr unglaublich viel Spaß.

Irgendwann heiratete sie dann und wurde schwanger. Auf Bitte ihres Ehemannes kündigte sie ihren geliebten Job und wurde Hausfrau und Mutter. Mittlerweile sind ihre drei Kinder älter und unabhängig. Und auch wenn Sandra sie mehr liebt als alles andere, so kann sie doch das bittere Gefühl nicht unterdrücken, das ab und zu hochkommt, wenn sie daran denkt, dass sie der Familie zuliebe ihre Karriere aufgegeben hat.

Sandra liebt ihren Mann, aber manchmal macht sie sich über die Wahl seines Outfits oder seine Frisur lustig, und sie lässt keine Gelegenheit aus, um ihm zu sagen, dass er zu viel arbeitet und über die Jahre ein paar Pfund zugelegt hat. Er findet sie zu kritisch, und das ist es auch, was er ihr immer wieder an den Kopf wirft, wenn sich die beiden streiten.

Sandra weiß, dass sie lernen muss, ihre Kritik im Zaum zu halten, aber das ist leichter gesagt als getan. Manchmal brodelt es einfach in ihr hoch und sie kann sich nicht zurückhalten, dabei ist ihr durchaus bewusst, dass der Grund dafür in erster Linie ihre Unzufriedenheit mit sich selbst ist. In Wahrheit hat nicht nur Sandras Mann ein paar Pfund zugelegt. Auch Sandra ist mittlerweile ein wenig rundlich um die Hüften, aber sie bekommt ihre Essgewohnheiten einfach nicht unter Kontrolle.

Sandra hat nicht viele enge Freundinnen, und sie blickt oft neidisch auf andere Frauen, denen das mit den Freundschaften besser zu gelingen scheint. Dennoch schafft sie es nicht, sich anderen zu öffnen. Vor Kurzem freundete sich ihr Mann mit einem Kollegen an und dessen Frau Judith versuchte, eine Freundschaft zu Sandra aufzubauen. Die vier verabredeten sich zu einem gemeinsamen Abendessen, aber anschließend erfand Sandra immer neue Ausreden, wenn Judith um ein erneutes Treffen bat.

Das lag daran, dass Sandra sich von Judith eingeschüchtert fühlte. Sie war schön, fit, leitete ihr eigenes Schulungs-Unternehmen, kochte wie eine Göttin und schien mit allen gut auszukommen. Sie war alles, was Sandra immer sein wollte, aber nicht war.

So begann Sandra damit, Judith übermäßig zu kritisieren, anstatt sich mit ihr anzufreunden. Sie machte ihrem Ehemann gegenüber spitze Bemerkungen bezüglich Judiths Kleidungs- und Erziehungsstil sowie allem anderen, was ihr einfiel. Als Judith und ihr Mann schließlich beschlossen, umzuziehen, trafen sich die beiden Paare ein letztes Mal zu einem gemeinsamen Abendessen. Dort ließ Sandra endlich ihre Schutzrüstung fallen und hatte eine sehr tiefgründige und angenehme Konversation mit Judith. Erst in diesem Moment wurde ihr klar, dass ihr durch ihre eigene Unsicherheit eine vermutlich wundervolle Freundschaft entgangen war.

Sandra gehört zum Angsttyp des Selbstzweiflers.

Der Angsttyp des Selbstzweiflers

Der Selbstzweifler wird oftmals von einem tiefen, meist versteckten Gefühl von Unsicherheit geplagt. Seine größte Sorge ist es, nicht gut genug zu sein, wobei „gut genug" an dieser Stelle für klug genug, talentiert genug, gebildet genug, hübsch genug, stark genug, reif genug, cool genug oder jegliche andere Art von „genug" stehen kann.

Die ständige Angst davor, unqualifiziert oder unfähig zu sein, kann den Selbstzweifler so sehr lähmen, dass er nicht mehr in der Lage ist, aktiv zu werden.

Der Selbstzweifler hat ständig destruktive Gedanken im Hinterkopf wie: „Das schaffst du nicht", „Dazu bist du nicht in der Lage" oder „Wie kommst du darauf, dass *du* zu so etwas fähig sein könntest?" Diese innere Stimme führt dazu, dass der Selbstzweifler ununterbrochen seinen eigenen Selbstwert infrage stellt und sich kleiner macht, als er ist.

Interessanterweise versuchen Selbstzweifler oft, diese Unsicherheit durch übermäßige Kritik sowie die Be- und Verurteilung anderer zu kompensieren. Sie projizieren ihr eigenes Gefühl der Wertlosigkeit auf die Menschen um sie herum – in erster Linie auf diejenigen, die ihnen am nächsten stehen – und kritisieren sie dafür, für ihre Träume Risiken einzugehen, oder dafür, ihre Ziele konsequent zu verfolgen. Das kann dazu führen, dass Selbstzweifler als höhnisch oder sarkastisch wahrgenommen werden.

Außerdem können Selbstzweifler mit starker Eifersucht gegenüber Menschen zu kämpfen haben, die genau die Dinge tun, die sie selbst gern täten, wenn sie nicht von ihrer eigenen Angst vor Unfähigkeit blockiert wären. Auch diese Art der Eifersucht kann sich in Form von Sarkasmus, Lästereien oder Kritik äußern.

Diese Neigung zu Eifersucht und Kritik, die aus dem Gefühl der Unwürdigkeit entsteht, kann negative Auswirkungen auf jegliche Art von Beziehungen haben. Ironischerweise haben die Menschen im nächsten Umfeld des Selbstzweiflers selbst das Gefühl, den hohen Erwartungen des Selbstzweiflers nicht gerecht zu werden, was dazu führt, dass sie sich von ihm entfernen. Dies wiederum verstärkt die Annahme des Selbstzweiflers, nicht gut genug für andere zu sein.

Es ist ein Teufelskreis.

Aufgrund des tief verankerten Gefühls der Unsicherheit sehnt sich der Selbstzweifler nach Bestätigung und Stabilität, wobei dieses Bedürfnis in vielen Fällen nie ausreichend befriedigt werden kann. Der Selbstzweifler braucht ein hohes Maß an Anerkennung und Zustimmung durch andere, um seinen eigenen Selbstwert zu stärken.

Der Selbstzweifler steht in der Liste der am häufigsten auftretenden Angsttypen an fünfter Stelle. Bei drei Prozent der Befragten ist dies der Haupt-Angsttyp, bei vierundzwanzig Prozent ist er unter den ersten drei.

Positive Eigenschaften

Der Selbstzweifler kann bescheiden, zurückhaltend und selbstlos sein. Er ist in der Regel weder überheblich noch hochmütig und hat kein aufgeblasenes Ego. Selbstzweifler arbeiten überdurchschnittlich hart und sind jederzeit bereit, sich noch mehr anzustrengen, auch wenn dies oft nur dem Ausgleich ihrer inneren Unsicherheit dient.

Selbstzweifler neigen zu Sensibilität, und auch wenn sie oft sehr kritisch wirken, haben sie in der Regel ein hohes Maß an Empathie, sind freundlich und um das Wohlergehen anderer besorgt. Sie fühlen sich zu Berufen hingezogen, in denen es klare Anweisungen und Erwartungen gibt und wo sie sehr spezifische Aufgaben erfüllen müssen.

Gewohnheiten und Verhaltensweisen

- Hat wahnsinnige Angst davor, unzureichend oder unfähig zu sein, und fühlt sich oft unwürdig
- Hat Probleme mit Selbstkritik und einer inneren Stimme, die ihn an seinem Selbstwert zweifeln lässt
- Fühlt sich oft unqualifiziert und „nicht genug" – nicht klug genug, gebildet genug, hübsch genug, organisiert genug und so weiter
- Neigt dazu, sich selbst und anderen gegenüber übermäßig kritisch zu sein
- Kann auf andere negativ oder sarkastisch wirken
- Empfindet Eifersucht gegenüber Menschen, die tun, was er selbst gern tun würde
- Sehnt sich nach Bestätigung und Zuneigung

- Ist in der Regel bescheiden und selbstlos; hat kein zu großes Ego
- Hat manchmal Probleme mit dem Aufbau oder der Pflege von Freundschaften
- Arbeitet überdurchschnittlich hart
- Kann sich aufgrund seiner Unsicherheit gelähmt oder festgefahren fühlen
- Hat Gedanken wie „Ich weiß nicht, wie ich das angehen soll", wenn er kurz davorsteht, etwas Neues auszuprobieren
- Hat das Gefühl, dass andere den Erfolg mehr verdienen als er selbst
- Sehnt sich nach etwas Besserem, sieht sich aber selbst nicht in der Lage, die notwendigen Maßnahmen für eine Veränderung zu ergreifen

Die Stimme des Selbstzweiflers

Dies sind einige der Gedanken und Überzeugungen derjenigen, die hohe Werte für den Selbstzweifler aufwiesen:
- „Ich setze mir keine Ziele, weil ich absolut keine Ahnung habe, was ich überhaupt möchte. Ich habe mich schon mein ganzes Leben lang angepasst. Ich höre immer wieder die Worte meiner Mutter und meines Ex-Mannes, dass ich nicht gut genug bin und nie gut genug sein werde."
- „Meine Angst hält mich davon ab, eine leitende Position in der Gemeinde einzunehmen. Ich habe auf die Stimmen in meinem Kopf gehört, die mir sagten, ich sei nicht gut genug, ich habe nicht genug Zeit, ich wisse nicht ge-

nug über Gott, um anderen ein Vorbild zu sein, und dass andere dies sofort erkennen würden. Ich habe mir zu viele Gedanken gemacht und war zu selbstkritisch. Ich habe das Angebot abgelehnt und lebe seither mit der Schuld, andere enttäuscht zu haben."

- „Ich habe Angst davor, zu versagen, das tue ich nämlich andauernd. Ich widme mich nur so lange einer Aufgabe, bis es zu schwierig wird, und dann gebe ich auf. Wieso sollte ich es also überhaupt probieren?"
- „Ich hasse es, vor Publikum zu sprechen oder in irgendeiner Weise im Mittelpunkt zu stehen. Ich wurde schon öfter darum gebeten, einen Vortrag zu halten, habe mich aber jedes Mal unqualifiziert und der Aufgabe nicht gewachsen gefühlt. Nachdem ich mich dazu entschlossen hatte, nicht aus meiner Komfortzone zu treten, schämte ich mich jedoch jedes Mal und war von mir selbst enttäuscht."
- „Ich bin mir so sicher, dass ich versagen werde, dass ich es nicht einmal versuche. Außerdem würden sich die anderen sowieso wundern, weshalb ich überhaupt damit angefangen habe, da mein Misserfolg doch absehbar war."
- „Ich habe Angst vor dem Moment, in dem mir klar wird, dass ich nicht gut genug bin für das, was ich wirklich machen möchte, und dass niemand mich ernst nimmt oder sich für das interessiert, was ich zu bieten habe."
- „Ich weiß, dass in mir ein Sportler steckt, aber ich schaffe es einfach nicht, diesen Teil von mir auszuleben. Das frustriert mich ungemein und macht mich traurig. Ich möchte einfach nur da rausgehen und anfangen, doch ich komme nicht gegen diese scheinbar unzerstörbare Mauer in mir an."

- „Alle Mitglieder meiner Familie sind so klug, und ich komme mir vor wie das schwarze Schaf, das immer nur Fehler macht und nicht aus ihnen lernt."
- „Ich habe solche Angst davor, dumm oder inkompetent zu wirken, und ich habe immer das Gefühl, meinen Job und meinen Erfolg nicht zu verdienen und eines Tages als Betrügerin entlarvt zu werden."
- „Viele Jahre lang hatte ich Angst davor, einen Job aufzugeben, der mich ausgelaugt hat. Da ich mich in diesem Job nicht erfolgreich fühlte, war ich davon überzeugt, auch nirgendwo anders erfolgreich sein zu können. Anstatt den Beruf als nicht passend für mich zu betrachten, dachte ich, *ich* sei das Problem. Dadurch stand ich mir eine lange Zeit selbst im Weg."

Wie dieser Angsttyp dir im Weg stehen kann

Als Selbstzweifler hast du mit der leisen Stimme in deinem Hinterkopf zu kämpfen, die dir kontinuierlich einbläut, du seist nicht gut genug. Dadurch beginnst du, an deinen eigenen Fähigkeiten zu zweifeln.

Hier sind ein paar Beispiele dafür, wie der Angsttyp des Selbstzweiflers dich negativ beeinflussen und von deinen wahren Träumen fernhalten kann:
- Du vermeidest es, Risiken einzugehen oder Neues zu wagen, weil du dich davor fürchtest, dass du nicht das Zeug dazu hast, erfolgreich zu sein.
- Du erwischst dich regelmäßig dabei, wie du deine Entscheidungen anzweifelst oder deine Meinung änderst, weil du Angst hast, der Aufgabe nicht gewachsen zu sein.

- Anstatt dich mit ihnen zu freuen, fühlst du dich oft deprimiert oder eifersüchtig, wenn andere etwas erreichen, was du selbst gern erreichen würdest, dich aber nicht traust.
- Du stehst deinen Beziehungen durch deine übermäßige Kritik im Weg und gibst deinen Liebsten das Gefühl, deine Erwartungen nicht erfüllen zu können.
- Du bist anfällig für Gruppendruck und stimmst gängigen Meinungen zu, da du dich nicht in der Position siehst, deine eigenen Ideen zum Ausdruck zu bringen.
- Es fällt dir schwer, deine Erfolge oder die anderer anzuerkennen und dir selbst die Freiheit zu geben, Neues auszuprobieren und Fehler zu machen.
- Du fühlst dich ängstlich und panisch, wenn du aus deiner Komfortzone trittst oder ein Risiko eingehen musst und du hast das Gefühl, nicht die notwendigen Fähigkeiten zu besitzen, um die Situation zu meistern.
- Du lässt deine eigenen, eingeschränkten Überzeugungen bezüglich deiner Fähigkeiten darüber bestimmen, was du tust und zu was du dich imstande fühlst.

So besiegst du diese Angst

Die folgenden Strategien können dir dabei helfen, deine Angst, unzureichend zu sein, zu überwinden:

Umdenken
Als Selbstzweifler bist du höchstwahrscheinlich von dir selbst enttäuscht, wenn etwas nicht nach Plan verläuft, du einen Feh-

ler machst oder versagst. In diesen Momenten solltest du dich daran erinnern, dass Fehler und Versagen zum Leben dazugehören. In der Regel sind es genau diese Fehler, die uns all die positiven Dinge lehren, die wir brauchen, um voranzukommen!

Bedeutet dies, dass es Spaß macht, wenn etwas schiefgeht und wir Fehler machen? Nein, natürlich nicht. Im Idealfall läuft natürlich alles so ab, wie es soll. Aber du darfst dich durch dein gelegentliches Versagen nicht davon abhalten lassen, loszulegen und Neues zu wagen, denn auch Fehler und Versagen können durchaus gewinnbringend sein.

Wenn du dich bewusst dazu entschließt, dir keine Sorgen mehr darüber zu machen, eventuell zu versagen, und dich stattdessen darauf konzentrierst, was du alles aus der Situation lernen kannst, dann gibst du dir automatisch die Möglichkeit, es zu *versuchen* – ganz egal, wie das Ergebnis letztendlich aussehen wird. Diese neue Einstellung nimmt dir den Druck und den eigenen Anspruch, alles beim ersten Mal richtig zu machen. Stattdessen kannst du die Reise zu deinen Zielen und Träumen viel entspannter genießen.

Aktiv werden
Konkretes Handeln ist das beste Gegenmittel gegen Angst. Für den Selbstzweifler ist der beste Weg, die Angst vor Unfähigkeit und Versagen zu überwinden, sich selbst zu beweisen, dass er sehr wohl zu etwas imstande ist.

Wenn du zunächst kleine Risiken eingehst und kleine Schritte aus deiner Komfortzone heraustrittst, wirst du mit der Zeit an Mut gewinnen und irgendwann so weit sein, größere Risiken einzugehen und ganze Sprünge aus deiner Komfortzone zu wagen. Selbstvertrauen wird durch nichts so sehr gefördert wie durch konkretes Handeln – und zwar trotz der vorherrschenden

Angst. Bleib also am Ball und gehe jeden Tag mindestens eine Sache an, vor der du dich fürchtest.

Verantwortung übernehmen
Die innere Stimme, die den Selbstzweifler von seiner Unfähigkeit zu überzeugen versucht, kann so laut werden, dass jegliches Gegenargument überhört wird. In diesem Fall ist es gut möglich, dass du dich in deiner Welt der Unsicherheit und Unzulänglichkeit verlierst, auch wenn diese negativen Gedanken absolut keinen Wahrheitsgehalt haben. Wenn es dir schwerfällt, diese selbstzerstörerischen Gedanken und Gefühle zu bekämpfen, hole dir Unterstützung von außen und wende dich an eine gute Freundin, einen Mentor oder eine Beraterin.

Dies bedeutet, dass du dich verletzbar machst, und das kann besonders für den Selbstzweifler eine große Überwindung bedeuten. Dennoch lohnt es sich. Von einer anderen Person zu hören, dass deine Gedanken völlig ungerechtfertigt sind, kann nämlich wahre Wunder wirken. Zudem kann eine entsprechend ausgebildete Mentorin oder ein Berater dir die passenden Schritte in die richtige Richtung aufzeigen und dich dabei begleiten, deine Angst und Unsicherheit zu überwinden.

Veränderung ist möglich

Es war Sandras Enttäuschung bezüglich der verpassten Chance mit Judith, die sie zum Umdenken bewegte und ihr klarmachte, dass sie ihre Selbstzweifel überwinden musste, bevor die Situation noch schlimmer wurde. Sie begann damit, diverse Ratgeber zu lesen und sich motivierende Podcasts anzuhören. Diese waren zwar durchaus inspirierend und hilfreich, aber trotzdem hatte sie das Gefühl, dass sie für die endgültige Beseitigung ihrer Unsicherheit, die sich über so viele Jahre angestaut hatte, gezieltere Hilfe benötigte.

Es war ihr unangenehm, mit jemandem darüber zu reden, den sie persönlich kannte, und so machte sie kurzerhand einen Termin bei einem Lebensberater. Dieser ermutigte sie dazu, sich zunächst um sich selbst zu kümmern und Dinge zu tun, die ausschließlich für sie selbst bestimmt waren, wie beispielsweise die Mitgliedschaft in einem Fitnessstudio inklusive Trainer oder der Beitritt einer Volleyball-Amateurliga.

Sandra war überrascht, wie viel Spaß es ihr machte, nach all der Zeit mal wieder Volleyball zu spielen, insbesondere, weil sie nicht mehr den Anspruch hatte, die Beste zu sein. Ihre erneute körperliche Aktivität und die damit einhergehende Veränderung ihrer Figur steigerte ihr Selbstbewusstsein ungemein, was dazu führte, dass sie insgesamt glücklicher war.

Diese Veränderungen blieben in Sandras Umfeld nicht unbemerkt, besonders ihr Mann und ihre Kinder freuten sich mit ihr.

Sandras Lebensberater motivierte sie ebenfalls dazu, die Wiederaufnahme ihres Berufs in Erwägung zu ziehen. Es dauerte fast ein halbes Jahr, bis Sandra mutig genug war, die ersten Bewerbungen abzuschicken, doch die Bemühungen zahlten sich aus. Sie fand eine großartige Teilzeitstelle in der Verwaltung, die zugleich anspruchsvoll und flexibel war.

Es waren jedoch die neu gewonnenen Freundinnen, auf die Sandra besonders stolz war. Anstatt sich in Gegenwart anderer Frauen eifersüchtig und wertlos zu fühlen, begann sie, deren positive Eigenschaften wahrzunehmen, und stellte fest, dass sie andere durchaus bewundern konnte, ohne sich selbst klein zu fühlen.

Das war eine gewaltige Veränderung. Eine Veränderung, die für Sandra den Unterschied machte zu ihrem bisherigen Leben – und ihrer Angst vor Unzulänglichkeit.

Kapitel sechs
Der Ausredenfinder !

Wenn deine größte Angst darin besteht, Verantwortung zu übernehmen

Es ist einfacher, vom Scheitern zum Erfolg zu gelangen als von Ausreden zum Erfolg.
John C. Maxwell

Caroline ist einer dieser Menschen, die immer einen guten Eindruck hinterlassen. Sie ist klug, selbstbewusst und wortgewandt; die Leute hängen an ihren Lippen und blicken zu ihr auf. Ihre Belesenheit wirkt sich keinesfalls negativ auf ihr Image aus – ganz im Gegenteil. Die Menschen um sie herum sind beeindruckt von ihren Kenntnissen und davon, dass sie so ziemlich jede wichtige Theorie oder Philosophie wichtiger Menschen erklären kann.

Tatsächlich ist sie so gut darin, komplizierte Gedankengänge anderer zu erklären, dass in der Regel niemand bemerkt, dass sie ganz bewusst darauf achtet, nie ihre eigene Meinung zu einem Thema zu äußern oder etwas zu sagen, was später gegen sie verwendet werden könnte.

> Eine falsche Entscheidung zu treffen ist besser als der Dauerstress der Unentschlossenheit.

Kind

Caroline hat gelernt, dass es sicherer ist, sich hinter den Aussagen anderer zu verstecken, anstatt seine eigene Meinung zu äußern und hinterher dafür zur Rechenschaft gezogen zu werden, falls etwas schiefgeht. Denn sie mag es absolut nicht, in Schwierigkeiten zu stecken.

● Bereits als kleines Mädchen hatten ihre Eltern extrem hohe Erwartungen an sie und übten Druck auf sie aus, damit sie gute Noten schrieb und in Musik und Sport brillierte.

Gleichzeitig waren sie nie um eine Ausrede verlegen, wenn ihre Tochter ihren Erwartungen wieder einmal nicht gerecht werden konnte. Mehr als einmal riefen ihre Eltern in der Schule an, um über Carolines Noten zu diskutieren, selbst wenn das schlechte Ergebnis simpler Lernfaulheit zuzuschreiben war. Dass sie es nicht ins Bezirksorchester geschafft hatte, lag lediglich daran, dass sie sich keine Privatstunden leisten konnte, nicht etwa an ihrem miserablen Vorspiel.

● Caroline lernte schnell, dass ihre Eltern nicht enttäuscht sein würden, wenn sie nur eine gute Erklärung für ihr Versagen hatte.

Auch während des Studiums bekam Caroline ihre guten Noten lediglich dadurch, dass sie in den Prüfungen die Gedanken und Meinungen der Professoren wiedergab – und zwar im exakten Wortlaut. Dies brachte ihr nicht nur Bestnoten ein, sondern steigerte auch ihre Beliebtheit.

● Ab und an kam ihr einer der Lehrenden auf die Schliche und ermunterte sie dazu, ihre eigenen Ideen zu formulieren. Für Caroline stellte das eine große Herausforderung dar und brachte sie oft dazu, nicht weiter an dem Kurs teilzunehmen, aus Angst, enttarnt zu werden.

Nach ihrem Abschluss bekam Caroline eine Anstellung als Projektmanagerin in der Zentrale eines großen Produktionsunternehmens. Sie fand immer die richtigen Worte, machte sich in ihrer Abteilung schnell einen Namen und wurde im Laufe der nächsten Jahre mehrfach befördert, bis sie schließlich zur vertretenden Geschäftsführerin ernannt wurde.

Das war der Punkt, an dem Caroline unsicher wurde. Bis hierher war sie zwar oft nach ihrer Meinung gefragt worden, aber die finale Entscheidung hatte letztendlich immer ein anderer getroffen. Sie musste sich nie Sorgen darum machen, bei einer Fehlentscheidung zur Verantwortung gezogen zu werden.

Sie hasste es, verantwortlich zu sein.

Das war der Grund, weshalb sie sich schließlich dazu entschied, ihr Angestelltenverhältnis zu beenden und Beraterin zu werden. Ihr wurde klar, dass sie es mochte, Ratschläge zu geben, Optionen abzuwägen und verschiedene Perspektiven und Gedankengänge aufzuzeigen, ohne jedoch selbst eine konkrete Entscheidung treffen zu müssen. Sie wollte gern innerhalb der Branche auf dem Laufenden bleiben, aber nicht diejenige sein, die an etwaigen negativen Entwicklungen schuld war.

Diese Neigung weitete sich auch auf ihr Privatleben aus. Im Umgang mit ihrem Ehemann und ihren Freunden möchte sie nie diejenige sein, die eine Entscheidung treffen muss – ob es nun um den Hauskauf geht oder darum, welcher Film geschaut wird. Wenn sie und ihr Mann sich streiten, dann wirft er ihr oft vor, immer für alles eine Ausrede zu haben.

Caroline gehört zum Angsttyp des Ausredenfinders.

Der Angsttyp des Ausredenfinders

Die größte Angst des Ausredenfinders – den man auch als Schuldzuweiser bezeichnen könnte – ist es, Verantwortung zu übernehmen oder zur Rechenschaft gezogen zu werden.

Da er solch eine Panik davor hat, man könnte mit dem Finger auf ihn zeigen, findet dieser Angsttyp immer wieder Ausreden oder jemanden, dem er die Schuld dafür geben kann, warum er etwas nicht tun kann oder die Umstände nicht stimmen.

Seine Begründungen sind in der Regel fundiert und nachvollziehbar, was es umso schwieriger macht, dem Ausredenfinder nachzuweisen, dass er sich lediglich der Verantwortung entzieht oder die Schuld von sich weist.

Der Ausredenfinder ist sehr gut darin, die Aufmerksamkeit von sich und seiner eigenen Schuld wegzulenken und andere Menschen oder Umstände in den Fokus zu stellen. Er ist ein Meister im Rationalisieren und wird nicht müde, Gründe zu präsentieren, weshalb er etwas nicht erreichen konnte.

In der Regel fühlt sich dieser Angsttyp in Führungspositionen sehr unwohl und wird nervös bei dem Gedanken, Verantwortung zu übernehmen, Risiken einzugehen und sich in die Schusslinie zu begeben. Stattdessen überlässt er lieber anderen die Entscheidung. Wenn es zu Veränderungen in seinem Privatleben oder der Erreichung von Zielen kommt, ist der Ausredenfinder oft – allerdings nicht immer – dazu geneigt, dem Beispiel von anderen zu folgen, beispielsweise einem Coach, einer Mentorin oder Lehrerin. Er versucht herauszufinden, was bei anderen gut funktioniert hat, und setzt es dann entsprechend bei sich selbst um.

Der Ausredenfinder fühlt sich extrem unwohl, wenn er direkt nach seiner Meinung gefragt wird, aus Angst, auf seine Aussage festgenagelt oder dafür verantwortlich gemacht zu werden, wenn etwas schiefgeht. Tatsächlich wartet er lieber ab, bis andere ihre Gedanken äußern, und verweist dann auf die Meinung eines anderen, anstatt seine eigene zu vertreten.

Ironischerweise macht die Neigung des Ausredenfinders, Verantwortung zu vermeiden und gute Gründe für sein Versagen zu finden, es umso schwerer, diesen Angsttyp zu akzeptieren, da es in seiner Natur liegt, die Wahrheit zu verleugnen und jegliche Schuld von sich zu weisen.

Deshalb ist es wichtig, sich bewusst zu machen, dass der Ausredenfinder *weder schlechter noch besser* ist als andere Angsttypen. In Wahrheit ist keiner dieser Angsttypen gut für uns, denn sie alle halten uns in irgendeiner Form davon ab, unsere Ziele zu erreichen. Außerdem steckt in uns allen mindestens ein kleiner Teil jedes Typs.

Der Ausredenfinder kommt unter den Befragten an sechster Stelle. Bei drei Prozent ist er der Haupt-Angsttyp, bei zwanzig Prozent taucht er unter den ersten drei auf.

Positive Eigenschaften

Ausredenfinder sind hervorragende Teamplayer und arbeiten oft sehr gut mit anderen zusammen. Aufgrund ihrer exzellenten Beobachtungsgabe lernen sie schnell von den Erfolgen und Fehlern ihrer Mitmenschen. Sie sind außerdem offen für Anweisungen und Führung von außen, was dazu führt, dass sie in Zusammenarbeit mit einem Mentor viel erreichen können.

Ausredenfinder sind sehr gut darin, andere zu unterstützen. Sie haben die Fähigkeit, anderen ein gutes Gefühl zu geben und sie an sich selbst glauben zu lassen. Sie sind in der Regel sehr aufmerksame Menschen und haben einen guten Ein- und Überblick, obwohl sie ihre eigene Meinung eher selten zum Ausdruck bringen. Sie fühlen sich in wichtigen Nebenrollen wohler als in direkten Führungspositionen und sind am erfolgreichsten, wenn sie Entscheidungen und Urteilsfindungen an Höhergestellte abgeben können.

Gewohnheiten und Verhaltensweisen

- Fühlt sich unwohl bei dem Gedanken, die Schuld auf sich zu nehmen oder einen Fehler einzugestehen
- Ist davon überzeugt, dass sein eigenes Versagen den Umständen oder dem Fehlverhalten anderer zuzuschreiben ist und außerhalb seiner Kontrolle liegt
- Hat immer eine Erklärung oder eine Ausrede parat, wenn etwas schiefgeht; diese Erklärung erscheint oft völlig logisch und ist deshalb nicht direkt als Ausrede identifizierbar
- Äußert ungern seine eigene Meinung, aus Angst, darauf festgenagelt zu werden
- Fühlt sich durch mangelnde Führung und Unterstützung ausgebremst, entweder aktuell oder in der Vergangenheit (zum Beispiel durch schlechte Lehrer, Eltern oder Arbeitgeber)
- Schiebt aktuelle Probleme auf Ereignisse aus der Vergangenheit oder Kindheit
- Wünscht sich einen Lehrer oder eine Orientierungshilfe, um ihm den Weg zu zeigen
- Tut sich schwer damit, Gruppenentscheidungen zu treffen oder für andere zu entscheiden
- Bevorzugt es, mit anderen zusammenzuarbeiten, anstatt auf sich allein gestellt zu sein

Die Stimme des Ausredenfinders

Dies sind einige Gedanken und Überzeugungen von Befragten mit hohen Werten bei dem Ausredenfinder:

„Gerade sieht es mit dem Geld etwas eng aus, deshalb kann ich momentan meine Ziele nicht weiterverfolgen."

„Ich habe Angst, dass die anderen mich dafür verantwortlich machen und böse sind, wenn etwas nicht funktioniert."

„Ich wollte schon immer meine eigene kleine Bäckerei aufmachen, aber ich kann es mir einfach nicht leisten. Wir müssen noch unsere Studienkredite abbezahlen. Ich sehe einfach keine Möglichkeit, mir diesen Traum jemals zu erfüllen."

„Es gibt so viel zu lernen und ich habe so wenig Zeit, bevor die Rechnungen bezahlt werden müssen. Ich muss *jetzt* Geld verdienen, nicht erst in sechs Monaten."

„Ich möchte nicht für alle anderen verantwortlich sein."

„Ich habe weder die Zeit noch die Mittel, um es gut zu machen, deshalb sollte ich es gar nicht erst probieren."

„Mein größter Traum ist es, Pferdetrainerin zu sein, aber ich habe mit meinen zweiundzwanzig Jahren noch viel zu wenig Reiterfahrung. Ich bin einfach zu alt, um eine Karriere in diesem Bereich anzustreben. Alle erfolgreichen Pferdetrainer scheinen damit angefangen zu haben, noch bevor sie laufen konnten. Das sind keine guten Aussichten. Ich glaube, es ist unmöglich."

„Ich würde so gern mein eigenes Unternehmen gründen, aber irgendetwas oder -jemand scheint mich konstant davon abzuhalten. Ich habe keine Zeit. Kein Geld. Niemand kann mir zeigen, wie es geht."

„Ich möchte unbedingt ein Buch schreiben. Ich wollte schon immer eine Autorin sein, und doch schreibe ich nie wirklich. Ich finde immer eine Ausrede. Ich weiß, ich habe einfach nur Angst, aber ich weiß nicht, wie ich sie überwinden soll."

> „Ich habe Angst davor, alles allein machen zu müssen und niemanden zu haben, an dem ich mich orientieren kann."

Wie dieser Angsttyp dir im Weg stehen kann

Die größte Gefahr für den Ausredenfinder ist es, die Chance zu versäumen, sein eigenes Leben in die Hand zu nehmen. Die automatische Tendenz, jegliche Schuld von sich zu weisen und sich stattdessen Ausreden einfallen zu lassen, führt schließlich zu völligem Kontrollverlust. 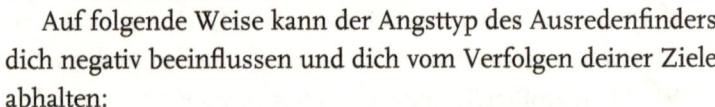*Denn letztendlich bleibt selbst eine gute Ausrede immer noch eine Ausrede.*

Auf folgende Weise kann der Angsttyp des Ausredenfinders dich negativ beeinflussen und dich vom Verfolgen deiner Ziele abhalten:

- Es fällt dir schwer, eine finale Entscheidung zu treffen, wenn nicht vorher jemand anders eine entsprechende Schlussfolgerung gezogen hat.
- Du hast Probleme damit, deine eigene Meinung zu äußern, da du Angst hast, später an diese gebunden zu sein.
- Du schaffst es nicht, das Zepter in die Hand zu nehmen, wenn dies bedeutet, dass du für eventuelle Misserfolge verantwortlich gemacht würdest.
- Du bist eine Expertin darin, Gründe und Ausreden zu finden, weshalb du etwas nicht probieren solltest oder warum du etwas nicht geschafft hast, auch wenn dir diese Entschuldigungen letztlich nichts bringen.
- Deine Neigung, Ausreden zu finden und die Schuld von dir zu weisen, kann bei anderen einen negativen Eindruck machen, da sie das Gefühl bekommen, dass du

deine Fehler nicht zugibst und akzeptierst; dies kann sich auf lange Sicht fatal auf deine Beziehungen auswirken.
- Du empfindest Sorge, Wut oder Angst, wenn du zur Rede gestellt, beschuldigt oder zur Verantwortung gezogen wirst; das kann zu einem Kurzschluss deinerseits führen.
- Es fällt dir schwer, Risiken einzugehen.
- Du tendierst dazu, aktuelle Schwierigkeiten oder Rückschläge auf Dinge zurückzuführen, die in der Vergangenheit passiert sind, beispielsweise eine harte Kindheit, mangelnde Unterstützung oder das Fehlen eines qualifizierten Mentors. Dies verhindert, dass du in der Gegenwart die volle Verantwortung übernimmst.

So besiegst du diese Angst

Folgende Strategien können dir dabei helfen, deine Angst vor Verantwortung zu überwinden:

Umdenken

Ein großer Teil deiner Angst kommt von der Stimme in deinem Kopf, die dir einredet, dass du keine Schuld auf dich nehmen möchtest. An dieser Stelle kann es hilfreich sein, Führungsrollen und Verantwortung aus einer anderen Perspektive zu betrachten.

Wenn du der Überzeugung bist, dass Ausreden dich vor jeglicher Schuldzuweisung bewahren, sage dir stattdessen: „Niemand steht auf Ausreden. Andere Menschen werden meine Arbeit eher respektieren, wenn ich bereit bin, die Verantwortung dafür zu übernehmen." Solltest du Schwierigkeiten haben, mit Situationen zurechtzukommen, die du nicht kontrollieren kannst, dann mache dir bewusst: „Ich kann vielleicht nicht alles kontrollieren, aber ich kann Verantwortung für meine eigenen Entscheidungen übernehmen."

Aktiv werden
Für Ausredenfinder besteht die größte und wichtigste Veränderung darin, eine Haltung einzunehmen, die sie nicht vor jeglicher Verantwortung flüchten lässt. Es braucht einiges an Mut, um jedes Mal aufs Neue die Verantwortung für die eigenen Entscheidungen und Handlungen zu übernehmen. Ein Leben ohne Ausreden bedeutet, dass du deine Misserfolge nicht mehr auf die äußeren Umstände oder die schrecklichen Ereignisse in deiner Vergangenheit schiebst und die Schuld nicht mehr anderen Leuten zuweist. Psychologen bezeichnen dieses Konzept als eine Verschiebung des Kontrollzentrums, also des Ausmaßes, in dem die Menschen glauben, dass sie die interne Kontrolle über ihr Leben haben, anstatt zu glauben, dass ihr Leben von äußeren Kräften bestimmt wird, die außerhalb ihrer Kontrolle liegen. Menschen mit einem internen Kontrollzentrum sind in der Regel wesentlich motivierter, produktiver und erfolgreicher. Für mehr Motivation ist es daher oft lediglich notwendig, Verantwortung für die eigenen Entscheidungen zu übernehmen.

Auch wenn es dir auf den ersten Blick Angst macht, ist eine bewusste Entscheidung gegen Ausreden und für die eigene Verantwortlichkeit hinsichtlich des eigenen Lebens und eigener Umstände unglaublich befreiend! Wenn du das Ruder in die Hand nimmst, brauchst du dir keine Sorgen mehr darüber machen, was passieren könnte, welchen Hindernissen du begegnen oder was andere über dich denken könnten. Denn ab sofort hast du die Kontrolle.

Verantwortung übernehmen

Es ist nie einfach, wenn ein anderer dich auf deine Tendenz hinweist, die Schuld von dir zu weisen und für alles eine Ausrede zu finden. Dennoch ist der beste Weg, diese spezielle Angst zu überwinden, aktiv zur Verantwortung gezogen zu werden. Dies kann durch einen Gleichgesinnten geschehen oder auch mithilfe eines Mentors, der genau die Eigenschaften verkörpert, die du dir für dich selbst wünschst.

Dein Rechenschaftspartner oder dein Mentor wird dir ganz ehrlich sagen, wenn du dabei bist, dir eine Ausrede auszudenken, oder wenn deine Angst vor Schuldzuweisung dich davon abhält, voranzukommen. Im Idealfall findest du jemanden, der keine Angst davor hat, dir ehrlich die Meinung zu sagen, und dir dabei hilft, dein Leben in die Hand zu nehmen und Verantwortung für deine Entscheidungen zu übernehmen – Schritt für Schritt, ganz allmählich. Es mag sich zunächst etwas fremd anfühlen, aber letztendlich – insbesondere mit der Hilfe von jemandem, dem du vertraust – wirst du es schaffen!

Ein Leben ohne Ausreden

Sobald Caroline bewusst wurde, wie ihre Gewohnheit, Ausreden zu finden und keine Verantwortung übernehmen zu wollen, ihr Leben und ihre Beziehungen negativ beeinflusste, fasste sie den Entschluss, etwas zu verändern.

Sie engagierte einen Unternehmensberater, um ihre Führungsfähigkeiten auszubauen. Dieser half ihr dabei, Schritt für Schritt zu erkennen, wie genau sie bisher Verantwortung vermieden hatte, sowohl privat als auch beruflich. Es fiel Caroline zunächst schwer, sein Feedback zu akzeptieren und mehr Verantwortung für ihre Entscheidungen zu übernehmen, aber als sie es allmählich schaffte, die Gewohnheit des Ausredenfindens zu durchbrechen – zunächst bei kleineren Entscheidungen, dann auch bei größeren –, fühlte sie sich wesentlich freier und selbstbewusster.

Der erste richtige Durchbruch kam, als sie mit einem Kunden arbeitete. Sie war gerade dabei, einige Handlungsoptionen zu präsentieren, die das Unternehmen umsetzen konnte, als der Geschäftsführer sich ihr zuwandte und sie fragte: „Was sollten wir Ihrer Meinung nach tun?"

Normalerweise hätte Caroline versucht, eine Antwort zu umgehen, indem sie die verschiedenen Optionen erneut genannt und erklärt hätte, dass sie lediglich in einer Beratungsposition sei. Dieses Mal jedoch sah Caroline dem Geschäftsführer direkt in die Augen und sagte: „Wenn das hier mein Unternehmen wäre, würde ich auf jeden Fall Option A wählen. Das sollten Sie meiner Meinung nach auch tun."

Der Geschäftsführer stimmte ihr zu, dankte ihr für ihren Rat und sagte dann: „Und ich dachte schon, Sie seien eine dieser Mitarbeiterinnen, die nie eine eigene Meinung haben."

Mit der Zeit bemerkte Caroline, dass ihre Kunden eher an ihrer persönlichen Meinung interessiert waren, auch wenn sie damit vielleicht das eine oder andere Mal danebenlag, anstatt schwammige Ratschläge zu hören, die letztendlich bei der eigentlichen Entscheidungsfindung nicht wirklich weiterhalfen. Sie begriff, dass ihre Meinung respektiert wurde und ihr deshalb in der Regel hinterher keine Vorwürfe gemacht wurden, solange sie eventuelle Fehler als ihre eigenen anerkannte.

Langsam wurde es für Caroline immer leichter, Verantwortung zu übernehmen.

Auch zu Hause blieb diese Veränderung nicht unbemerkt. Carolines Mann konnte es kaum glauben, als sie eines Tages sagte: „Weißt du was? Du hast recht. Es tut mir leid, das hätte ich nicht tun sollen. Das war mein Fehler."

Heute hängt über Carolines Schreibtisch ein kleiner Zettel, auf dem „Keine Ausreden" geschrieben steht. Dies soll sie daran erinnern, stets die volle Verantwortung für ihre Entscheidungen zu übernehmen. Sie hat mittlerweile erkannt, wie sie von ihrer Angst vor Schuldzuweisung eingenommen worden war, und möchte nie wieder auf diese Zeit zurückblicken.

keine ausreden

Kapitel sieben
Der Pessimist

Wenn du dich am meisten vor Unglück fürchtest

Du bist nur in dem Maße ein Opfer, wie deine Wahrnehmung es zulässt.
Shannon L. Alder

Johanna hatte schon immer den Eindruck, dass das Schicksal nicht auf ihrer Seite ist. Und obwohl sie es nicht zugeben möchte, hat sie immer öfter das Gefühl, nur noch zu versuchen, zurechtzukommen, ohne wieder einen Rückschlag zu erleben.

Sie ist in schwierigen Familienverhältnissen aufgewachsen und erinnert sich daran, sich immer wieder eine normale Familie gewünscht und dafür gebetet zu haben. All ihre Freundinnen hatten scheinbar perfekte Eltern und ein perfektes Leben, während ihr eigener Vater ein Alkoholproblem hatte und ihre Mutter an dauerhafter Erschöpfung litt. Sie nagten keinesfalls am Hungertuch, und dennoch machten ihre Eltern sich ständig Sorgen um Geld und stritten sich ununterbrochen.

Als Johanna in der siebten Klasse war, ließen sich ihre Eltern schließlich scheiden. Johanna schämte sich so sehr dafür, dass sie es niemandem erzählte und niemanden zu sich nach Hause einlud, damit auch ja keiner ihr kleines Geheimnis entdeckte.

Nach der Schule begann sie ihr Studium und es lief insgesamt gut, bis sie im zweiten Studienjahr Pfeiffer-Drüsenfieber bekam. Sie war monatelang schwach auf den Beinen und schaffte es kaum, an den Vorlesungen teilzunehmen. Das wirkte sich entsprechend auf ihre Noten aus und führte letztendlich dazu, dass sie ihr Stipendium verlor. Ohne die finanzielle Unterstützung wurde das Studium zu teuer, und sie war gezwungen, es abzubrechen.

Sie fand einen Vollzeitjob als Empfangsdame und hatte die Hoffnung, sich hocharbeiten und trotz ihres Studienabbruchs die Karriereleiter emporklettern zu können. Als ihr jedoch zwei Mal in Folge eine Beförderung ausgeschlagen wurde – ihr Chef hatte offensichtlich etwas gegen sie –, begann sie, nach Alternativen zu suchen. Sie belegte einen Abendkurs an einer Kosmetikschule und ließ sich zur Kosmetikerin ausbilden. Anschließend fing sie an, in einem örtlichen Wellnesshotel zu arbeiten.

Sie entdeckte ihre Leidenschaft dafür, Kundinnen bei der Lösung ihrer Hautprobleme zu helfen, und leistete hervorragende Arbeit. Sie baute sich einen treuen Kundenstamm auf und bekam sogar manchmal den Eindruck, mehr eine Therapeutin als eine Kosmetikerin zu sein (viele der Kundinnen teilten ihre Alltags- und Beziehungsprobleme mit ihr). Johanna war einfach eine gute Zuhörerin, weshalb die Leute sich ihr öffneten und anvertrauten.

Nach einigen Jahren im Wellnesshotel entschlossen sich Johanna und einige ihrer Kolleginnen dazu, eine eigene kleine Massage- und Hautpflegeklinik zu eröffnen. Alles lief sehr gut, bis Johanna bemerkte, dass sich ihre beiden Geschäftspartnerinnen immer besser verstanden und sie mehr und mehr auszuschließen schienen. Sie erwischte die beiden mehrmals dabei, wie sie sich ohne sie zusammensetzten und wichtige Entscheidungen bezüglich des Unternehmens trafen, ohne dies mit ihr abzusprechen. Es entwickelte sich eine gewisse Anspannung.

Dann brach Johanna zu einem einmonatigen Trip durch Europa auf – eine Reise, die sie seit Jahren geplant hatte. Ihre Geschäftspartnerinnen sollten sich in dieser Zeit mit um ihre Kunden kümmern. Aber stattdessen warfen sie sie aus dem Unternehmen.

Johanna war am Boden zerstört.

Sie weinte drei Tage lang und konnte einfach nicht verstehen, wie jemand so egoistisch und herzlos sein konnte.

Schließlich entschloss sie sich dazu, wieder in dem Wellnesshotel zu arbeiten, doch die innere Wut und Verbitterung machten es schwer, ihre Arbeit zu genießen. Wenn ihre Kundinnen wieder damit begannen, von ihrem Privatleben zu erzählen, rollte Johanna nur mit den Augen und hoffte, dass es niemand bemerkte. Wenn die nur wüssten, was echte Probleme sind.

Inzwischen fühlt es sich für Johanna so an, als würde sie trotz harter Anstrengung immer wieder zurückgeworfen. Wieso also überhaupt noch etwas Neues probieren, wenn das Leben doch sowieso unfair ist? Sie hat es satt, Risiken einzugehen, nur um am Ende enttäuscht zu werden. Ihrer Meinung nach gibt es keine passende Lösung, und sie hat Angst, sich zu bemühen, nur um dann wieder hintergangen oder heruntergemacht zu werden. Sie hat Angst vor Unglück, weil es sich anfühlt, als sei ihr bisheriges Leben nichts als ein großes Unglück gewesen.

Johanna gehört zum Angsttyp des Pessimisten.

Der Angsttyp des Pessimisten

Oft Opfer von Umständen außerhalb ihrer Kontrolle, kämpft der Pessimist hauptsächlich mit der Angst vor Unglück und damit einhergehenden harten Zeiten oder gar Schmerzen.

Er fühlt sich aufgrund einer erlebten Belastung, Tragödie oder Notsituation – entweder kürzlich oder in der Vergangenheit – als rechtmäßiges Opfer des Schicksals. Genau diese selbst auferlegte Opferrolle ist es, die den Pessimisten davon abhält, seine Ziele zu erreichen.

Durch seine sowieso schon immense Angst vor Unglück und Leid sowie ein Gefühl von Kontrollverlust werden Pessimisten leicht von jeglicher Art von Herausforderung aus der Bahn geworfen. Anstatt Hindernisse als Chance zur persönlichen Weiterentwicklung zu betrachten, sehen sie in ihnen eher fundierte Gründe, aufzugeben oder es gar nicht erst zu probieren.

Pessimisten können oder wollen ihre Umstände oft nicht aktiv verändern, sondern ziehen sich lieber zurück, um zusätzlichen Schmerz zu vermeiden. In Wirklichkeit macht dieses Verhalten die Dinge eher noch schlimmer.

Es fällt dem Pessimisten sehr schwer, die Perspektive zu wechseln und über seinen Schmerz, sein Leid und die schwierigen Umstände hinwegzusehen. Er hat das Gefühl, dass es allen anderen viel besser geht und er eben den Kürzeren gezogen hat. In der Regel fällt ihm auch nicht auf, dass er sich selbst diese Opferrolle zuschreibt.

Pessimisten können unter Umständen verbittert und grimmig wirken und fühlen sich schlechter behandelt als ihre Mitmenschen, was sie dazu veranlasst, das Leben generell als ungerecht zu betrachten. Zudem sind sie der Überzeugung, das Opfer äußerer Umstände zu sein und keine Kontrolle über ihr Schicksal zu haben.

Aufgrund dieser natürlichen Charakterzüge ist es keine Überraschung, dass die Akzeptanz bei diesem Angsttyps besonders schwerfällt – wenn nicht sogar am schwersten. Die ersten Reaktionen auf die Entdeckung dieses Angsttyps bei sich selbst sind in der Regel Wut, Verleugnung und das Einnehmen einer Angriffshaltung. Niemand bezeichnet sich gern als Pessimisten oder Opfer, auch wenn genau diese Einstellung dafür verantwortlich ist, dass man nicht vorankommt.

Es ist an dieser Stelle äußerst wichtig, sich in Erinnerung zu rufen, dass kein Angsttyp besser oder schlechter ist als die anderen. Das gilt auch für den Pessimisten. Alle Angsttypen halten uns in irgendeiner Weise davon ab, unsere Träume zu verfolgen, und es steckt mindestens ein kleines bisschen von jedem einzelnen Typ in jedem von uns.

Der Pessimist ist der am wenigsten verbreitete Angsttyp. Lediglich bei etwa dreieinhalb Prozent der Befragten ist er der Haupt-Angsttyp, bei nur rund siebzehn Prozent ist er unter den ersten drei.

Positive Eigenschaften

Pessimisten sind in der Regel gefühlvoll und haben ein großes Herz. Ihnen wird nachgesagt, dass sie für andere wie ein offenes Buch sind und die Dinge oft intensiver wahrnehmen und fühlen als andere.

Aufgrund dessen sind sie besonders fürsorglich, einfühlsam und liebenswürdig und bekannt für ihr hohes Maß an Empathie. Sie sind für gewöhnlich sehr sozial, extrem gute Zuhörer und außerdem sehr rücksichtsvoll und nachdenklich.

Pessimisten fühlen sich beruflich oft zu solchen Aufgaben hingezogen, bei denen sie sich um andere kümmern oder mit anderen interagieren. Auch Berufe, die Aufmerksamkeit und Kreativität erfordern, stehen ganz oben auf der Liste. Zu den gängigen Berufsbildern gehören (Kranken-)Pflege, Sozialarbeit, Physiotherapie, Beratung, Kosmetik, Massagetherapie, Ästhetik, Kunst sowie der Beruf der Lehrerin und Autorin.

Gewohnheiten und Verhaltensweisen

- Kann mit schwierigen Situationen aus der Vergangenheit schwer abschließen
- Sieht oft keine Lösung für seine Probleme
- Betrachtet Hindernisse als Stoppsignal statt als Herausforderung
- Ist der Ansicht, dass es ihm schlechter geht als seinen Mitmenschen
- Hat das Gefühl, dass äußere Umstände, die er nicht kontrollieren kann, ihn daran hindern, seine Ziele zu erreichen
- Verschließt sich vor jeglicher Art von Schwierigkeiten und Herausforderungen
- Neigt dazu, aufzugeben, anstatt sich durchzubeißen, sobald es schwierig wird
- Empfindet Emotionen intensiver als andere
- Reagiert sensibel auf Kritik und Probleme
- Verliert sich manchmal in seinen eigenen Gedanken
- Vermeidet Risiken

Die Stimme des Pessimisten

Hier sind einige Gedanken und Überzeugungen von Befragten, die hohe Werte für den Pessimisten aufwiesen:
- „Ich habe Angst, dass das, was ich gern machen möchte, zu schwierig ist."
- „Ich möchte nicht schon wieder so viel Zeit und Energie aufwenden, nur um hinterher enttäuscht zu werden."
- „Meine erste Schwangerschaft war kompliziert. Mein Arzt hörte mir nicht zu und ich fühlte mich von ihm nicht gut behandelt, aber das wollte keiner wissen. Leider habe ich mir keinen anderen Arzt gesucht, und schließlich starb mein Baby während der Geburt. Ich wünschte, ich wäre meinem Gefühl gefolgt und hätte vehementer versucht, mir Gehör zu verschaffen. Dieser Verlust hat mich nie losgelassen."
- „Es ist tatsächlich mein eigenes *Leben*, das mich zurückhält: Ich hatte Krebs, musste mich um meine Eltern kümmern und meine Familie hat kein Geld. Es ist einfach nicht möglich, die Dinge zu tun, die ich gern tun würde."
- „Ich habe keine Lust mehr darauf, ständig alles zu versuchen und dann zu versagen. Schluss damit!"
- „Ich möchte mir nicht noch mehr zusätzliche Arbeit und Zeitfresser aufbürden, wenn ich sowieso schon kaputt bin und nicht mal weiß, ob es sich überhaupt lohnt. Es ist anstrengend, die Hauptverdienerin zu sein und gleichzeitig Ehefrau und Mutter. Ich habe kaum Zeit, um mal etwas für mich zu tun, denn mein Kind braucht besondere Aufmerksamkeit und Betreuung rund um die Uhr. Ganz zu schweigen von meinen pflegebedürftigen Eltern und dem vernachlässigten Haushalt."

- „Nachdem meine Tanzkarriere von einem Autounfall jäh beendet wurde und zum selben Zeitpunkt die Wirtschaft zusammenbrach, sah ich mich plötzlich mit einem Haufen von Problemen konfrontiert. Ich konnte aufgrund meiner Verletzungen weder das Unternehmen führen noch tanzen. Ich fühlte mich wie gelähmt und wusste weder ein noch aus. So ging das einige Jahre lang, und noch heute spüre ich die Auswirkungen dieser Ereignisse."
- „Ich möchte meinem Mann nicht noch mehr Munition geben. Er glaubt sowieso nicht an mich, und das gibt mir das Gefühl, es tatsächlich nicht schaffen zu können."
- „Ich probiere oft neue Dinge aus, aber alte Geschichten und Probleme stehen mir dann andauernd im Weg und hindern mich daran, voranzukommen."

Wie dieser Angsttyp dir im Weg stehen kann

Unsere Wahrnehmung wird für uns schnell zur Realität. Die Überzeugung, das Leben sei unfair und allen anderen gehe es sichtbar besser als ihm, kann für den Pessimisten zum unüberwindbaren Hindernis werden. Diese Wahrnehmungen und Einstellungen entstehen oftmals durch extrem schwierige Umstände – Tragödien, Krankheit, Betrug oder Verlust –, die ihn einfach nicht loslassen.

Du musst wissen, dass die Wut und der Schmerz, die du empfindest, durchaus berechtigt sind. Dennoch bringt es dich nicht weiter, wenn du dich durch vergangene, negative Erlebnisse davon abhalten lässt, deine Träume zu verwirklichen. Der Angsttyp des Pessimisten kann dich auf folgende Weise negativ beeinflussen und einschränken:

- Du neigst dazu, schnell aufzugeben, und schaffst es nicht, dich Herausforderungen zu stellen und Schwierigkeiten zu überwinden. Stattdessen bleibst du frustriert irgendwo im Chaos stecken.
- Manchmal verlierst du dich im Selbstmitleid und der Überzeugung, das Leben sei unfair oder deine Umstände seien schwieriger als die der anderen. Dies mag durchaus der Wahrheit entsprechen, trotzdem hilft dir Selbstmitleid nicht weiter.
- Es fällt dir schwer, anderen zu verzeihen, wenn sie dich enttäuscht haben.
- Du kannst keine gesunde Beziehung zu Menschen aufbauen, von denen du denkst, dass es ihnen besser geht als dir. Dass du das Leben als unfair betrachtest, kann dazu führen, dass du eifersüchtig auf andere bist und den Eindruck gewinnst, dass es sie besser getroffen hat als dich.
- Deine Angst vor Schmerz und Unglück lässt dich jegliche Art von Risiko systematisch vermeiden und hält dich davon ab, deine Ziele zu verfolgen, weil allein der Gedanke an mögliche Schwierigkeiten schon zu viel für dich ist.
- In dir machen sich Sorgen und Panik breit, wenn du befürchtest, dass etwas schwierig werden könnte.
- Deine Betrachtung von Dingen, die dir in der Vergangenheit passiert sind, von den aktuellen Umständen oder davon, wie andere Menschen dich behandelt haben, bestimmen dein Selbstbewusstsein und den Glauben an deine eigenen Fähigkeiten.

So besiegst du diese Angst

Die folgenden Strategien können dir dabei helfen, deine Angst vor Unglück zu überwinden:

Umdenken

Unglück findet niemand angenehm. Krankheit, Tragödien, Misshandlung, Betrug, Depression, finanzielle Sorgen, Enttäuschungen, Fehler, Dummheiten und Notsituationen – die Liste von schrecklichen Dingen, die einen im Leben ereilen können, ist schier endlos. Die meisten dieser Situationen würden wir nicht einmal unserem schlimmsten Feind wünschen.

Vermutlich ist dir bereits eine gehörige Portion von Unglück widerfahren, und nun hast du Angst, noch mehr davon ertragen zu müsssen. Dennoch bringen Tragödien und schwierige Situationen so gut wie immer etwas Positives mit sich. Versuche sie als Herausforderung und Richtungsweiser zu sehen, anstatt dich von ihnen negativ beeinflussen und von deinem Weg abbringen zu lassen.

Natürlich ist es kein Zuckerschlecken, in eine Notlage zu geraten oder etwas Schreckliches zu erleben. Allerdings solltest du dich durch deine Angst vor Unglück nicht davon abhalten lassen, deine Ziele zu erreichen und Neues zu wagen.

Ein Großteil dieser Angst kommt von innen, weshalb es notwendig ist, deine Einstellung und deine Überzeugung zu ändern. Nur so kannst du deine Angst überwinden. Wie kannst du die Perspektive wechseln, wenn du der Meinung bist, dass du vom Unglück verfolgt wirst? Oder wenn du verbittert und wütend bist, weil du schlecht behandelt wurdest und meinst, das Leben sei grundsätzlich unfair?

Positive Bekräftigungen, die du regelmäßig wiederholst, können bereits ausreichen. In anderen Fällen bedarf es Hörbüchern oder Podcasts, die positive Werte vermitteln, um deinen Überzeugungen den rechten Weg zu weisen. Auch die Zuwendung zur Bibel und zum Gebet können hilfreich sein, ebenso wie die Unterstützung eines Seelsorgers, einer Therapeutin oder Coaches.

Aktiv werden
Der Pessimist zeichnet sich als Angsttyp dadurch aus, dass er ständig das Gefühl hat, mit schwierigen und unfairen Bedingungen zurechtkommen zu müssen, über die er absolut keine Kontrolle hat. Du kannst zwar deine Umstände – was dir zustößt oder wie andere dich behandeln – nicht immer aktiv verändern, allerdings entscheidest *du selbst*, wie du auf die Gegebenheiten reagierst.

Wie auch der Ausredenfinder muss der Pessimist ein inneres Kontrollzentrum entwickeln. Dies mag zu Beginn beängstigend wirken, aber zu erkennen, dass du immer eine Wahl hast, ganz egal, was dir Schreckliches passiert oder wer dich verletzt, ist extrem befreiend! Wenn du die Kontrolle über deine Reaktion auf solche Dinge zurückerlangst, brauchst du dich nicht mehr darum sorgen, was geschehen könnte, welche Hindernisse sich dir in den Weg stellen oder wie andere mit dir umgehen. Denn letzten Endes ist es noch immer dein Leben, nicht das eines anderen.

Verantwortung übernehmen
Wenn du mit Tragödien, Krankheit oder anderen Notsituationen fertigwerden musst, ist es oft sehr schwer, die Perspektive

zu wechseln und einen Blick für das Positive zu entwickeln. In solchen Momenten scheint die ganze Welt gegen dich zu sein, allen anderen geht es viel besser als dir, und überhaupt ist das Leben so unglaublich unfair. Wenn man jedoch genauer hinsieht, so erkennt man, dass Unglück sich zwar bei jedem anders manifestiert, letztendlich aber niemand davon verschont bleibt. Selbst wenn der Kampf hinter verschlossenen Türen stattfindet, erwischt es doch früher oder später jeden einmal. Sei beruhigt, denn du bist nicht allein. Suche aktiv nach Freundinnen oder Rechenschaftspartnern, die dir dabei helfen können, sich diese Tatsache bewusst zu machen.

Abhängig von deiner aktuellen Situation ist es vielleicht sogar ratsam, dich einer Selbsthilfegruppe anzuschließen – es gibt sie für so gut wie jedes Thema, von Trauer über Suchtprobleme bis hin zu Depression, Verschuldung und vielem mehr. Solch eine Gruppe erinnert dich daran, dass andere schon mit ähnlichen Problemen zu kämpfen hatten, und kann zudem Lösungen offenbaren, an die du bisher gar nicht gedacht hattest.

Hin zu mehr Optimismus

Als sie bemerkte, dass sie immer tiefer in einem Sumpf aus Wut und Bitterkeit versank, beschloss Johanna, sich Unterstützung von außen zu holen. Sie engagierte eine Beraterin, die ihr dabei half, ihre Kindheit aufzuarbeiten, die sie bis dahin immer als gestört angesehen hatte.

Ihr wurde klar, dass ihre Eltern – auch wenn sie bei Weitem nicht perfekt gewesen waren – immer ihr Bestes gegeben und auch viele Dinge richtig gemacht hatten. Sie entwickelte Verständnis für all den Druck, der auf ihren Eltern gelastet haben musste, und hatte sogar ein ausführliches Gespräch mit ihrer Mutter, das Erklärungen für einiges lieferte, was Johanna als Kind nie richtig begriffen hatte.

Sie bemühte sich außerdem, an ihrer Enttäuschung hinsichtlich des Studienabbruchs zu arbeiten, die sie nach wie vor empfand, und musste schließlich zu ihrer eigenen Überraschung feststellen, dass ihr das Studium eigentlich nie richtig gefallen hatte und ihre schlechten Noten schlicht und einfach ihrem mangelnden Interesse an den Themen der Veranstaltungen zuzuschreiben waren. Zudem stellte sich heraus, dass ihr der Beruf als Kosmetikerin wirklich sehr gefiel und sie sich nicht vorstellen konnte, etwas anderes zu machen.

Für Johanna fühlte es sich an, als sei ein großes Gewicht von ihren Schultern genommen worden. Wenn sie nun auf ihre Vergangenheit zurückblickt, ist sie dankbar dafür, dass sie durch das Pfeiffer-Drüsenfieber ihre wahre Berufung finden konnte.

Bezüglich ihrer ehemaligen Geschäftspartnerinnen empfand sie hingegen nach wie vor eine starke Wut, doch ihre Beraterin machte ihr klar, dass diese Bitterkeit sie innerlich auffraß und ihr nicht guttat. Daher traf sie die bewusste Entscheidung, den beiden zu vergeben und nach vorne zu blicken. Das fiel ihr nicht leicht, und es brauchte einige Zeit und viele Gebete, aber schließlich ließ der Ärger allmählich nach.

Inzwischen widmet sich Johanna wieder mit vollem Einsatz ihren Kundinnen im Wellnesshotel. Sie ist mittlerweile die beste Kosmetikerin im Team, verdient doppelt so viel wie vorher und ist die Erste mit eigener Warteliste. Sie wurde sogar vom Hotelmanager persönlich zur Mitarbeiterin des Jahres gekürt.

Es war ein harter Weg, aber Johanna weiß jetzt, wie sehr ihre Angst vor Unglück sie zurückgehalten hat. Sie ist außerdem fest entschlossen, die Umstände, die sie *nicht* kontrollieren kann, nie wieder Oberhand über das gewinnen zu lassen, was sie kontrollieren kann.

Die Angsttypen auf einen Blick

Der Aufschieber
Hauptsächliche Angst: Fürchtet sich am meisten davor, einen Fehler zu machen, was sich im Großteil der Fälle in Perfektionismus und Vermeidung von Verpflichtungen äußert.

Negative Eigenschaften: Möchte immer alles „richtig" machen und verbringt zu viel Zeit mit Recherche und Vorbereitung; hat sowohl ein Problem damit, anzufangen, als auch damit, etwas als beendet anzusehen.

Positive Eigenschaften: Liefert qualitativ hochwertige Ergebnisse; ist in der Regel sehr gut organisiert und hat ein Auge fürs Detail.

Der Regelbefolger
Hauptsächliche Angst: Fürchtet sich in überdimensionalem Maße vor Autorität, was sich oft durch eine verstärkte Abneigung gegen Regelbrüche sowie gegen „unerlaubte" Handlungen äußert.

Negative Eigenschaften: Tut alles, um sich regelkonform zu verhalten; stellt Anweisungen und die Meinung der Mehrheit gegebenenfalls über das eigene Urteil.

Positive Eigenschaften: Ist in hohem Maße vertrauenswürdig und verantwortungsbewusst; hat einen ausgeprägten Sinn für Gerechtigkeit sowie für Richtig und Falsch.

Der Rechtmacher

Hauptsächliche Angst: Fürchtet sich am meisten davor, verurteilt zu werden und andere Menschen zu enttäuschen; macht sich Sorgen darüber, was andere über ihn denken.

Negative Eigenschaften: Es fällt ihm schwer, Nein zu sagen und Grenzen zu setzen; kann konkrete Schritte hinauszögern, aus Angst, was andere davon halten könnten.

Positive Eigenschaften: Ist in der Regel sehr beliebt und eine gute Gesellschaft; einfühlsam, rücksichtsvoll und großzügig sowie ein exzellenter Teamplayer.

Der Außenseiter

Hauptsächliche Angst: Fürchtet sich am meisten vor Ablehnung und hat Vertrauensprobleme; verstößt daher andere, bevor er selbst verstoßen werden kann.

Negative Eigenschaften: Scheint nach außen hin furchtlos und von der Meinung anderer über sich unbeeindruckt zu sein; hat Schwierigkeiten mit Teamarbeit und neigt zu riskanten und selbstzerstörerischen Verhaltensweisen.

Positive Eigenschaften: Besitzt ein hohes Maß an Motivation und ist erfolgsorientiert; ist hartnäckig, risikofreudig und lässt sich von Misserfolg nicht aus der Bahn werfen.

Der Selbstzweifler

Hauptsächliche Angst: Fürchtet sich am meisten vor der eigenen Unfähigkeit, was sich in der Regel durch starke Selbstzweifel und dem Gefühl äußert, nicht gut genug zu sein.

Negative Eigenschaften: Die eigene Unsicherheit steht ihm im Weg; ist anderen gegenüber extrem kritisch, um die eigene Imperfektion zu überspielen.

Positive Eigenschaften: Arbeitet hart und gibt alles, um gute Ergebnisse zu erzielen; ist liebenswürdig, empathisch, bescheiden und ein guter Zuhörer.

Der Ausredenfinder 74 %
Hauptsächliche Angst: Fürchtet sich am meisten davor, Verantwortung zu übernehmen oder beschuldigt zu werden.
Negative Eigenschaften: Findet Ausreden und kommt deshalb nicht voran; nimmt nicht gern das Ruder in die Hand; lässt lieber andere eine Entscheidung treffen.
Positive Eigenschaften: Ist ein exzellenter Teamplayer und Unterstützer sowie ein guter Beobachter, der von den (Miss-)Erfolgen anderer lernt.

Der Pessimist
Hauptsächliche Angst: Fürchtet sich am meisten vor Unglück, Notsituationen, Schwierigkeiten und Schmerzen.
Negative Eigenschaften: Fühlt sich den Umständen gegenüber machtlos; betrachtet Hindernisse als Stoppschild statt als Herausforderung.
Positive Attribute: Ist gefühlvoll und hat ein großes Herz; ist fürsorglich, einfühlsam und ein guter Zuhörer.

74% excusemaker

TEIL ZWEI
Die Grundsätze des Mutes

Nachdem du herausgefunden hast, auf welche Weise sich die Angst in deinem Leben äußert, ist es an der Zeit, sie loszuwerden. Dieser Prozess beginnt mit der Veränderung deiner Denkweise sowie mit dem Loslassen der einschränkenden Überzeugungen, die du über dich selbst und andere hast.

Sich neue Grundsätze anzueignen – die Grundsätze des Mutes –, kann dir bei dieser notwendigen Veränderung helfen. Diese Grundsätze dienen dazu, deine Perspektive zu verändern und dir alternative Ansichten aufzuzeigen. So wirst du bestens ausgerüstet sein, um deine Ängste zu überwinden, Ziele zu verfolgen und Träume zu verwirklichen.

Kapitel acht
Wage es zu träumen

Weil du große Ziele brauchst, um motiviert zu bleiben

Ein gutes Ziel ist wie eine anstrengende Sportübung –
es bringt dich dazu, dich auszustrecken.
Mary Kay Ash

Vor neun Jahren gründete ich aus einer Laune heraus das, was später mein Unternehmen werden sollte: Ruth Soukup Omnimedia. Natürlich war es zu dem Zeitpunkt noch kein richtiges Unternehmen, noch nicht einmal annähernd. Ich hatte damals absolut keine Ahnung, was genau ich eigentlich machte. Ich hatte zuvor noch nie etwas von Online-Business – einer virtuellen Firma – gehört und hatte absolut keine Ambitionen, so etwas zu gründen.

Ich war damals Hausfrau und Mutter von zwei kleinen Kindern und suchte nach einer Beschäftigung. Um ehrlich zu sein, fiel mir an manchen Tagen wirklich die Decke auf den Kopf, und die einzige Lösung bestand für mich darin, in den Supermarkt zu fahren. Also fuhren wir in den Supermarkt. Sehr, sehr oft. Dementsprechend gab ich wesentlich mehr Geld aus, als ich hätte ausgeben sollen, was dazu führte, dass mein Mann und ich uns immer öfter über unsere Finanzen stritten. Ich suchte verzweifelt nach einer Alternative zum Shoppen, und so dachte ich mir: Wieso nicht darüber schreiben, wie man es schaffen kann, ein schönes Leben zu führen und trotzdem weniger Geld auszugeben? Einen Blog zu kreieren, würde mir eine Aufgabe und einen Sinn geben.

Nachdem ich einige Wochen lang meine Gedanken online niedergeschrieben und mit anderen geteilt hatte, merkte ich, dass ich in eine für mich völlig neue Welt eingetaucht war – eine Welt voller (Online-)Unternehmer und Geschäftsleute. Ich stellte fest, dass viele dieser Leute – unter anderem auch andere Hausfrauen und Mütter – tatsächlich Geld mit ihrer Online-Arbeit verdienten, und so beschloss ich, es ihnen gleichzutun.

Das war der Moment, in dem ich mir dieses große, beängstigende und absolut verrückte Ziel setzte, mit meinem kleinen Online-Business – dem Blog, der zum damaligen Zeitpunkt noch in den Kinderschuhen steckte – genügend Geld zu verdienen, sodass mein Mann seinen Job kündigen konnte.

Ich kann dir gar nicht sagen, wie unerreichbar dieses Ziel mir in diesem Moment erschien. Zum einen war mein Mann ein Raumfahrtingenieur und verdiente ziemlich viel Geld. Es war nicht so, dass er halbtags in irgendeinem Baumarkt arbeitete – es ging hier um ein ordentliches Gehalt, das ich ersetzen wollte. Zum anderen verdiente ich mit meinem Unternehmen zum Zeitpunkt der Entscheidung genau null Euro und hatte ganze vier Leserinnen, von denen eine ich selbst war.

Dies war nicht nur ein großes Ziel, es war ein komplett wahnsinniges Vorhaben. Ganz nach dem Motto: „Die arme Ruth hat den Verstand verloren." Und genau das war es, was mein Mann zu mir sagte, als ich ihm von meinem Plan erzählte. Ich glaube, seine exakten Worte waren: „Schatz, das ist wirklich das

Dümmste, was du jemals von dir gegeben hast. Du kannst mit einem Blog kein Geld verdienen." Er wollte keineswegs gemein sein oder meine kleine Blase platzen lassen. Es schien tatsächlich eine dumme, verrückte und unerreichbare Idee zu sein.

Aber weißt du was?

Es war mir egal.

Ich hatte mir auch schon in der Vergangenheit Ziele gesetzt, selbst solche, die ich für groß gehalten hatte – zum Beispiel, in eine der zwanzig besten Rechtsfakultäten aufgenommen zu werden. Aber dies war das erste Mal, dass ich mir ein so großes Ziel gesetzt hatte, von dem ich nicht die leiseste Ahnung hatte, wie ich es erreichen würde. Ich wusste absolut nicht, wie ich diesen Traum wahr machen könnte, doch ich wollte es unbedingt herausfinden.

Es machte mir nichts aus, dass mein Mann mich für verrückt hielt. Es störte mich nicht, dass meine Freundinnen nichts mit meiner Idee anfangen konnten oder sich hinter meinem Rücken über mich lustig machten. Ich hatte kein Problem damit, härter zu arbeiten als jemals zuvor.

Sobald ich mich diesem Ziel verschrieben hatte, war ich bereit, alles dafür zu tun.

Ja, ich hatte Angst. Ich war völlig panisch, um ehrlich zu sein. Und ja, ich hatte absolut keine Ahnung, was ich da tat. Aber ich wusste auch, dass sich alles fügen würde, wenn ich nur dranblieb und mein Bestes gab. Ich war mir sicher, es würde einen Weg geben, auch wenn ich noch nicht wusste, wie er aussah.

Warum unsere Ziele groß sein sollten

Auf einer kürzlichen Geschäftsreise verbrachte ich einige Zeit auf dem Laufband im Fitnessraum des Hotels, in dem ich übernachtete. Anschließend ging ich – nach wie vor in meinem Trainingsoutfit – zum Frühstücksbuffet und nahm mir ganz verantwortungsbewusst ein paar hart gekochte Eier, frische Erdbeeren, Joghurt und Walnüsse.

Der Mann hinter mir in der Schlange konnte nicht anders, als meine Auswahl zu kommentieren: „Wow, das sieht aber *sehr* gesund aus."

Das war offensichtlich nicht als Kompliment gemeint, aber ich lachte nur und antwortete: „Es macht keinen Sinn, eine Stunde zu trainieren, nur um anschließend eine Waffel zu essen."

Wir setzten unseren Small Talk fort und ich erklärte ihm, ich hätte mir das Ziel gesetzt, bis zu meinem vierzigsten Geburtstag in meiner persönlich besten körperlichen Verfassung zu sein. Mir blieben hierfür nur noch sieben Wochen, also durfte ich den Fokus nicht verlieren.

„Ziele zu haben, kann nicht schaden, schätze ich", sagte er daraufhin, „solange sie realistisch sind. Man sollte sich allerdings keine Ziele setzen, die zu groß sind."

Es kostete mich in dem Moment meine komplette Willenskraft, um nicht zu schreien: „Sie haben ja keine Ahnung, wie falsch Sie damit liegen!"

Ich hielt mich zurück, denn es war weder der geeignete Ort noch der passende Zeitpunkt, um eine eingehende Diskussion mit einem Fremden anzuzetteln. Dennoch hätte ich nicht weniger seiner Meinung sein können!

Wir brauchen in unserem Leben große Ziele!

Wir brauchen Ziele, die uns motivieren, die uns Hummeln im Hintern oder Schmetterlinge im Bauch bereiten. Große Zie-

le, die uns ein wenig Angst machen und uns gleichzeitig einen Grund geben, morgens aus dem Bett zu steigen. Solche Ziele geben uns im Leben Orientierung und sind eine Art Kompass, der uns sagt, dass wir auf dem richtigen Weg sind.

Große Ziele sind der Funke, der das Feuer in uns entfacht. Ist dir schon einmal aufgefallen, dass wir zu Beginn eines neuen Jahres eine genaue Vorstellung davon haben, wie das Jahr am besten verlaufen sollte? Es ist ein Neubeginn, ein unbeschriebenes Blatt und so erstellen wir eine lange Liste von Dingen, die wir erreichen möchten.

Und dann, etwa Mitte Februar, ist all die Energie, die wir noch vor einigen Wochen hatten, fast vollständig verschwunden. Das Leben stellt sich uns in den Weg. Die Realität unserer Alltagsverpflichtungen legt sich schwer auf unsere Schultern, wir haben unseren Enthusiasmus verloren und legen unseren Fokus auf andere Dinge. Wir machen ein bisschen hier und probieren ein wenig dort, kommen aber nirgendwo so in den Flow, dass wir wirklich das Gefühl hätten, etwas geschafft zu haben.

Warum?

Ich bin der Meinung, wir brauchen große Ziele, um große Dinge vollbringen zu können.

Deshalb ist der erste Grundsatz des Mutes:

Wage es zu träumen.

Das Wichtigste, was ich in den vergangenen Jahren darüber gelernt habe, wie man Ängste überwindet und sich bedeutsame, lebensverändernde Ziele setzt, ist, dass viele kleine, unbedeutende Ziele, die erreichbar wirken, in der Regel nicht zu großen Resultaten führen.

Hast du schon einmal von der SMART-Methode gehört? Vermutlich schon, denn es ist ein wichtiges und gängiges Konzept, wenn es um Zielsetzung geht. Es geht im Prinzip darum, dass deine Ziele spezifisch *(Specific)*, messbar *(Measurable)*, erreichbar *(Attainable)*, relevant *(Relevant)* und terminiert (Time bound) sein sollten. Das bedeutet, du solltest zunächst genau wissen, was du erreichen möchtest. Dein Ziel sollte außerdem in irgendeiner Weise erfassbar sein. Weiterhin sollte es etwas sein, das du tatsächlich umsetzen kannst. Das Ziel sollte eine besondere Bedeutung für dich haben und du solltest dir eine Deadline setzen, bis wann du es erreicht haben möchtest.

Während die SMART-Methode auf ihre Weise durchaus praktisch sein mag, so übersieht sie doch den wichtigsten Aspekt der Zielsetzung. Nämlich den Aspekt, der dir Motivation schenkt und diese aufrechterhält.

Der wesentliche Punkt ist es, Träume zuzulassen und dir ein großes Ziel zu setzen, das dich aus deiner Komfortzone herauslockt. Oder eines, das auf den ersten Blick nicht unbedingt erreichbar zu sein scheint, zumindest nicht für dich. Es geht um den Mut, daran zu glauben: Du bist zu mehr fähig, du kannst deine aktuellen Grenzen überwinden und Erstaunliches vollbringen. Es geht um den Mut, deine Ziele so hoch anzusetzen, dass sie dir Angst machen. Ziele, die dir den Atem rauben und deine Knie weich werden lassen.

Das sind die Ziele, die unsere Motivation anheizen.

Wenn wir uns leichte Ziele setzen, die einfach zu erreichen sind, dann tun wir lediglich das, was wir bereits können. Wir gehen kein Wagnis ein, sondern geben uns mit halben Sachen zufrieden. Das ist nicht besonders motivierend. Es ist lediglich bequem und vertraut. Wir müssen uns nicht verändern oder sonderlich anstrengen, um etwas zu erreichen, also tun wir es auch nicht. Tatsächlich arbeiten wir in solchen Fällen sogar oft weniger hart und tun nur, was unbedingt notwendig ist. Folglich langweilen wir uns und verlieren den Fokus.

Wenn wir uns jedoch ein großes, fast schon angsteinflößendes Ziel setzen und uns zu seiner Umsetzung verpflichten, dann müssen wir unweigerlich unsere Komfortzone verlassen und uns in unbekannte Gefilde wagen. Ist das beängstigend? Ja! Aber es ist gleichzeitig unglaublich belebend und motivierend. Es gibt nichts anderes, was uns härter arbeiten und länger durchhalten lässt.

Die Enge in unserer Brust und die weichen Knie bedeuten Angst, aber es ist eine gute Art von Angst, die uns den notwendigen Tritt in den Allerwertesten gibt, damit wir Dinge tun, die wir niemals für möglich gehalten hätten.

Wenn du mit Blick auf dein Ziel diese Art von Angst nicht empfindest, ist dein Ziel vermutlich nicht groß genug. Wage es zu träumen und noch Größeres von dir zu erwarten.

Selbstverurteilung ausblenden

Wenn es darum geht, dir größere Ziele zu setzen, dann musst du dir zunächst erlauben, alle Möglichkeiten in Betracht zu ziehen. Damit meine ich, dass du dir selbst die Freiheit gibst zu träumen – und zwar ohne Grenzen und Selbstverurteilung.

Für viele ist dies der härteste Schritt.

Wir betrachten uns selbst oft viel zu kritisch und haben Angst davor, uns all die schillernden Möglichkeiten auszumalen. Wir reden uns ein, unsere Träume seien albern, bevor sie sich überhaupt erst richtig entfalten können.

Vielleicht sind wir aber auch gefangen im Alltag und in all der Verantwortung, den Grenzen, Frustrationen und Hindernissen, die er mit sich bringt. Und so schaffen wir es einfach nicht, uns auch nur einen kleinen Moment lang vorzustellen, dass die Dinge ganz anders sein könnten. In unserem Kopf ist die aktuelle Realität die einzig wahre.

Dem ist aber nicht so! Es gibt eine ganze Welt voller Möglichkeiten da draußen, eine unendliche Anzahl an Türen, die darauf warten, geöffnet zu werden. Die einzige Grenze ist die in deinem Kopf. Die Bereitschaft – ganz egal, an welchem Punkt deines Lebens du dich gerade befindest – zu träumen und deine Träume im Anschluss auch tatsächlich zu verfolgen.

Also erlaube dir zu träumen und dir große Ziele zu setzen, ohne dich selbst zu verurteilen oder dir Grenzen zu setzen. Beginne damit, dir folgende wichtige Fragen zu stellen:

- Was wollte ich schon immer tun?
- Welche Interessen oder Leidenschaften habe ich nie ernsthaft in die Tat umgesetzt?
- Was würde ich tun, wenn ich freie Bahn hätte?
- Was motiviert mich oder lässt mich morgens aus dem Bett steigen?
- Wovon habe ich geträumt, bevor das Leben dazwischenkam?
- Wo wäre ich gern in fünf oder zehn Jahren?
- Wie sieht das ultimative Traumleben für mich aus?

Schalte ganz bewusst für einen Moment die Stimmen in deinem Kopf aus, die versuchen, dir einzureden, all diese Ideen seien dumm oder unmöglich. Höre nicht auf das „Für wen hältst du dich, dass du auch nur an so etwas denkst?", sondern gestatte dir zu träumen. Halte dich nicht zurück. Mache dir keine Sorgen darum, was möglich ist und was nicht. Frage dich bewusst noch nicht, wie genau du deine Ziele erreichen wirst. Setze dir keine Grenzen. Male dir die wildesten Dinge aus, selbst wenn diese völlig verrückt und unrealistisch wirken.

Wage es zu träumen.

Einfach nur etwas wollen

Das mag zwar in der Theorie einfach klingen, ich weiß jedoch, dass die Idee von wirklich großen Zielen den meisten Menschen Angst macht – insbesondere den Müttern unter uns. Ich habe in Gesprächen mit Freundinnen schon oft gehört, dass sie sich so lange um andere gekümmert haben, dass sie sich selbst unterwegs verloren haben. Sie wissen nicht einmal mehr so richtig, was sie wollen oder wollen sollten.

Eine Freundin offenbarte mir erst kürzlich, dass sie glaube, depressiv zu sein, weil sie sich so planlos fühle. In den vergangenen vierzehn Jahren hatte sie sich ihrer Mutterrolle gewidmet, doch nun wurden ihre Kinder immer unabhängiger und sie wusste nicht länger etwas mit sich anzufangen. Sie wusste nicht einmal mehr, wer sie überhaupt war, außer „Mama".

„Ich möchte etwas Sinnvolles tun", sagte sie, „etwas, das mich wirklich interessiert. Ich sehe, wie all die anderen Frauen all diese coolen Dinge tun, aber ich weiß einfach nicht, was meine Aufgabe sein könnte."

Eine andere Freundin brachte es auf den Punkt, als sie mir sagte: „Ich will einfach nur etwas wollen."

Später wurde mir bewusst, dass allein diese Aussage bereits ein großes Ziel ist! Ein sehr großes, um genau zu sein – vielleicht sogar das größte. Dem Sinn seines Lebens auf den Grund zu gehen, ist definitiv keine leichte Aufgabe.

Wenn du diesen oder einen ähnlichen Satz schon einmal von dir selbst gehört hast, könnte es sein, dass genau das dein aktuelles Ziel ist: herauszufinden, wer du bist und was du wirklich willst. Gönne dir in diesem Fall eine kleine Auszeit, ein paar Tage abseits vom Alltag, in denen du in Ruhe nachdenken kannst. Oder beginne damit, ein Tagebuch zu führen und

Bücher zu lesen, die deinen Interessen entsprechen. Du kannst auch einen Kurs buchen oder einen Coach engagieren.

Zunächst aber musst du deine Sehnsucht nach Sinn und deinem Platz im Leben als großes Ziel betrachten – vielleicht sogar als größtes Ziel deines Lebens – und dich ihm entsprechend verschreiben.

Aktives Handeln ist das beste Mittel gegen Angst

Nachdem du dein großes Ziel als solches identifiziert hast, gibt es eine weitere Hürde: Du musst aktiv werden und deine Pläne in die Tat umsetzen. Ein Ziel allein reicht nicht aus. Und der beste Weg, jegliche Art von Angst zu überwinden, ist es, aktiv zu werden. Dabei zählt jeder noch so kleine Schritt. Denke daran: *Aktives Handeln ist das beste Mittel gegen Angst.*

Aktives Handeln bedeutet, dein großes Ziel an erste Stelle zu setzen und deinen Alltag entsprechend anzupassen. Unternimm jeden Tag etwas, das dich deinem Ziel näherbringt. Dies mag bedeuten, dass du morgens etwas früher aufstehen oder Aufgaben ablehnen musst, die der Erreichung deines Ziels im Weg stehen könnten. Das kann sogar so weit gehen, dass du etwas ablehnen musst, das du sonst sehr gern machst.

Vielleicht belegst du auch einen Kurs an der Volkshochschule, holst dein Abitur nach oder besuchst Vorlesungen an der Uni. Vielleicht ist es für dich an der Zeit, deine Arbeitsstelle zu wechseln oder eine andere Art von Risiko einzugehen. Vielleicht musst du Geld investieren – in Materialien, Ausbildung oder Reisen. In jedem Fall aber bedeutet aktives Handeln, dir jede Woche – oder vielleicht sogar jeden Tag – ausreichend Zeit zu nehmen, um deinem Ziel näherzukommen.

Du wirst nicht darum herumkommen, hart zu arbeiten, um voranzukommen, wenn sich dir Hindernisse in den Weg stellen. Außerdem solltest du dir ein dickes Fell zulegen, um all denjenigen entgegenzutreten, die deine Intentionen nicht verstehen. Sobald du dich jedoch deinem Ziel voll und ganz verschrieben hast, werden sich all diese Dinge nicht wie eine Last oder eine Strafe anfühlen. Du wirst sie mit der Gewissheit tun, dass der Weg nicht immer leicht ist, sich aber definitiv lohnen wird.

Mein Ziel an erste Stelle zu setzen, bedeutete für mich, jeden Morgen – auch am Wochenende – um drei Uhr aufzustehen, um in Ruhe am Ausbau meines Unternehmens arbeiten und gleichzeitig eine gute Mutter sein zu können. Es bedeutete, so viel wie möglich über das Thema Online-Business zu lernen und verschiedene Strategien auszuprobieren, um zu sehen, welche am besten funktioniert. Oft gingen dabei neun von zehn Versuchen schief. Es hieß, mich weit aus meiner Komfortzone hinauszubewegen, an Konferenzen teilzunehmen, nach neuen Möglichkeiten Ausschau zu halten und manchmal sogar alberne YouTube-Videos von meinen Einkaufstouren mit Gutscheinen zu machen. Und es hieß, viel Freizeit zu opfern, die ich mit meiner Familie, Freunden oder angenehmeren Aufgaben hätte verbringen können.

Ich habe aber in keinem Moment etwas bereut, selbst wenn es sich in der Situation selbst nicht unbedingt immer angenehm angefühlt oder Spaß gemacht hat. Denn all diese Opfer zahlten sich auf eine Weise aus, die ich niemals für möglich gehalten hätte. Im Jahr 2013, zweieinhalb Jahre, nachdem ich mein kleines Unternehmen ins Leben gerufen hatte, konnte mein Mann seinen Job kündigen. Das zu Beginn so verrückte, unerreichbare Ziel wurde Realität und ebnete den Weg für noch größere und verrücktere Ziele.

Auch wenn es nicht so gekommen wäre, denke ich nicht, dass es mir auch nur für eine Minute leidgetan hätte um all die Opfer, die ich erbracht habe und teilweise noch heute erbringe. Ich wäre unglaublich stolz darauf gewesen, es überhaupt versucht zu haben. Um ehrlich zu sein, lagen die größten Bereicherungen auf dem Weg in den Herausforderungen, die ich gemeistert, und in den Hindernissen, die ich überwunden habe.

Denn es sind diese großen Ziele, die – egal, ob wir sie erreichen oder nicht – das Leben lebenswert machen! Sie sind es, die uns mit Leidenschaft erfüllen und uns dazu motivieren, morgens voller Energie aus dem Bett zu hüpfen. Sie sind es, die uns weitermachen lassen, auch in schwierigen, unangenehmen oder schmerzhaften Momenten.

Diese großen Ziele, für die wir zwar kämpfen und uns anstrengen müssen, geben uns die Kraft, ein Leben zu gestalten, das wir lieben, nicht bloß eines, das wir erdulden.

Also, tu's einfach: Wage es zu träumen.

Denn große Ziele sind das Geheimnis größter Motivation.

Kapitel neun
Regeln sind für Spießer

Weil du niemals Angst davor haben solltest, selbstständig zu denken

Als Kind wird dir oft gesagt, wie die Welt funktioniert und wie du in ihr leben solltest. Man sagt dir: Schwimme nicht gegen den Strom. Gründe eine Familie. Habe ein bisschen Spaß. Spare ein bisschen Geld. Das ist ein sehr eingeschränktes Leben. Das Leben kann so viel reichhaltiger sein, sobald du eine Sache erkannt hast: Alles um dich herum, das du als Leben bezeichnest, wurde von Menschen erfunden, die auch nicht schlauer sind als du. Du aber kannst es verändern. Du kannst es beeinflussen. ... Wenn du das begriffen hast, wirst du nie mehr derselbe sein.
Steve Jobs

Regeln sind für Spießer.
Das klingt richtig rebellisch, oder?!
Witzigerweise war dieses Mantra ursprünglich ein Witz. Mein Mann und ich diskutierten über eine Meldung in den Nachrichten – ich erinnere mich nicht mehr an die Details, aber es war eine der vielen Geschichten über jemanden, der alle Re-

geln gebrochen hatte und nicht nur damit davongekommen, sondern dafür belohnt worden war. Er hatte gewonnen, gerade weil er die Regeln gebrochen hatte.

„Ach Schatz", sagte ich, „wusstest du noch nicht, dass Regeln nur für Spießer sind?"

Wir lachten und gingen zum nächsten Gesprächsthema über. Doch kurz darauf kam es erneut zur Sprache. Eine andere Nachrichtenmeldung. Eine weitere Person, die für ihre Regelmissachtung belohnt wurde. Ein erneuter Beweis dafür, dass das Denken über konventionelle Grenzen hinaus der Schlüssel zum Erfolg ist.

Ich erwischte mich immer wieder dabei, wie ich sagte: „Regeln sind für Spießer."

Irgendwann entschloss ich mich dazu, diese Aussage zu akzeptieren, denn innerlich wusste ich schon länger, dass sie der Wahrheit entsprach.

Als ich Anfang zwanzig war, litt ich an einer schrecklichen Depression, die mich all meiner Kräfte beraubte. Ich versuchte wiederholt, mir das Leben zu nehmen. Der schlimmste meiner Selbstmordversuche versetzte mich ins Koma, mit einer Überlebenswahrscheinlichkeit von lediglich zehn Prozent. Ich war völlig am Ende.

Während dieser schlimmen Phase verbrachte ich mehr als zwei Jahre in diversen psychiatrischen Kliniken. Ich hatte jegliche Hoffnung und jeglichen Sinn verloren.

Gleichzeitig verlor ich auch jede Vorstellung davon, was es bedeutete, sich an Regeln zu halten.

Die meiste Zeit handeln wir alle nach festgelegten, etablierten Normen. Wir reden und kleiden uns auf eine bestimmte Weise, halten uns an Vorgaben, setzen uns Grenzen und weisen uns bei Bedarf selbst in die Schranken. Wir wollen auf keinen Fall irgendwo anecken. Wir achten darauf, wie sich die anderen verhalten, und tun unser Bestes, um mit dem Strom zu schwimmen. Im Prinzip sind wir also alle mehr oder weniger Regelbefolger, ohne es selbst zu merken.

Als ich zum ersten Mal in eine der psychiatrischen Kliniken kam, wurde dem noch funktionierenden Teil meines Empfindens bewusst, dass ich eine Grenze überschritten hatte und die gängigen Regeln hier drinnen nicht galten. Tatsächlich liefen die Patienten hier in Bademänteln durch die Gänge, standen in der Ecke herum, fluchten und stöhnten und weinten vor allen anderen und schmissen manchmal sogar mit Stühlen um sich – nur so zum Spaß. Verrückte Leute passen nicht in die vorgegebenen Normen der Gesellschaft. Und sobald ich mit zur Welt des Wahnsinns gehörte, musste ich mir keine Gedanken mehr über irgendwelche Regeln machen.

Es war auf beängstigende Weise befreiend.

Inzwischen habe ich mich lange von der Depression erholt und gehöre schon seit mehr als fünfzehn Jahren wieder zur Welt der „normalen" Menschen, aber diese Erkenntnis ist mir aus dieser Zeit sehr lebendig im Gedächtnis geblieben.

Regeln sind für Spießer. Das ist der zweite Grundsatz des Mutes. Diesen Grundsatz bringe ich sogar meinen Kindern bei, obwohl das viele Leute für verrückt halten. „Was wirst du tun, wenn es nach hinten losgeht und sie nicht mehr auf dich hören?", fragen sie dann.

Um ehrlich zu sein warte ich nur auf den Tag, an dem der Direktor bei uns anruft, weil eines meiner Kinder (und ich bin ziemlich sicher, dass es meine jüngere Tochter sein wird) sich dazu entschließt, diese Lebensphilosophie im falschen Moment mit den anderen zu teilen. Lass mich also kurz erklären, was ich meine.

Ich bringe meinen Kindern nicht bei, dass alle Regeln unnötig sind. Ich erkläre ihnen, dass es viele Richtlinien gibt, die durchaus Sinn ergeben, wichtige Regeln, denen wir Folge leisten sollten. Doch es gibt mindestens genauso viele unnötige Vorgaben da draußen. Regeln, die absolut keinen Sinn ergeben und von Menschen erfunden wurden, die sich wichtig fühlen wollten. Es gibt Dinge, die einfach schon immer so gehandhabt wurden, weil sie funktionierten, was sie aber heute so nicht mehr unbedingt tun.

Ich möchte meinen Töchtern dabei helfen, ein gesundes Misstrauen zu entwickeln und sowohl Autorität als auch gewisse Normen zu hinterfragen. Ich möchte nicht, dass sie einfach blind mit dem Strom schwimmen, bloß weil ihnen jemand gesagt hat, dass man das eben so macht. Ich möchte ihnen beibringen, dass es in Ordnung ist, seinen eigenen Weg zu gehen.

Den gesunden Menschenverstand nutzen

Dir dürfte mittlerweile klar sein: Nur, weil jemand etwas als gegeben darstellt, es im Internet geschrieben steht oder es von allen wiederholt wird, heißt das noch lange nicht, dass es sich tatsächlich um die Wahrheit handelt.

Hier kommen der gute alte gesunde Menschenverstand sowie die Fähigkeit zum kritischen Denken zum Einsatz. Das nächste Mal, wenn „alle" über etwas reden – oder sich deswegen verrückt machen –, stelle dir folgende Fragen: „Ergibt das wirklich einen Sinn? Ist es tatsächlich so schlimm, wie die anderen es darstellen? Gibt es noch eine andere Sichtweise?"

Ich weiß nicht, wie es dir geht, aber ich habe den Eindruck, dass die steigende Verbreitung von Internet und sozialen Medien im direkten Zusammenhang mit dem Verlust des gesunden

Menschenverstands steht. In vielen Bereichen unseres Lebens hat sich eine panikmachende Mentalität etabliert.

Als ich mit meiner ältesten Tochter schwanger war, trat ich einem Online-Forum namens *BabyFit* bei. Dort kamen unzählige werdende Mütter – die meisten unter ihnen waren wie ich zum ersten Mal schwanger – zusammen, um Themen rund um Schwangerschaft und Geburt bis zum Erbrechen zu diskutieren.

Ich hatte das beruhigende Gefühl, endlich Gleichgesinnte gefunden zu haben, als ich den Chatroom August 2006 entdeckte. Zum allerersten Mal schwanger zu sein, fühlte sich so fremd an. Ich fühlte mich allein und war verwirrt und musste dringend hören, dass alles, was ich erlebte, ganz normal und „okay" war. Außerdem wollte ich sichergehen, dass ich alles richtig machte.

So meldete ich mich täglich an die vierzig Mal in dem Chatroom an und tauschte mich mit all meinen neuen Freundinnen über Schwangerschaft aus, stellte Fragen oder antwortete auf die Fragen anderer Mitglieder.

Was für ein Drama! Mindestens einmal am Tag gab es eine neue Krise, die mich fast um den Verstand brachte: Das Baby bewegt sich nicht genug, ich mache nicht genug Sport, den Hund mit im Bett schlafen zu lassen, kann dem Baby schaden, welche pränatalen Vitaminzusätze sind die besten, sind meine Knöchel zu stark angeschwollen?

Es wurde noch schlimmer, als der August endlich kam und wir nach und nach unsere Kinder bekamen. Zunächst waren da die Geburtspläne und all die detaillierten Geschichten über die tatsächliche Geburt, die kein Drama ausließen, dicht gefolgt von tausend neuen Sorgen, jetzt, da die Kleinen endlich da waren. Es gab zahlreiche – oft sehr hitzige – Debatten über das Schlafen im Familienbett, Stillen, bedürfnisorientierte Erziehung und all die anderen Dinge, die den Babys, für die wir nun verantwortlich waren, bleibende Schäden zufügen konnten.

Für mich gab es keinen Zweifel am Wahrheitsgehalt der Ratschläge, die ich in diesem Forum bekam. Wenn alle dasselbe sagten, so konnte es doch nur stimmen. Richtig?

Eines Tages allerdings konnte mein Mann Chuck, der bis dato sehr geduldig mit meinen Hormonschwankungen und Panikattacken umgegangen war, nicht mehr an sich halten und explodierte.

„Wieso verschwendest du deine Zeit damit, auf diese fremden Frauen im Internet zu hören?", fragte er mich. „Ist dir nicht klar, dass sie genauso wenig wissen, was sie tun, wie du auch? Menschen bekommen seit Tausenden von Jahren Kinder, weit länger als es *BabyFit* gibt. Wir werden das schon schaffen!"

Auch wenn ich es nicht zugeben wollte – zumindest nicht ihm gegenüber –, so wusste ich doch, dass er recht hatte. Ich hatte mich von meiner Nervosität und meinen Zweifeln hinsichtlich meiner Fähigkeiten als Mutter so sehr aus dem Konzept bringen lassen, dass ich meinen gesunden Menschenverstand und meine Intuition völlig ausgeschaltet hatte. All die neue Verantwortung lag so schwer auf meinen Schultern und ich hatte so große Angst, etwas falsch zu machen, dass ich willentlich alles glaubte, was die Frauen in dem Forum sagten, auch wenn ich die Antwort auf viele Fragen selbst hätte finden können.

Kurz nach diesem aufschlussreichen Gespräch mit meinem Mann verließ ich den Chatroom ein für alle Mal und begann, meinem eigenen Gefühl zu vertrauen. Und weißt du was? Meine Tochter Maggie ist jetzt zwölf Jahre alt und es geht ihr sehr gut. Habe ich immer die richtigen Entscheidungen getroffen? Ganz sicher nicht. Ich habe als Mutter vieles falsch gemacht, und ich bin mir sicher, dass ich auch weiterhin einiges vermasseln werde. Auf meinen Instinkt zu vertrauen und meinen gesunden Menschenverstand zu nutzen, war dennoch die richtige Entscheidung. Vor allem ist das Elterndasein auf diese Weise wesentlich weniger stressig!

Das mag vielleicht ein extremes Beispiel sein, aber ich habe die Erfahrung gemacht, dass sich dieses Szenario auf viele andere Lebensbereiche übertragen lässt – sei es auf die Arbeit, die Gemeinde oder sogar die Nachrichten. Die Menschen lieben es, auf einen fahrenden Zug aufzuspringen und sich von seiner Schwungkraft mitreißen zu lassen. Sie vergessen, ab und zu einen Schritt zurückzutreten und sich zu fragen, ob das, was „alle" sagen, wirklich der Wahrheit entspricht.

Autorität hinterfragen

Genauso wie wir lernen müssen, bei Meinungsäußerungen der breiten Masse unseren eigenen Verstand zu nutzen und unserer Intuition zu vertrauen, so müssen wir auch solche Regeln und Entscheidungen hinterfragen, die von Autoritätspersonen etabliert werden.

Das ist manchmal gar nicht so einfach, insbesondere, wenn uns bislang beigebracht wurde, genau das nicht zu tun, sondern vielmehr Autorität zu respektieren, Regeln zu befolgen und in keinem Fall aus der Reihe zu tanzen.

Autorität hat allerdings viele verschiedene Gesichter. Sie ist in der Regierung zu finden, deren Regeln wir befolgen, um brave Bürger zu sein. Es gibt sie am Arbeitsplatz, wo wir den entsprechenden Vorgaben Folge leisten. Auch Gott repräsentiert eine Art von Autorität und seinen Regeln zu folgen, ist Teil unseres Glaubens. Zudem haben unsere Eltern, Mentoren, Coaches oder andere Personen in Führungspositionen eine gewisse

Macht über uns. Der Großteil dieser Autorität ist absolut gerechtfertigt, nicht alle Regeln sind schlecht. Ohne manche dieser Richtlinien und Normen, die akzeptables Verhalten definieren, würde vermutlich ein heilloses Durcheinander herrschen. Ich denke, keiner von uns möchte gern in einer Welt leben, die einer Version von *The Walking Dead* gleicht.

Trotzdem ist nicht jede Art von Autorität automatisch gut. Und das vergessen viele von uns leider allzu schnell. Im Normalfall nehmen wir die Regeln, die uns von höherstehenden Personen vermittelt werden, ohne zu zögern hin und akzeptieren sie, selbst wenn wir sie nicht unbedingt mögen.

Regeln zu befolgen, ist im Grunde genommen unsere „Standardeinstellung", eine Art natürlicher Überlebensinstinkt. Sich unserem Chef zu widersetzen oder seine Regeln infrage zu stellen, kann uns den Job kosten, also sind wir lieber still. Das Gesetz zu brechen, kann uns ins Gefängnis bringen, deshalb halten wir uns aus möglichst allem Ärger heraus.

Aber was ist, wenn die Autorität nicht gerechtfertigt ist? Was, wenn die Regeln entgegen unserer Überzeugungen stehen? Wagen wir es dann, sie zu hinterfragen?

Ein berühmtes Experiment an der Yale University in den Sechzigerjahren hat sich mit genau dieser Frage beschäftigt. Der Wissenschaftler Stanley Milgram wollte herausfinden, bis zu welchem Punkt die Probanden dazu bereit waren, einer Autoritätsperson zu gehorchen, obwohl die Anweisungen ihren persönlichen Überzeugungen widersprachen.

Den Probanden wurde gesagt, sie seien Teil eines Gedächtnis-Experiments. Ihre Aufgabe bestehe darin, der Person, deren Erinnerungsvermögen getestet werde, für jede falsche Antwort einen Elektroschock zu verpassen. Die Voltzahl werde sich kontinuierlich erhöhen. In Wahrheit war diese Person lediglich ein Schauspieler und es gab keine echten Elektroschocks. Mit steigender Voltzahl schrie der Schauspieler immer lauter – angeblich vor Schmerz –, bis er bei der höchsten Voltzahl plötzlich verstummte, so als sei er ohnmächtig geworden.

Wenn der Proband Bedenken äußerte und zögerte, weiterhin Elektroschocks zu geben, drängte der Moderator ihn zum Weitermachen. Das Experiment verlange es so. Milgrims Ergebnisse waren schockierend: Fünfundsechzig Prozent der Probanden fuhren mit der Behandlung fort, obwohl sie es nicht wirklich wollten und es ihnen sichtlich Unbehagen bereitete.[1]

Diese Studie wurde seitdem immer wieder auf verschiedene Weise reproduziert, die Ergebnisse blieben gleich. Generell kann man also sagen, dass etwa drei Viertel der Teilnehmer eine Handlung entgegen ihrer Überzeugungen und trotz Gewissensbisse weiter ausführen, wenn sie von einer Autoritätsperson dazu aufgefordert werden.

Ziemlich beängstigend, oder? Noch viel erschreckender wird das Ganze vor dem Hintergrund, dass dieses Experiment vom Holocaust inspiriert war. Milgrim konnte einfach nicht nachvollziehen, wie die Deutschen zu Zeiten des Nationalsozialismus solch grausame Dinge tun konnten.

Macht und Autorität sind auf keinen Fall grundlegend schlecht. Dennoch sollten wir sie niemals als gegeben akzeptieren und ihnen blind folgen. Es ist unsere Pflicht, Regeln aktiv zu hinterfragen, auch wenn es sich zunächst unangenehm anfühlen mag.

Sei anders

Mal ehrlich – wie oft wagst du es, gegen den Strom zu schwimmen? Nur weil etwas immer schon auf eine bestimmte Weise gehandhabt wurde, bedeutet das nicht zwingend, dass es für immer so gemacht werden muss. Wenn man etwas genauer hinsieht, so ist jede bahnbrechende Erfindung und unser heutiger technologischer Fortschritt nur entstanden, weil jemand sich traute, querzudenken und etwas auf eine ganz neue Art zu tun.

Es kostet Überwindung, anders zu sein. Niemand möchte als seltsam oder komisch angesehen werden oder eine Zielscheibe für Kritik und Spott sein. Aber warum eigentlich nicht? Was genau haben wir denn zu verlieren? Warum nicht die Grenzen austesten und sehen, wie weit wir gehen können? Warum nicht etwas Neues ausprobieren? Was wäre denn das Schlimmste, was passieren könnte?

Kurz nachdem ich mein Unternehmen gegründet hatte, wurde ich dazu eingeladen, Teil einer Kooperation renommierter Online-Unternehmen zu werden, die von einer ziemlich großen Firma gesponsert wurde.

Als Neuling in der Welt des Online-Business dachte ich in diesem Moment, ich hätte es tatsächlich geschafft. Vor allem, als die Firma beschloss, eine ganz neue Initiative zu starten, und mich persönlich einlud, Teil des Betaverfahrens zu werden, was im Prinzip wie die Super-Elite innerhalb dieser Elite war. Soweit ich es verstanden hatte, würde die Firma als Teil der Initiative unglaublich viel Werbung für mich und mein Unternehmen machen und ich würde scheinbar sehr viel Geld damit verdienen. Ich war außer mir vor Freude.

Doch es gab da einen Haken.

Innerhalb der Gruppe gab es vier Frauen, die eine Menge Macht hatten. Ihre Unternehmen waren gut aufgestellt und bekannt, und wenn wir in der Schule gewesen wären – und glaube mir, manchmal fühlte es sich tatsächlich so an –, dann wären diese Frauen die beliebten Mädels gewesen, die von allen anderen Mädchen beneidet wurden.

Leider mochten mich diese vier Frauen vom ersten Moment an nicht. (Wir begegneten uns erstmals bei einem furchtbar unangenehmen Sushi-Dinner.) Ich weiß nicht, warum. Vielleicht dachten sie, ich verdiene es nicht, dabei zu sein. Mein Unternehmen war nichts im Vergleich zu ihren. Vielleicht fanden sie mich körperlich zu groß. Oder sie waren einfach von Natur aus gemein. Vielleicht lag es daran, dass ich noch nie zu den „Coolen" gehört hatte. Selbst jetzt, Jahre später, habe ich keinen blassen Schimmer.

In jedem Fall aber hatten diese vier Frauen Macht. Und die nutzten sie, um die Firma davon zu überzeugen, sie für die geplante Initiative als Beraterinnen zu engagieren.

Ihre erste Amtshandlung war es, mich rauszuschmeißen.

Ich war am Boden zerstört.

Für mich ging eine Welt unter. Dies schien meine Fahrkarte zum großen Erfolg gewesen zu sein, die man mir einfach so wieder entrissen hatte.

Erneut war es mein Ehemann, der mir dabei half, zur Vernunft zu kommen.

„Wieso interessiert es dich überhaupt, was diese fiesen Frauen von dir halten?", fragte er. „Wen kümmert es, was alle anderen machen? Du bist viel besser dran, wenn du dein eigenes Ding durchziehst. Sei einfach du selbst."

Er hatte wie immer recht.

Also nahm ich mir seinen Rat zu Herzen, trat aus der Gruppe aus und hörte damit auf, andere Unternehmen in meinem Bereich nachzuahmen. Stattdessen machte ich mein eigenes Ding.

Dadurch wuchs mein Unternehmen explosionsartig.

Außerdem sagte mir jeder, der an dieser Initiative teilgenommen hatte, sie sei ein absoluter Reinfall gewesen. Für viele war sie lediglich eine enorme und jahrelange Ablenkung, die ihre Unternehmen nicht wie versprochen voranbrachte. Viel Geld gab es ebenfalls nicht. Während mein Unternehmen abhob, standen ihre still. Viele von ihnen gaben ganz auf.

So hätte es mir auch ergehen können.

Stattdessen hatte ich glücklicherweise gelernt, dass es nicht nur in Ordnung ist, seinen eigenen Weg zu gehen – in den meisten Fällen ist es sogar viel, viel besser.

Denn Regeln sind für Spießer.

Es ist nicht immer leicht, gegen den Strom zu schwimmen oder seinem gesunden Menschenverstand zu vertrauen, während der Rest der Welt sich von Emotionen und Angst leiten lässt. Es braucht viel Mut, Autorität zu hinterfragen und Grenzen zu überschreiten, wenn alle um einen herum einem davon abraten.

Aber die Regeln anderer müssen nicht zwangsläufig auch deine Regeln sein. Auch meine Regeln musst du nicht zu deinen machen!

Wage es, deinen eigenen Weg zu gehen. Denn du solltest niemals Angst davor haben, selbstständig zu denken.

Kapitel zehn
Ergreife das Steuer

Weil du allein die Kontrolle über deine Entscheidungen hast

Wir gestalten uns und unser Leben langfristig selbst. Dieser Prozess endet erst, wenn wir sterben. Und die Entscheidungen, die wir treffen, liegen letztlich in unserer eigenen Verantwortung.
Eleanor Roosevelt

Im Oktober 2014 fand Allison Toepperwein den Mut, sich aus einer toxischen Ehe zu befreien und einen Neuanfang als alleinerziehende Mutter zu wagen. Es war schmerzhaft und beängstigend und hart, aber sie konnte sich nicht vorstellen, dass es noch schlimmer kommen könnte.

Sie lag falsch.

Lediglich wenige Monate später wurde sie, im Alter von nur vierunddreißig Jahren, mit einem frühen Stadium von Parkinson diagnostiziert; eine schreckliche Krankheit, für die es derzeit keine Heilung gibt. Nun, da sie ihre kleine Tochter allein großzog, stand sie plötzlich vor der erschütternden Tatsache, dass sie dazu höchstwahrscheinlich nicht viel länger fähig sein würde.

Sie war am Boden zerstört.

In dieser Nacht, es war Silvester 2014, weinte sie sich in den Schlaf und wusste nicht, wie es weitergehen sollte.

Als sie am nächsten Morgen aufwachte, schien die Sonne durch ihr Fenster und ein neues Jahr hatte begonnen. In diesem Moment entschied Allison, dass sie sich von der schockierenden Diagnose und der niederschmetternden Prognose nicht aus der Bahn werfen lassen würde. Sie würde kämpfen, und zwar mit allen Mitteln.

Sie vereinbarte einen Termin mit einem der besten Neurologen des Landes – einem Arzt, der sich die vergangenen zwanzig Jahre ausschließlich mit der Erforschung von Parkinson beschäftigt hatte. Er erklärte ihr, dass es zwar kein Heilmittel gebe, körperliche Aktivität jedoch das Fortschreiten der Krankheit verlangsamen könne.

Also fing Allison an, Sport zu treiben, auch wenn sie kaum Energie hatte. Sie begann damit, die Treppen der Tribüne des örtlichen Schulstadions zu erklimmen, und sie schaffte jedes Mal mehr. Interessanterweise gab die Bewegung ihr mehr Energie und motivierte Allison dazu, noch mehr Sport zu machen.

Mit der Zeit wurde sie so fit, dass sie nicht nur ein, sondern gleich zwei Mal eingeladen wurde, bei American Ninja Warrior mitzumachen – als allererste Teilnehmerin mit Parkinson. Dadurch ermutigte sie unzählige Menschen, die an derselben Krankheit litten, es ihr gleichzutun – und zu kämpfen.

Das ist eine unglaubliche, absolut inspirierende Geschichte. Vor allem, weil Allison ein wunderbares Beispiel für jemanden ist, der sich nicht von äußeren Umständen hat unterkriegen lassen. Sie hatte begriffen, dass sie nicht alles kontrollieren konnte, aber dennoch selbst darüber bestimmt, wie sie weiter vorgehen würde und mit den Hindernissen umgehen wollte. Sie sah sich selbst nicht als hilfloses Opfer und Unglücksrabe, sondern entschied sich dazu, ihr Bestes zu geben und das Beste aus ihrer Situation herauszuholen.

Allison Toepperwein übernahm die volle Verantwortung für ihr Leben. Es ist eine Lektion, von der wir alle etwas lernen können, und gleichzeitig ist es der dritte Grundsatz des Mutes – *Ergreife das Steuer*. Mit anderen Worten: Höre auf, in der Opferrolle auszuharren.

Die Opferrolle ablegen

Wir sehen uns selbst nicht gern als Opfer. Diese Bezeichnung hat so einen negativen Beigeschmack. Opfer sind schwach, weinerlich und gefangen in ihrer Rolle.

Dennoch schlüpfen wir nur allzu gern in ebenjene Rolle, oftmals *ohne es selbst zu merken*. All die Begründungen, weshalb wir keinen Erfolg haben, unsere Ziele nicht erreichen und nicht das tun können, was wir wirklich wollen, sind ein Teil von uns geworden. Wir sprechen sie aus, bevor wir realisieren können, was genau wir da eigentlich sagen. Diese angeblichen Gründe gehören mittlerweile so sehr zu uns und unserem Leben, dass wir sie nicht als das entlarven, was sie tatsächlich sind – nämlich Ausreden.

Im Verlauf der Recherche für dieses Buch hat mein Team den Teilnehmerinnen folgende Frage gestellt: „Was steht deiner Meinung nach der Erreichung deiner Ziele und der Verwirklichung deiner Träume im Weg?"

Hier sind einige der gängigsten Antworten:
- „Schuldgefühle, weil ich so wenig Zeit mit meiner Familie verbringe."

- „Zu viele andere wichtige Verpflichtungen."
- „Geld und entsprechende Möglichkeiten. Der Zeitpunkt muss stimmen."
- „Unsere Familie hat finanzielle Probleme."
- „Ich muss Vollzeit arbeiten, um meine Krankenversicherung zu bezahlen."
- „Die Familie, Freunde, die Gesellschaft und mein Job."
- „Zu wenig Zeit und Geld."
- „Mein Mann legt mir Hindernisse in den Weg."
- „Energiemangel durch Behinderung."
- „Zu wenig Geld und entsprechende Bildung."
- „Zu viel ungesundes Essen im Haus und zu wenig Zeit für Sport."
- „Meine aktuelle Familiensituation sowie zu wenig Geld und Schlaf."
- „Neue und wiederkehrende gesundheitliche Probleme."
- „Mein Mann ist vor einem halben Jahr gestorben. Er war Teil meiner Träume und Ziele. Ich bin depressiv und habe gesundheitliche Probleme."
- „Geringes Selbstbewusstsein, keine Unterstützung von meinem Partner, zu viele Rechnungen, die bezahlt werden müssen."

Mehr als zehn Prozent der Befragten nannten Geld oder finanzielle Probleme als größtes Hindernis, weitere zehn Prozent gaben ihrer Familie oder dem Partner die Schuld, zehn Prozent meinten, zu wenig Zeit zu haben, und weitere fünf Prozent nannten gesundheitliche Probleme, Übergewicht oder Energielosigkeit.

Auf den ersten Blick wirken all diese Erklärungen vollkommen nachvollziehbar und legitim. Wer kann es jemandem, der mit Krankheit oder Behinderung zu kämpfen hat, verübeln, wenn er seine Ziele nicht verfolgt? Wie kann jemand, der in ernsthaften finanziellen Schwierigkeiten steckt, nach den Sternen greifen? Und wie vereinbart man Träume mit familiären Problemen?

Dies sind *reale Probleme. Tatsächliche Schwierigkeiten. Echte Hindernisse.*

Aber auch eine gute Ausrede bleibt nun einmal eine Ausrede.

Solange du nach einem Grund suchst, wirst du auch einen finden. Ausreden sind für jeden in grenzenloser Menge verfügbar. Ja, manchmal ist das Leben nicht fair, aber sich darüber zu beklagen und zu beschweren, ändert nichts daran. Außerdem kann ich dir garantieren, dass es da draußen unzählige Menschen gibt, denen es noch schlechter geht.

Auf der anderen Seite kannst du ebenso schnell inspirierende Menschen finden, die vom Schicksal gebeutelt wurden und die extreme Widerstände überwinden mussten, um Unglaubliches zu erreichen.

Oprah Winfrey wurde als Kind einer armen, alleinerziehenden Teenager-Mutter im ländlichen Mississippi geboren. In jungen Jahren vernachlässigt und misshandelt, brachte sie selbst mit vierzehn Jahren einen kleinen Jungen zur Welt, der kurz nach der Geburt starb. Entgegen jeder Wahrscheinlichkeit bekam sie ein Stipendium für die Uni, wurde allerdings von ihrem ersten Job gefeuert und ihr wurde gesagt, sie habe nicht das Zeug zu einer guten Journalistin.

J. K. Rowling war eine alleinerziehende Mutter und völlig bankrott, als sie den ersten Entwurf von Harry Potter und der Stein der Weisen schrieb. Es war ein Spagat zwischen dem Versuch, über die Runden zu kommen, und der Verwirklichung ihres Traums. Als die Rohfassung schließlich fertig war, wurde ihr Werk insgesamt zwölf Mal von unterschiedlichen Verlagshäusern abgelehnt, bevor sich ein Verlag schließlich erbarmte und ihr eine Chance gab. Ihr Buch wurde *der* Bestseller unter den Kinderbüchern.

Bethany Hamilton war auf dem besten Weg, eine Surf-Legende zu werden, als etwas Schreckliches geschah: Sie wurde von einem Hai attackiert und verlor dabei einen Arm (und beinahe ihr Leben). Sie wagte sich jedoch zurück aufs Brett, lernte, mit nur einem Arm zu surfen, und hat seither zahlreiche Wettbewerbe gewonnen.

Kris Carr lebte ihren Traum als junge, schöne und erfolgreiche Marketingleiterin, als sie mit Krebs im vierten Stadium diagnostiziert wurde und man ihr sagte, sie habe nicht mehr lange zu leben. Anstatt sich ihrem Schicksal zu ergeben, holte sie sich eine zweite, dritte und vierte Meinung ein, bevor sie beschloss, ihren Lebensstil radikal zu verändern, sich vegan zu ernähren und sich ganzheitlich behandeln zu lassen. Heute, fünfzehn Jahre später, fühlt sie sich gesünder denn je.

Eine Sache, die alle diese inspirierenden Persönlichkeiten gemeinsam haben, ist, dass sie sich nicht von äußeren Umständen unterkriegen ließen. Sie haben begriffen, dass sie zwar nicht alles kontrollieren konnten, dass sie aber sehr wohl selbst bestimmen konnten, wie sie vorgehen und auf die Hindernisse in ihrem Weg reagieren würden.

Sie haben keine Wunder vollbracht und besaßen keine Superkräfte. Sie waren lediglich ganz normale Frauen, die sich dazu entschlossen, nicht länger in der Opferrolle auszuharren.

Warte nicht darauf, gerettet zu werden

Wir leben in einer Gesellschaft, in der Heldinnen und Helden für ihre gewagten Taten und dramatischen Rettungsaktionen verehrt werden. Die Ideologie von wahren Helden ist so tief in unserem Gedankengut verankert, dass wir uns kaum eine Geschichte ohne eine solche Hauptrolle vorstellen können. Tatsächlich dreht sich in jedem Märchen alles um den Helden. Dornröschen hat einen schönen Prinzen, der zu ihrer Rettung eilt. Cinderella hat eine Fee, die sich um sie kümmert. Sogar Aladdin hat einen persönlichen Flaschengeist, der ihm seine Wünsche erfüllt.

Jede gute Geschichte braucht einen Helden oder eine Heldin, richtig?

Bei Märchen mag dies durchaus zutreffen, jedoch ist die Idee von einem Retter und Beschützer inzwischen auch in unseren Alltag vorgedrungen. Hast du dir schon einmal gewünscht, auserwählt zu werden und auf wundersame Weise aus deiner aktuellen Situation in eine bessere befördert zu werden?

Vielleicht sehnst du dich danach, dass dein Chef deinen Einsatz bemerkt und dir endlich die wohlverdiente Beförderung verkündet. Oder möglicherweise wartest du darauf, dass eine Freundin oder ein Familienmitglied dir Hilfe anbietet, um dich aus deiner aktuellen Lage zu befreien. Eventuell hoffst du aber auch insgeheim, dass endlich dein großes Talent entdeckt wird und du es mit der ganzen Welt teilen kannst. Oder du wünschst dir einfach nur, dass dir jemand – Therapeutin, Pastor, Lebensberater, *irgendjemand* – den richtigen Weg weist.

Wäre es nicht wunderbar, wenn wir irgendjemanden finden könnten, der uns vor uns selbst schützt?

Das Problem mit dem Warten auf Rettung ist folgendes: Das Leben spielt da nicht mit! In den meisten Fällen sind die

Menschen um uns herum so beschäftigt mit ihrem eigenen chaotischen, stressigen und frustrierenden Alltag, dass sie sich nicht auch noch um unsere Probleme kümmern können. Das macht das Warten auf Hilfe lediglich zu einer weiteren Ausrede. Genau wie die Opferrolle ist auch die Behauptung, wir würden nicht vorankommen, da uns niemand zur Seite steht, eine einzige große Lüge.

Du brauchst keinen Helden. Du bist keine Prinzessin in Not!

Auf Hilfe zu warten, bringt dich nicht voran. Du willst die Beförderung? Verdiene sie dir und dann bitte gezielt darum. Hast du das Gefühl, dein Leben stagniert? Tu etwas – irgendetwas! Ändere etwas in deinem Leben und ergreife die entsprechenden Maßnahmen, um dich aus dieser Situation zu befreien. Hast du eine Leidenschaft, die du ausüben möchtest? Dann mache das. Nimm ein Demoband auf. Schreibe ein Buch. Engagiere einen Manager. Leg einfach los – egal, mit was! Wir erinnern uns: Konkretes Handeln ist das beste Gegenmittel gegen Angst, und letzten Endes stehst du dir selbst oft am meisten im Weg.

Also: Werde selbst zur Heldin deiner Geschichte!

Nimm das Steuer in die Hand

„Das ist nicht meine Schuld!"

Würde ich jedes Mal einen Euro bekommen, wenn meine Kinder diese fünf kleinen Wörter sagen, dann wäre ich eine sehr wohlhabende Mutter! Mindestens einmal am Tag – in der Regel wesentlich öfter – diskutieren wir über die Themen Verantwortung und Konsequenzen und darüber, dass die Kinder zwar nicht die Handlungen anderer Leute kontrollieren können, aber sehr wohl dazu in der Lage sind, ihre Reaktion darauf bewusst zu steuern.

Als Mutter fühle ich mich dann manchmal wie eine kaputte Schallplatte mit Kratzer und frage mich, ob sie jemals begreifen werden, was ich ihnen zu erklären versuche. Wenn du selbst auch Kinder hast, wirst du verstehen, was ich meine. In Wahrheit ist das Übernehmen der vollen Verantwortung für alles, was in unserem Leben passiert, für jeden eine schwer zu knackende Nuss.

Es liegt in der menschlichen Natur, andere für die äußeren Umstände verantwortlich machen zu wollen und unseren Mitmenschen die Schuld für alles in die Schuhe zu schieben, was falsch läuft oder uns davon abhält, unsere Ziele zu erreichen. Als Allererstes beschweren wir uns in der Regel darüber, wie sehr sich das Schicksal gegen uns gerichtet hat – die unfaire Behandlung, die tragischen Umstände, die finanziellen Schwierigkeiten –, um anschließend unzählige weitere Entschuldigungen, Rechtfertigungen und Ausreden aufzuzählen.

Es ist so viel leichter, mit dem Finger auf eine andere Person zu zeigen, als unsere eigenen Fehler zuzugeben. Und es ist wesentlich einfacher, aufzugeben, sobald es schwierig wird – insbesondere, wenn wir dafür eine nachvollziehbare Begründung haben. Wer würde uns in diesem Fall einen Vorwurf machen, dass wir das Handtuch werfen?

Genau aus diesem Grund erfordert es besonders viel Mut, die Verantwortung dafür zu übernehmen, wie wir auf die äußeren Umstände reagieren. Es bedeutet, von Ausreden abzusehen und aufzuhören, die Schuld auf jemanden zu schieben, der dich verletzt hat, auf die schrecklichen Dinge, die dir in der Vergangenheit passiert sind, oder auf Krankheit, Geldprobleme, Jobverlust, Behinderung.

Zusätzlich bedeutet es, jeden Tag aufs Neue ganz bewusst zu beschließen, zu den eigenen Entscheidungen zu stehen, ohne die Schuld für eventuelle Fehler an anderer Stelle zu suchen. Es bedeutet, zu akzeptieren, dass du stets die Kontrolle über deine Reaktion auf die Dinge hast, ganz egal, wie die äußeren Umstände aussehen mögen.

Erinnerst du dich an das Konzept des Kontrollzentrums aus Kapitel sechs? In seinem Buch *Smarter, schneller, besser* betont Charles Duhigg die Wichtigkeit dieses Konzepts, wenn es darum geht, unsere Ziele zu verfolgen und unsere Träume zu verwirklichen. Er erklärt den Unterschied zwischen einem internen Kontrollzentrum (die Überzeugung, dass du die Kontrolle über deine Entscheidungen hast) und einem externen Kontrollzentrum (die Überzeugung, dass du den äußeren Umständen hilflos ausgeliefert bist) sowie die jeweiligen Auswirkungen auf dein Leben.

Es ist nicht überraschend, dass Menschen mit einem internen Kontrollzentrum in der Regel motivierter, produktiver und erfolgreicher sind. Um deine Motivation zu steigern, musst du also lediglich Verantwortung für deine Handlungen übernehmen. Duhigg erklärt: „Für mehr Selbstmotivation müssen wir unsere Entscheidungen nicht nur als Ausdruck von Kontrolle sehen, sondern auch als Bestätigung unserer Werte und Ziele."[2]

Er führt aus, dass Bewohner eines Pflegeheims, die gegen die strengen Regeln und Abläufe „rebellierten", in besserer mentaler und körperlicher Verfassung waren als diejenigen, die alles hinnahmen und akzeptierten. Wir als Menschen sind darauf ausgerichtet, Entscheidungen zu treffen und Kontrolle über unsere Umgebung auszuüben.

Die Kontrolle über unser Leben und die äußeren Umstände zu übernehmen, mag zwar zunächst beängstigend wirken, ist aber unglaublich befreiend. Wenn du das Steuer in die Hand nimmst, brauchst du dir keine Sorgen darüber machen, was dir widerfährt, wie du von anderen behandelt wirst oder welchen Hindernissen du auf deinem Weg begegnest. Denn letzten Endes bist du es, der die Kontrolle hat.

Versteh mich nicht falsch – es wird nach wie vor Schwierigkeiten geben, die es zu überwinden gilt. Du wirst nach wie vor Fehler machen und in Engpässe geraten. Du wirst stolpern und stürzen und es wird nach wie vor Menschen geben, die dich ungerecht behandeln.

Doch all das verliert an Bedeutung, weil du nicht länger ein Opfer der äußeren Umstände bist. Du hast die Kontrolle darüber, wie du auf die Ereignisse in deinem Leben reagierst.

In ihrem Buch *Extreme Ownership* gehen die ehemaligen Navy SEALs Jocko Willink und Leif Babin diesem Konzept der Verantwortung auf den Grund und erörtern insbesondere seine Bedeutung im Bereich der Führung. Ausgehend von ihrer Kampferfahrung schreiben sie:

„Als Individuen schreiben wir den Erfolg anderer oft dem Glück oder den Umständen zu und finden Ausreden für unser eigenes Versagen und das Versagen unseres Teams. Unsere eigene schlechte Leistung schieben wir auf Pech, auf Umstände, die sich unserer Kontrolle entziehen, oder auf schlechte Leistungen unserer Untergebenen – also auf jeden anderen als auf uns selbst. Die volle Verantwortung für das eigene Versagen zu akzeptieren, fällt uns schwer und zu Fehlern zu stehen, wenn etwas schiefgeht, erfordert viel Mut. Aber genau das zu tun, ist eine absolute Notwendigkeit, um zu lernen, als Führungskraft zu wachsen und die Leistung eines Teams zu verbessern."[3]

Tatsächlich ist es eine der mutigsten Entscheidungen der Welt, das Steuer zu ergreifen und die volle Verantwortung für alles zu übernehmen, was passiert.

Machen wir uns nichts vor – diese Entscheidung verändert alles.

Nach dieser Entscheidung wirst du die Schuld nicht länger von dir weisen, wirst deine Opferrolle aufgeben und damit aufhören, dich von Ausreden zurückhalten zu lassen. Du wirst nicht länger darauf warten, dass dir ein anderer den Weg weist. Stattdessen wirst du deine eigene Heldin sein. Das wird keinesfalls einfach sein, aber es wird dir unglaublich viel Kraft verleihen.

Denn wenn du das Steuer deines Lebens in die Hand nimmst, dann wirst du – und du allein – die Kontrolle über alle Entscheidungen in deinem Leben haben.

Kapitel elf
Nimm Feedback an

Weil jeder eine ehrliche Meinung von außen braucht

Solchen Menschen, die sich niemandem gegenüber verantwortlich fühlen, sollte niemand trauen.
Thomas Paine

Vor nicht allzu langer Zeit stieß ich auf eine Meldung, in der der skandalöse Scheidungsprozess eines prominenten Autors und Motivationsredners bekannt gegeben wurde. Ein Redner, der eine äußerst erfolgreiche Karriere aufgebaut hatte, indem er anderen beibrachte, wie man ein gutes Leben führt. Auch wenn der Artikel dazu gedacht war, den Leser zu schockieren, war der Inhalt keineswegs überraschend. Man kannte sie nur allzu gut, die Geschichte des schnellen Erfolgs, inklusive Reichtum, Ruhm, Macht und unzähligen Fans, gefolgt vom tiefen Fall durch Drogenmissbrauch, Ehebruch, Misswirtschaft oder eine Reihe schlechter Entscheidungen. Ob Prominente, Pastoren, Politiker, Sportler, Unternehmer oder Multimillionäre – an tragischen Geschichten mangelt es nicht.

Wenn man diese Geschichten etwas näher betrachtet, findet man einen gemeinsamen Nenner, so verschieden die jeweiligen Protagonisten auch sein mögen: einen ernsthaften Mangel an Verantwortung.

Promis, Politiker und andere Menschen mit Macht, Geld oder Ruhm umgeben sich in der Regel mit Jasagern, die ihnen ins Ohr säuseln, was sie hören wollen, ohne dabei das Beste für sie im Sinn zu haben. Dadurch verlieren sie immer mehr den Bezug zur Realität und identifizieren sich mit dem Hype, der um sie gemacht wird.

Wenn die Stimme der Vernunft zum Schweigen gebracht oder ignoriert wird, werden automatisch schlechte Entscheidungen getroffen. Das Gleiche ist der Fall, wenn es nie zu Meinungsverschiedenheiten oder Diskussionen kommt. Die Freiheit, jederzeit alles tun zu können, ist gefährlich, und absolute Macht hat eine absolut selbstzerstörerische Wirkung.

Es ist wie bei einem Kind, das immer nur gelobt und dem nie ein Wunsch abgeschlagen wird. Es dauert nicht lange, bis sich dieses Kind zu einer verwöhnten, egoistischen Persönlichkeit entwickelt. Jeder Mensch braucht eine Art der Verantwortlichkeit und Rechenschaftspflicht.

Im Jahr 2015 waren Lara und Roger Griffiths begeistert, als sie erfuhren, dass sie einen Lotterie-Jackpot von fast drei Millionen Dollar gewonnen hatten.[4] Sie begannen umgehend damit, ihren Gewinn auszugeben, kauften sich ihr Traumhaus, einen Porsche und einen Lexus SUV und meldeten ihre Töchter in teuren Privatschulen an. Lara bekam ihre eigene Wellness-Einrichtung, die sie leiten wollte, die Familie machte zahlreiche Luxusurlaube und deckte sich mit Designerhandtaschen und -kleidung ein. Die Griffiths setzten sich jedoch nie zusammen, um einen gemeinsamen Plan zu erstellen, was mit dem Geld geschehen sollte. Auch den Besuch bei einem Finanzberater ließen sie aus. Stattdessen versicherte Roger, er habe alles im Griff. Und Lara gab das Geld weiterhin fröhlich aus, ohne einen Überblick darüber zu haben, wie viel noch übrig war.

Innerhalb von sechs Jahren war alles weg. Und nicht nur das: Die Familie hatte sich hoch verschuldet, die Ehe zerbrach, sie verloren ihr Haus, die Autos und alles andere.

Die Griffiths sind definitiv nicht die Einzigen, denen es so erging. Schätzungsweise siebzig Prozent aller Lotteriegewinner gehen innerhalb von fünf Jahren nach Erhalt des Geldes in Privatinsolvenz, weil sie den Bezug zur Realität verlieren und die Überzeugung entwickeln, unbesiegbar zu sein.[5] Obwohl es äußerst sinnvoll wäre, sich den Rat eines Experten einzuholen – beispielsweise den eines Finanzberaters oder Anwalts –, um das neu gewonnene Vermögen zu verwalten, greifen die wenigsten auf diese Möglichkeit zurück.

Wir Menschen neigen von Natur aus dazu, in Abwesenheit jeglicher Einschränkungen und Grenzen sehr, sehr dumme Entscheidungen zu treffen! Es ist leicht, Prominente zu verurteilen, die alles verloren haben, Politiker zu kritisieren, die in Skandale verwickelt sind, oder Lotteriegewinner zu belächeln, weil sie nicht mit ihrem Gewinn umgehen konnten. Letztendlich ist aber keiner von uns immun gegen die Verlockung von Geld, Macht, Ruhm und Bewunderung, ganz zu schweigen von der Versuchung, faul zu sein, schlechte Entscheidungen zu treffen und unseren Lastern zu erliegen.

Und deshalb brauchen wir Rechenschaftspartner in unserem Leben. Wir brauchen Menschen, die uns ehrlich ihre Meinung sagen und uns wachrütteln, wenn wir eine falsche Richtung einschlagen oder uns in etwas verrannt haben, das nicht gut für uns ist. Wir brauchen Beziehungen, in denen gegenseitiges Vertrauen einen hohen Stellenwert hat und der Rat des jeweils anderen dankbar angenommen wird.

Es ist nicht immer leicht, Dinge zu akzeptieren, die wir nicht hören wollen – die harte Wahrheit, konstruktive Kritik oder abweichende Standpunkte. Wir setzen uns nur ungern mit jemandem auseinander, der uns eröffnet, dass wir vielleicht einen Fehler machen, ein Problem aus dem falschen Blickwinkel betrachten oder uns eine Meinung auf der Grundlage unzureichender Informationen bilden.

Genau aus diesem Grund brauchst du für ernst gemeinte Rechenschaftspflicht und Verantwortlichkeit – ehrliches Feedback anzunehmen und es auch umzusetzen – eine ordentliche Portion an Mut. Es bedeutet, dich verletzbar zu machen und zuzugeben, nicht auf alles eine Antwort zu haben. Es bedeutet, offen zu sein für hitzige Diskussionen und für Ideen, die nicht deine eigenen sind. Es bedeutet, auch solche Ratschläge anzunehmen, die eventuell im Widerspruch zu deinen Ansichten und Bedürfnissen stehen. Und es erfordert sowohl Demut als auch Vertrauen.

Die Vertrauensbasis

Ich bin ein großer Fan des *Strengths-Finder-Persönlichkeitstests*. In meinem Unternehmen ist er Teil des Bewerbungsprozesses für alle potenziellen Mitarbeiter, um sicherzustellen, dass jedes einzelne Teammitglied in einem Bereich arbeiten kann, der seinen persönlichen Stärken entspricht. Ich bin so begeistert davon, dass ich meine Töchter die Kinderversion des Tests habe machen lassen. Und nach langem Betteln habe ich sogar meinen Mann davon überzeugen können, sodass wir anschließend gemeinsam das Buch *Strengths Based Marriage* lesen konnten.[6]

Es überraschte uns nicht, dass bis auf eine gemeinsame Stärke – strategisches Denken – seine zehn größten Stärken meine schwächsten sind um umgekehrt.

Wir sind so gegensätzlich, wie es nur geht.

Während uns diese Tatsache bereits bewusst war – es ließ sich kaum leugnen –, war es doch beeindruckend und interessant zu sehen, auf welche Weise sich unsere Stärken auf unsere Persönlichkeit und unsere Ehe auswirkten. Uns wurde bewusst, dass unsere wiederkehrenden Streitigkeiten direkt darauf zurückgeführt werden konnten, dass meine am schwächsten ausgeprägte Stärke – Flexibilität – seine oberste Stärke ist. Was ist wohl das bei uns am häufigsten auftretende Streitthema? Die Tatsache, dass ich immer einen Plan brauche und er nicht. Wir machen uns damit regelmäßig gegenseitig verrückt!

Bis zu diesem Zeitpunkt, an dem wir die Verbindung zwischen dieser speziellen Stärke und unserer jeweiligen Persönlichkeit entdeckten, waren wir davon überzeugt, der andere wolle uns mit Absicht ärgern. Chuck dachte, ich würde ihn mit meiner ständigen Planerei gezielt in den Wahnsinn treiben wollen, und ich war davon überzeugt, er würde sich nur dagegen wehren, um mir das Leben schwerer zu machen.

Es stellte sich heraus, dass keiner von uns beiden etwas Böses im Sinn hatte. Wir streiten uns zwar nach wie vor über dieses Thema, aber wesentlich weniger als zuvor. Ich nehme mehr Rücksicht auf Chucks Bedürfnis, im Moment zu leben, und er hat ein Verständnis dafür entwickelt, dass ich mich ohne einen konkreten Plan ziemlich verloren fühle.

Dass wir uns die Zeit genommen hatten, um diese Dinge übereinander zu lernen, half uns dabei, das gegenseitige Vertrauen zu stärken – etwas, das für eine funktionierende Beziehung absolut unerlässlich ist. Wenn ich nicht darauf vertrauen würde, dass mein Mann mich bedingungslos liebt und jederzeit hinter mir steht, dann würde ich vermutlich jedes Mal, wenn er meine Ansichten infrage stellt, mich kritisiert oder herausfordert, annehmen, er wolle mich ärgern oder handle aus einer bösen Absicht heraus.

Vertrauen ist die Basis für jede glückliche Ehe, Freundschaft oder Beziehung. Ohne Vertrauen ist das Ganze nicht mehr als eine leere Hülle, eine Verbindung, die lediglich auf dem jeweiligen Gewinn der einzelnen Parteien basiert, ein gegenseitiger Austausch von Höflichkeiten und Floskeln.

Um Vertrauen aufzubauen, musst du dich zunächst verletzbar machen, deinen Schutzpanzer ablegen und anderen Menschen zeigen, wer du wirklich bist – die schrullige, chaotische und unperfekte Version, die du ansonsten zu verstecken versuchst. Sei ehrlich bezüglich deiner Träume, Wünsche und Hoffnungen sowie hinsichtlich deiner Ängste, Sorgen und Unsicherheiten. Außerdem ist es wichtig, dass du bereit bist, diese Seite auch bei deinem Gegenüber zu erkennen und zu akzeptieren.

Mein Ehemann kennt meine dunkelsten Seiten – meine Launenhaftigkeit und meine PMS-Symptome; meine Wutausbrüche, wenn mal etwas nicht nach Plan läuft; meine Ungeduld mit ihm und den Kindern; meine plötzliche, übertriebene Kratzbürstigkeit, wenn ich hungrig bin; meine zwanghafte Natur; meine Angewohnheit, mir alberne Lieder ohne richtige Melodie auszudenken; und etwa tausend andere Kleinigkeiten, die zu peinlich sind, um sie hier zu teilen.

Obwohl mein Mann und ich uns aufgrund unserer Gegensätzlichkeit manchmal ganz schön auf die Palme bringen können, so helfen wir einander auch, uns weiterzuentwickeln. Er ist mein Motivator und ich bin seiner. Außerdem habe ich das unfassbare Glück, ein paar Freundinnen zu haben, die mich fast genauso gut kennen wie Chuck, auf die ich mich bedingungslos verlassen kann und für die ich buchstäblich meine Hand ins Feuer legen würde.

Das sind *meine Leute* – Menschen, denen ich vertraue, wenn sie mir sagen, dass ich mich wie ein Idiot benehme oder meine Fantasie mal wieder mit mir durchgeht. Menschen, die mir solche Dinge in jedem Fall liebevoll, aber direkt ins Gesicht sagen. Ich brauche ihre Meinung und Perspektive, um auf dem Teppich zu bleiben. Wir alle brauchen solche Menschen.

Konstruktiver Konflikt

Einmal im Jahr kommt unser gesamtes Team im Firmenhauptsitz in Florida zu unserer jährlichen Team- und Planungsbesprechung zusammen. Diese Zeit ist dafür bestimmt, die Verbindung untereinander zu stärken, Probleme anzusprechen und gemeinsam von der Zukunft zu träumen. Als Unternehmen, das hauptsächlich online agiert und dessen Mitarbeiter größtenteils von zu Hause aus arbeiten, ist uns diese persönliche Interaktion besonders wichtig.

Ich finde mein Team einfach spitze. Ich weiß, das sagen viele, aber in diesem Fall stimmt es wirklich. Es gibt nicht einen einzigen Kollegen, nicht eine einzige Kollegin, die nicht jeden Tag hundert Prozent gibt. Sie alle lieben das Unternehmen, werden von ihrer Arbeit inspiriert und könnten nicht motivierter sein. Ich bin jeden Tag aufs Neue dankbar dafür, mit so wundervollen Menschen zusammenarbeiten zu dürfen.

Letztes Jahr ließ ich meine Mitarbeiter zur Vorbereitung auf das jährliche Treffen Patrick Lencionis Buch *Die fünf Dysfunktionen eines Teams* lesen.[7] In einer Parabel verpackt, enthüllt das

Buch fünf Verhaltensweisen, die ein Team davon abhalten können, bestmögliche Ergebnisse zu erzielen.

Ich hatte das Buch bereits zuvor gelesen, und sein Inhalt beunruhigte mich. Bis dato hatte ich unser Team nicht als dysfunktional betrachtet, nicht einmal annähernd. Alle verstanden sich gut und hatten Spaß an ihrer Arbeit, selbst wenn es viel zu tun gab. Jedes einzelne Teammitglied war *durchgehend gut gelaunt – es war fast schon anstrengend.*

Genau das war das Problem.

Es gab absolut keinen Konflikt.

In unserem Unternehmen wurde jede neue Idee begrüßt und gelobt. Es ging immer nur um Ermutigung, Optimismus und Unterstützung. Wir sind Meister der Nettigkeit und Wertschätzung, überschütten einander mit Komplimenten, feiern Geburtstage und Unternehmenserfolge und erkennen gut gemachte Arbeit gebührend an.

Das klingt vielleicht nach dem perfekten Arbeitsumfeld – und das ist es im Grunde genommen auch. Dennoch stellte diese Harmonie ein Problem dar. Denn während wir stets darum bemüht waren, gut miteinander auszukommen und optimistisch zu sein, setzte sich niemand für die beste Idee ein oder sagte seine Meinung, wenn etwas schiefflief. Der fehlende Konflikt machte uns selbstsicher, was sich negativ auf die Qualität unserer Arbeit auswirkte.

Gemeinsam stellten wir fest, dass wir konstruktive Kritik und gegenseitige Verantwortung fördern mussten. Und genau das taten wir im folgenden Jahr.

Auf unseren Meetings geht es mittlerweile wesentlich lebhafter zu, da die Mitarbeiter und Mitarbeiterinnen immer öfter ihre ehrliche Meinung sagen, sich für oder gegen einen bestimmten Vorschlag einsetzen und sich, wenn nötig, auch gegenseitig zur Ordnung rufen. Die Atmosphäre ist nach wie vor unglaublich positiv, aber nun freuen wir uns ebenso auf diese konstruktiven Konflikte. Wenn wir dann doch mal alle derselben Meinung sind – und das ist nach wie vor regelmäßig der Fall –, bitten wir eine oder zwei Personen, sich bewusst gegen uns zu stellen, um weitere Diskussionen zu provozieren und somit sicherzugehen, dass wir wirklich alle Möglichkeiten bedacht haben.

Konflikte und Auseinandersetzungen sind unbedingt notwendig, nicht nur in Bezug auf Teams. Meine Geschwister und ich sind vor Kurzem ebenfalls zu diesem Schluss gekommen, als wir uns um die Pflege und die Finanzen meiner Mutter kümmerten. Wir hatten sehr unterschiedliche Meinungen hinsichtlich der besten Vorgehensweise, und wir brauchten einen konstruktiven Konflikt, um die beste Lösung zu finden.

Und weißt du was? Das war alles andere als leicht. Es wurden einige harte Worte gesprochen und Gefühle verletzt. Wir begriffen, wie tief unsere Konflikte in der Vergangenheit verwurzelt waren, und obwohl mir bewusst war, dass uns allen das Wohl unserer Mutter am Herzen liegt, bedurfte es einiger Anstrengung, bis wir uns schließlich auf eine für alle akzeptable Vorgehensweise einigen konnten. Es ist noch nicht alles bis ins kleinste Detail geklärt, aber ich bin mir sicher, dass wir den Konflikt letztendlich lösen werden – weil wir uns sehr um unsere Mutter und umeinander sorgen und uns unsere Familie wichtig ist.

Es ist wichtig, sich die Standpunkte der anderen anzuhören, selbst wenn wir nicht mit ihnen übereinstimmen. Sich mit der Meinung eines anderen auseinanderzusetzen, zwingt dich dazu, deine eigene Überzeugung entweder zu überdenken oder zu festigen. Auseinandersetzungen, die darauf ausgerichtet sind, die Dinge zu verbessern, führen tatsächlich zu besseren Ergebnissen.

Fürchte dich also nicht vor Konflikten, sondern nimm Feedback dankbar an. Denn jeder braucht eine ehrliche Meinung von außen und konstruktive Kritik.

Kapitel zwölf
Es gibt keine Fehler, nur Lektionen

Weil jeder Zusammenbruch zu einem Durchbruch werden kann

Ich habe nicht versagt. Ich habe nur 10.000
Wege gefunden, die nicht funktionieren.
Thomas A. Edison

Manchmal habe ich das Gefühl, dass ich auf meinem Lebensweg ständig die falsche Richtung eingeschlagen habe.

Im Alter von siebzehn Jahren bin ich für einen einjährigen Austausch in die Niederlande gegangen, weil ich den Gedanken an ein weiteres Jahr zu Hause nicht ertragen konnte. Ich war die Erste aus meiner Kleinstadtschule, die einen Austausch machen wollte, und die Prüfungen, die ich in der niederländischen Schule ablegte, wurden nicht anerkannt. Entsprechend bekam ich kein Abschlusszeugnis. Doch auch ohne Schulabschluss wurde ich – durch ein merkwürdiges Versehen – an der Universität angenommen. Das Studium brach ich jedoch ebenfalls ab.

Mit zwanzig heiratete ich einen Mann, den ich gut leiden konnte, aber nicht liebte, und war nach nur zwei Jahren wieder geschieden. Anschließend – wie zuvor bereits erwähnt – fiel ich in ein tiefes Loch, versuchte mehrmals, mir das Leben zu nehmen, und war in einem Zeitraum von zwei Jahren immer wieder Patientin in diversen psychiatrischen Kliniken. Während dieser Zeit vernachlässigte ich meine Finanzen fast vollständig, was schließlich zu einer Privatinsolvenz führte.

Im Alter von vierundzwanzig verliebte ich mich dann in einen Kerl, der mich neun schmerzhafte Monate lang hinhielt, bevor er dann mit einer anderen anbandelte. Dies fand ich nur heraus, weil ich eines Abends durch die Hintertür eines Restaurants verschwinden musste, damit seine „richtige" Freundin uns nicht erwischte.

Mit fünfundzwanzig habe ich schließlich mein Leben in den Griff bekommen, holte meinen Schulabschluss nach und arbeitete härter als je zuvor, um die Aufnahmeprüfungen für einen Doppelstudiengang an der Washington University in St. Louis zu bestehen. Danach stellte ich mein gesamtes Leben auf den Kopf, zog ans andere Ende des Landes und kaufte dort ein Haus, nur um acht Monate später aus dem Studienprogramm auszusteigen.

Kurz nach meinem dreißigsten Geburtstag nahm ich einen Job als Leiterin einer erfolglosen Wellness-Einrichtung an, die zum Zeitpunkt meiner Übernahme monatlich an die 50.000 Dollar Verlust verzeichnete. Dennoch hatte ich die wahnwitzige Idee, den Laden retten zu können. Fast zwei Jahre lang steckte ich Blut, Schweiß und Tränen in diese Rettungsaktion, nur um unweigerlich zu versagen.

Mit dreiunddreißig war ich eine rastlose Hausfrau und Mutter, die den Großteil ihrer Freizeit – und ich hatte viel davon – mit Shopping verbrachte, was zu permanenten Streitigkeiten mit meinem Mann führte, der meinen Umgang mit Geld kritisierte. Ich war mir zu diesem Zeitpunkt nicht sicher, ob wir diese Krise durchstehen würden.

Jetzt, im Alter von Anfang vierzig, würde ich gern behaupten können, dass diese Fehler weit in der Vergangenheit liegen und ich seit der Gründung meines Unternehmens alles im Griff habe. In Wahrheit jedoch mache ich nach wie vor – um ehrlich zu sein fast täglich – unüberlegte Schritte und treffe dumme Entscheidungen. Ich habe Zeit und Geld in Projekte investiert, die gescheitert sind. Ich habe den falschen Leuten vertraut und viel zu oft unpassende Kollegen eingestellt. Ich habe mich auf die Ratschläge und Vorgehensweisen anderer verlassen, nur um herauszufinden, dass sie selbst nicht genau wussten, was sie taten. Ich habe mich wirklich oft verrannt und Entscheidungen getroffen, von denen ich wünschte, ich könnte sie rückgängig machen.

Wenn ich auf mein bisheriges Leben zurückblicke, dann erkenne ich ganz deutlich, dass ein großer Teil davon aus einer Reihe von schlechten Schachzügen, falschen Entscheidungen und großen Fehlern bestand. Dennoch habe ich auf dem Weg gelernt, dass es keine Fehler gibt, sondern nur Lektionen. Jede einzelne Fehlentscheidung hat mich zu dem Menschen gemacht, der ich heute bin. Jeder falsche Zug hat zu Gelegenheiten geführt, die sich letztendlich als richtig herausstellten. Und ich bin fest davon überzeugt, dass sich die aktuellen Schwierigkeiten in meinem Leben ebenfalls als nützliche Lektionen entpuppen, für die ich sehr dankbar sein werde.

Mein Austauschjahr in den Niederlanden beispielsweise war rückblickend eines der schönsten Jahre meines Lebens. Es hat meinen Horizont erweitert, der bis dato relativ eingeschränkt gewesen war. Ich bin durch Europa gereist, habe Unabhängigkeit erfahren und sprach am Ende fließend Niederländisch. Statt Abitur zu machen, hatte ich die Gelegenheit, vier unterschiedliche Sprachkurse zu belegen und sechzehn Verdienstpunkte für die Uni zu erhalten.

Auch wenn meine erste Ehe ein großer Reinfall war, lernte ich durch sie, wie eine Ehe nicht sein sollte. Im Nachhinein habe ich es als meinen Teil der Verantwortung akzeptiert, bei meinem Ex-Mann, seiner Familie und letztendlich auch mir gegenüber versagt zu haben. Ich habe mich mit meinen Fehlern versöhnt und ich habe verinnerlicht, was ich in Zukunft besser machen würde. Mir war klar, sollte ich je noch einmal eine Ehe eingehen, würde ich dies nur aus den richtigen Gründen und nur mit dem richtigen Mann tun. Und es würde eine Ehe fürs Leben sein.

Die Privatinsolvenz anzumelden, war extrem demütigend. Also schwor ich mir, nie wieder in eine finanzielle Situation zu geraten, aus der es keinen Ausweg gab. Ich begriff, dass ich mein Leben nur dann kontrollieren konnte, wenn ich genug Geld verdiente, um eine gewisse Auswahl an Handlungsoptionen zu haben.

Die Zeit, in der ich gegen meine Depression kämpfte, lehrte mich eine Menge über mich selbst und meine Mitmenschen. Am wichtigsten aber war die Lektion, dass es immer einen Ausweg gibt, ganz egal, wie verheerend die Situation auch scheinen mag, und dass es nur noch aufwärts gehen kann, sobald man seinen persönlichen Tiefpunkt erreicht hat.

Selbst meine negativen Beziehungserfahrungen hatten etwas Gutes. Wäre ich aufgrund meines gebrochenen Herzens nicht so verzweifelt gewesen, hätte ich mich nie in den Dreckskerl verliebt, der mir die richtigen Dinge ins Ohr säuselte, um mich zu betören. Aber wenn ich nicht mit diesem miesen Kerl ausgegangen wäre, hätte ich nie seinen Mitbewohner Chuck kennengelernt, der sich als „der Richtige" entpuppte. Einen Hund, zwei Kinder, sechs Umzüge quer durchs Land, fünfzehn Jahre und siebzehn Adressen später sind wir noch immer ein grandioses Team. Und nein, Chuck und mein Ex-Partner sind keine Freunde mehr.

Das Jurastudium abzubrechen und das einzige richtig große Ziel aufzugeben, das ich bis dato je hatte, war eine meiner beängstigendsten Entscheidungen. Gleichzeitig war es eine der befreiendsten. Ich lernte, dass ich in jeder Situation eine Wahl hatte, was mir vorher gar nicht so bewusst gewesen war. Ich brauchte eine Weile, bis ich herausfand, was ich im Leben wirklich tun wollte. Ich musste nach wie vor 30.000 Dollar Studienkredit abbezahlen, trotzdem habe ich es nie bereut, dieses Studium abgebrochen zu haben.

Die Übernahme der Wellness-Einrichtung war ein Crashkurs in Sachen Unternehmensführung. Rückblickend kann ich guten Gewissens sagen, dass vieles, was ich damals gelernt habe, mir immer wieder bei der Leitung meines jetzigen Unternehmens von Nutzen ist. Ich lernte, ein großes Team zu führen und ihre unterschiedlichen Persönlichkeiten und Fähigkeiten in Einklang zu bringen. Ich lernte, wie man Gewinne und Verluste verwaltet, wie man sein Unternehmen bewirbt, sich gut verkauft und vernetzt und was es bedeutet, einen außergewöhnlichen Kundenservice zu bieten.

Meine verzweifelte Suche nach einem neuen Hobby, damit meine Shopping-Sucht meine Ehe nicht zerstörte, führte mich schließlich zur Erstellung des Blogs mit dem Namen Living Well Spending Less. Der Blog wurde mein persönliches Herzensprojekt, das sich letztlich zu einem handfesten Unternehmen mauserte. Und auch heute noch wird mir immer wieder bewusst, dass meine größten Fehler mir die wichtigsten Lektionen mit auf den Weg geben. Zu sehen, was nicht funktioniert und was ich besser nicht tun sollte, hilft mir dabei, herauszufinden, was der *richtige* Schritt ist.

Denn letzten Endes gibt es keine Fehler, nur Lektionen – der nächste Grundsatz des Mutes.

Ändere deine Perspektive

Was würde es für dein Leben bedeuten, wenn du dich nicht länger davor fürchten würdest, einen Fehler zu machen? Hast du je darüber nachgedacht? Was würde passieren, wenn du jedes Ereignis als eine Lektion betrachten würdest anstatt als eine Situation, in der du versagt hast? Was, wenn du dich tatsächlich davon überzeugen und mit ganzem Herzen daran glauben könntest, *dass es so etwas wie Fehler nicht gibt?*

Wäre das nicht unglaublich befreiend?

Es ist leicht, sich im Leben und im Beruf zu wünschen, alles verlaufe reibungslos. Wäre es nicht wunderbar, wenn unser Plan immer aufginge? Wenn wir stets alles bekämen, was wir wollen, wenn das Leben nur aus Sonne, Rosen und Einhörnern bestünde und alles, was wir berühren, zu Gold würde? Ich denke, uns ist allen bewusst, dass es so nicht läuft. Nur wenige wissen allerdings, dass sich der Wunsch nach reibungslosen Abläufen ungünstig auf das Verfolgen unserer Ziele und die Verwirklichung unserer Träume auswirken kann.

Denn all die großen und kleinen Hindernisse entlang des Weges sind die allerbesten Lehrer! Sowohl im Alltag als auch im Beruf lernst du am meisten aus deinen größten Fehlern. In jedem Fehltritt steckt eine wertvolle Möglichkeit, zu wachsen und dich zu verbessern.

Selbstverständlich macht es keinen Spaß, sich zu irren oder etwas falsch zu machen. Aber die Angst vor Fehlern sollte dich nicht davon abhalten, etwas Neues zu wagen. Denn wie ich bereits sagte, sind Misserfolge und Versagen lediglich eine andere Art von Gewinn. Das ist wunderbar, weil es bedeutet, dass du in jedem Fall gewinnst!

Schlimmer als Misserfolg

Es ist leicht, sich weiszumachen, eine Fehlentscheidung sei das Schlimmste, was passieren kann. Wir vermeiden es, Risiken einzugehen oder unsere Komfortzone zu verlassen, und wagen es nicht, unsere Träume und Ziele zu verfolgen, da wir uns nicht vorstellen können, was verheerender sein könnte als Misserfolg. Etwas zu vermasseln, ist in unseren Augen das schlimmstmögliche Szenario.

Aber das ist nicht wahr.

Es gibt etwas noch Schlimmeres als Misserfolg – etwas wesentlich Schlimmeres. Eine Konsequenz des Nicht-Versuchens, die uns bedeutend länger verfolgen wird als die Auswirkungen einer Fehlentscheidung oder die Folgen des Scheiterns.

Es ist die Qual der Reue.

Wenn ich auf mein bisheriges Leben zurückblicke, bereue ich trotz meiner vielen Fehler kaum etwas. Versteh mich nicht falsch – es gibt einige Erlebnisse, die ich nicht wiederholen möchte, und unzählige Fehler, auf die ich ganz und gar nicht stolz bin. Aber ich bereue nicht, dass es sie gab.

Selbst finanzielle Fehlentscheidungen und Situationen, in denen ich ein Risiko eingegangen bin und Geld verloren habe, bereiten mir keine schlaflosen Nächte. Vor einigen Jahren beispielsweise, als die Ölpreise durch die Decke schossen, hatten Chuck und ich die Gelegenheit, in eine Erdölbohrung zu investieren. Es war alles andere als ein sicheres Investment und bedeutete, ein recht großes Risiko einzugehen, aber die Gewinnaussichten waren ebenso verlockend.

Wir haben ausführlich darüber diskutiert, haben Vor- und Nachteile ausgewertet und schließlich entschieden, es zu wagen. Wir sprachen ein kleines Gebet und schrieben einen großen Scheck. Leider war die Bohrung ein Flop, die Verantwortlichen stießen weder auf Öl noch auf Gas oder sonst irgendetwas Wertvolles.

Wir verloren unsere gesamte Geldanlage. Während diese Tatsache offensichtlich nicht dem entsprach, was wir uns erhofft hatten, stellte sich gleichzeitig heraus, dass es nicht das Ende der Welt bedeutete. Wir überlebten, der Alltag ging genauso weiter wie bisher und wir haben diesen Schritt nicht bereut.

Es gibt allerdings eine verpasste Chance, von der ich wünschte, wir hätten sie genutzt.

Vor einigen Jahren entdeckten Chuck und ich eine historische Blockhütte im ländlichen Osten von Tennessee, die zum Verkauf stand. Sie hatte ein unglaubliches Potenzial: einen fast vier Meter breiten Steinkamin, einen soliden Kern und einen *unwiderstehlichen Charme*. Man hätte allerdings ebenso viel Arbeit in dieses Projekt stecken müssen. Die Hütte benötigte ein neues Dach, neue Leitungen und Kabel, eine neue Küche und neue Badezimmer sowie ein neues Abflusssystem, um nur einige Punkte zu nennen. Der Bauunternehmer schätzte, dass wir mit einem Minimum von 150.000 Dollar allein für die Grundrenovierungen zu rechnen hatten.

Es war nicht so, dass wir das Geld nicht gehabt hätten. Wir machten uns allerdings Sorgen darüber, dass das Anwesen bei einem eventuellen Wiederverkauf nie so viel wert sein würde, wie wir investiert hatten. Und so schlugen wir nicht zu, obwohl wir uns bis über beide Ohren in diese Blockhütte verliebt hatten.

Was soll ich sagen? Diese Entscheidung schmerzt auch nach vier Jahren noch!

Wir sprechen nach wie vor davon und fragen uns „Was wäre gewesen, wenn ...?" Alle paar Monate suche ich die Hütte online, um zu sehen, ob sie vielleicht wieder zum Verkauf steht. Bisher hatte ich kein Glück. Aber wer weiß, vielleicht ist es ja eines Tages so weit.

Nach der Befragung von mehr als viertausend Teilnehmern stach bei den Ergebnissen der unerbittliche Schmerz des Bedauerns im Vergleich zu allem anderen ganz besonders ins Auge. Das Paar, das sich für eine Abtreibung entschied, weil die beiden Angst hatten, keine guten Eltern zu sein. Die Mutter, die ihren Traum aufgab, noch einmal zu studieren. Der Vater, der es nicht wagte, sein sicheres Einkommen für seinen Traumjob aufzugeben. Die Immobilienmaklerin, die Kunden verlor, weil sie Sorge hatte, zu aufdringlich zu sein.

Es gab so viele ergreifende Geschichten.

Nachdem ich all diese Geschichten von Menschen gelesen habe, die sich von ihrer Angst zurückhalten ließen, bin ich der festen Überzeugung, dass es nichts Schlimmeres gibt, als mit der Tatsache leben zu müssen, dir eine ganz besondere Chance entgehen lassen zu haben.

Denn auch wenn die Angst vor Misserfolg real und greifbar ist, sind die vorübergehenden Konsequenzen einer eventuellen Fehlentscheidung nicht annähernd vergleichbar mit dem langfristigen Gefühl, dass du mehr hättest erreichen können.

Tatsächliche Fehler schmerzen nur kurz und heftig, während Reue dich dein Leben lang begleitet.

Lass das nicht zu! Lass vielmehr zu, dass deine Angst zu bereuen stärker ist als deine Angst zu scheitern. Gehe Risiken ein, damit du dich nicht für den Rest deines Lebens fragen musst: „Was wäre, wenn ...?" Es ist okay, Fehler zu machen. Und wenn es doch einmal etwas gibt, das du bereust: Lass es los und schließe damit ab. Fokussiere dich auf das, was du kontrollieren kannst – die Entscheidungen, die du ab sofort treffen wirst. Wir erinnern uns: Es gibt keine Fehler, nur Lektionen.

Und jeder Zusammenbruch kann zu einem Durchbruch werden.

Kapitel dreizehn
Gleichgewicht wird überbewertet

Weil nicht alles gleichzeitig an erster Stelle stehen kann

Alles wird aus Extremen geboren. Große Kunst wurde aus großem Schrecken geboren, aus großer Einsamkeit, großer Unterdrückung und inneren Spannungen, und immer wirkte sie als Gegengewicht.
Anais Nïn

Ich schicke jedes Jahr einen ausführlichen Fragebogen an unsere Kundinnen und Leserinnen, um herauszufinden, was ihnen gut gefällt und an welcher Stelle wir uns noch verbessern können. In der Regel gibt es auch einige Fragen zum Thema Ziele, und in den letzten Jahren habe ich zudem nach dem Wort gefragt, das die Teilnehmerinnen als ihr „Wort des Jahres" definieren würden.

Möchtest du wissen, welches Wort immer und immer wieder vorkommt, viel öfter als jeder andere Begriff?

Gleichgewicht.

Wir Frauen sehnen uns förmlich danach, so scheint es zumindest.

Es ist diese magische Idee am Horizont, gerade außerhalb unserer Reichweite. Wir sind der Überzeugung, unser fehlendes Gleichgewicht sei der Grund dafür, dass wir nicht das Leben führen, das wir uns wünschen. Wir glauben, wir müssten lediglich eine Art innere Balance finden, um glücklich zu sein.

Und weil wir meinen, wir hätten diesen magischen Zustand des Gleichgewichts noch nicht erreicht, sind wir konstant unzufrieden mit dem, was wir haben. Da ist es völlig gleich, woran wir gerade arbeiten, welches Ziel wir zu erreichen versuchen oder in welcher Lebensphase wir uns momentan befinden. Wir werden ständig von dem Gefühl geplagt, dass unser Leben aus dem Gleichgewicht geraten ist und wir irgendetwas falsch machen, wenn wir uns zu lange mit einer Sache beschäftigen.

Für diejenigen unter uns, die Kinder haben, gibt es für diesen Zustand im englischen Sprachraum sogar ein eigenes Wort.

Mom guilt – was so viel bedeutet wie mütterliche Schuldgefühle.

Es ist dieses Gefühl, unsere Familie im Stich zu lassen oder unseren Kindern auf irgendeine Weise zu schaden, wenn wir den Fokus auf uns selbst richten, uns unserer Karriere widmen oder einen unserer eigenen Träume verwirklichen. (Allerdings musst du nicht zwangsweise Mutter sein, um diese Art von Schuldgefühlen zu erleben.)

Es ist das Gefühl von Schuld, wenn wir „Nein" sagen oder auch nur „Nicht jetzt". Die Gewissensbisse, wenn wir nicht jede Mahlzeit frisch zubereiten oder stundenlang auf Pinterest nach dem besten Rezept für einen kreativen Bento-Box-Snack suchen. Es sind die Schuldgefühle, wenn wir unsere Kinder zwanzig Minuten früher ins Bett bringen, damit wir in Ruhe eine Folge unserer Lieblingsserie auf Netflix gucken können, wenn wir diesen Monat nicht den Klassenausflug beaufsichtigen oder die Leitung des jüngsten Komitees oder der Benefizveranstaltung übernehmen.

Es ist ein allgegenwärtiges Gefühl von Versäumnis, das immer irgendwo im Hinterkopf herumschwirrt. Die. Ganze. Zeit. Diese leise, quengelnde Stimme, die uns ununterbrochen mitteilt, wir sollten mehr tun, mehr lieben, uns mehr einsetzen, mehr geben, mehr helfen, fürsorglicher, präsenter, spiritueller und entschlossener sein.

Diese nervige Stimme, die nicht müde wird, uns einzureden, dass was immer wir auch tun, niemals genug sein wird.

Aber was, wenn diese Stimme lügt?

Was, wenn unsere Vorstellung von unerreichbarem Gleichgewicht gar nicht so erstrebenswert ist, wie wir meinen? Was, wenn es bloß ein Mythos ist, ein Märchen, eine Falle, die uns lediglich davon abhält, unsere Ziele zu verfolgen und zu erreichen?

Was, wenn Gleichgewicht überbewertet wird?

Als Mutter mit einem oft sehr vollen Terminkalender und einem recht anspruchsvollen Job kenne ich diesen inneren Kampf nur allzu gut – ich erlebe ihn so ziemlich jeden Tag. Wie kann ich gleichzeitig eine gute Mutter, Ehefrau und Chefin sein? Wie kann ich mich auf das Wachstum meines Unternehmens konzentrieren und darauf, mein Team zu führen und all die großen Ziele zu erreichen, die ich mir gesetzt habe, ohne dass dies auf Kosten anderer geht? Denn schließlich muss ich auch meine Familie berücksichtigen und kann nicht nur an mich selbst denken. Wie finde ich eine Balance zwischen meinen Wünschen und meinen Verpflichtungen?

Einen Traum zu verwirklichen, ist mit viel Arbeit verbunden. Es erfordert vollen Einsatz und man muss einige Opfer bringen, wenn man Großes erreichen möchte. Es beinhaltet schwierige Entscheidungen und manchmal bedeutet es auch, etwas

Wichtiges und Wertvolles einer anderen ebenso wichtigen und wertvollen Sache vorzuziehen. Außerdem muss man an sich glauben und seinen Entscheidungen und Prioritäten vertrauen, selbst wenn es kein anderer tut.

Das kann manchmal ganz schön schwer sein.

Denn so aufregend es auch ist, einen weiteren Meilenstein auf dem Weg in Richtung Ziel erreicht zu haben, so bleibt doch diese unausgesprochene Frage im Hinterkopf: *Bedeutet die Verfolgung meiner persönlichen Ziele, dass ich egoistisch bin?*

Die Antwort lautet ja ... und nein.

Manchmal müssen wir egoistisch sein, um voranzukommen. Manchmal müssen wir Opfer bringen oder auf ein Ziel verzichten, um ein anderes zu erreichen. Vielleicht stehen diese Ziele im krassen Gegensatz zueinander. Und das ist völlig in Ordnung. So muss es in einigen Fällen eben laufen.

Doch woher wissen wir, wann wir unseren eigenen Weg gehen sollten und wann es besser ist, uns zurückzuhalten? In welchen Situationen ist es in Ordnung, egoistisch zu sein, und wann sollten wir lieber selbstlos handeln? In welchem Fall sollten wir aufs Ganze gehen und wann ist es ratsam, erst einmal einen Probelauf zu machen?

Es ist okay, besessen zu sein

In einer Kultur, in der es um Gleichgewicht und Balance in allen Lebensbereichen geht, bekommt *Besessenheit* einen negativen Beigeschmack. Uns wird beigebracht, dass es nicht gut ist, sich zu lange oder zu intensiv mit einer einzigen Sache zu beschäftigen oder all unsere Energie und Bemühungen auf lediglich einen einzelnen Lebensbereich zu fokussieren. Wir sollten

nicht zu viel arbeiten, zu hart trainieren oder zu lange üben. „Alles in Maßen" – so lautet die Devise.
Aber stimmt das wirklich?
Ich glaube nicht.
Einzig eine gewisse Besessenheit lässt uns Großes erreichen.

Die weltbeste Literatur, Musik, Kunst und das köstlichste Essen, die erfolgreichsten Firmen und Erfindungen, die bahnbrechendsten wissenschaftlichen Entdeckungen und die unglaublichsten sportlichen Erfolge waren fast ausnahmslos das Ergebnis unerbittlichen Strebens. Die erfolgreichsten Geschäftsführer, Künstlerinnen, Wissenschaftler, Sportlerinnen und Entertainer sind schon immer diejenigen gewesen, die willens waren, Opfer zu bringen und zugunsten ihrer Ziele auf Gleichgewicht zu verzichten.

Es ist immer das Gleiche: jahrelange Übung, intensiver Einsatz, persönliche Opfer, unerschütterliche Zielverfolgung. Ich möchte behaupten, dass hinter jeder nennenswerten Leistung jemand steht, der besessen war.

Ich gehe ebenfalls davon aus, dass noch mehr dahintersteckt als reine Besessenheit. Für die meisten dieser Menschen ist ihr Antrieb nicht nur aus Leidenschaft oder dem Wunsch nach Erfolg entstanden, sondern auch aus einem starken Streben nach Sinn – dem Bedürfnis, in dieser Welt einen Beitrag zu leisten, der größer ist als sie selbst. Es handelt sich um ihre Berufung.

Als Christin glaube ich daran, dass Gott uns dazu auffordert, unsere einzigartigen Gaben, Stärken und Talente bestmöglich zu nutzen. Ich bin außerdem davon überzeugt, dass unsere großen Ziele – die, die Angst und Begeisterung in uns wecken – von ihm für uns ausgewählt wurden. Das bedeutet meiner Meinung nach, dass wir einen großen Fehler machen, wenn wir nicht wie Besessene unsere Fähigkeiten nutzen, unsere großen Ziele verfolgen und gemäß unserer Berufung leben.

Unsere Bestimmung ist es nicht, nach Gleichgewicht zu streben, sondern den Sinn unseres Lebens zu finden.

Was denkst du also, würde passieren, wenn du ganz ohne Schuldgefühle aufs Ganze gehst? Was würde sich verändern, wenn du die utopische Suche nach innerer Balance aufgeben und dir stattdessen erlauben würdest, wie besessen deine Ziele zu verfolgen und deine Träume zu verwirklichen? Was würde dies für deine aktuelle Situation bedeuten? Was müsste sich ändern?

Keine Lebensphase dauert ewig

Ist dir schon einmal aufgefallen, dass wir Menschen in der Regel mit einem Tunnelblick durchs Leben gehen, ganz egal, in welcher Lebensphase wir uns gerade befinden? Wir interessieren uns für nichts anderes, sehen nichts anderes und konzentrieren uns auf nichts anderes als die aktuelle Situation. Dadurch fühlt es sich so an, als sei der aktuelle Zustand in Stein gemeißelt und damit unveränderlich.

Als ich um die zwanzig Jahre alt und Single war, drehte sich mein Leben ausschließlich um lange Wanderungen mit meinem Hund, gemeinsame Abende und Campingausflüge mit Freunden oder Footballspiele an den Wochenenden. Es stand mir völlig frei zu tun, was ich wollte und wann ich es wollte. Ich kam damals nie auf die Idee, dass sich dieser Zustand jemals ändern könnte.

Frisch verlobt, lebte ich ausschließlich für die Hochzeitsvorbereitungen. Ich las unzählige Hochzeitsmagazine, sah mir entsprechende Fernsehsendungen an und verbrachte zahllose Stunden damit, den perfekten Tag zu planen: das Kleid, das Essen, die Blumen, der Kuchen, die Musik, die Geschenke, ... Es war praktisch ein Vollzeitjob! Dann sagten wir „Ich will" und plötzlich war all das vorbei.

Die Schwangerschaft war wieder eine neue Lebensphase, voll von Erwartungen, Sorgen, Begeisterung und neuen Fernsehsendungen, diesmal rund ums Thema Geburt und Familie. Ich verbrachte meine Tage damit, Bücher zu lesen, immer wieder meinen Geburtsplan umzuschreiben und jeden einzelnen Aspekt meiner Schwangerschaft in dem bereits erwähnten, manchmal hochdramatischen Forum *BabyFit* zu diskutieren.

Das tatsächliche Muttersein verwandelte die Schwangerschaft in eine blasse Erinnerung, und jede einzelne Lebensphase brachte seither ihre eigenen Anforderungen mit sich, von den schlaflosen Nächten der Babyjahre über die Zeit mit niedlichem Kleinkind bis hin zum manchmal weniger zauberhaften (dafür wesentlich unabhängigeren) Abschnitt der Vorpubertät. Als Nächstes werde ich es mit richtigen Teenagern zu tun bekommen, aber ich bin mir sicher, dass auch diese Phase sehr bereichernd werden wird.

Auch als Unternehmerin habe ich viele unterschiedliche Stadien durchlebt. Es gab schwierige Zeiten, in denen ich wie eine Verrückte arbeiten musste, um vorwärtszukommen. Das wiederum bedeutete für mich: kaum Schlaf, eine Arbeitswoche von mindestens achtzig Stunden und unzählige Versuche, um herauszufinden, was funktionierte und was nicht.

Es gab kreative und erfolgreiche Phasen, in denen ich meinen Fokus auf das Schreiben eines Buches oder die Schaffung von etwas Neuem legte. Es gab Zeiten von Konstruktion und Wachstum, während derer ich lernte, Systeme zu entwickeln und ein Team auf die Beine zu stellen. Und es gab Phasen voller Frustration und Verzweiflung, in denen so ziemlich alles schiefging, was schiefgehen konnte.

Momente kommen und gehen – in der Ehe ebenso wie bei Freundschaften, bei der Arbeit, in der Freizeit und allen anderen Aspekten unseres Lebens. Es gibt Zeiten voller Hoffnung und solche, in denen wir verzweifelt sind. Es gibt geschäftigere und ruhigere Phasen, produktive und solche, in denen wir das Gefühl haben, nichts auf die Reihe zu bekommen. Momente voller Sehnsucht und Augenblicke völliger Zufriedenheit.

Keine Lebensphase, weder eine gute noch eine schlechte, dauert ewig.

Das ist eine wichtige Lektion, die wir uns immer wieder vor Augen führen sollten. Denn diese Tatsache erinnert uns daran, dass wir uns keineswegs schuldig fühlen müssen, wenn wir den Zustand innerer Balance nicht erreichen. Die natürliche Vergänglichkeit bedeutet, dass wir immer ein wenig aus dem Gleichgewicht geraten werden, je nachdem, in welcher Phase unseres Lebens wir uns gerade befinden. Die Zeiten ändern sich, und mit ihnen unsere Sicht auf das, was wirklich zählt.

Es kann nicht alles gleichzeitig Priorität haben

Diese Vergänglichkeit mag in der Theorie zwar nachvollziehbar sein, jedoch bringt die vergleichsweise kurze Dauer jeder einzelnen Phase das Gefühl mit sich, dass alles in unserem Leben das gleiche Gewicht und das gleiche Maß an Aufmerksamkeit erhalten muss. Wir haben den Eindruck zu *versagen,* wenn wir nicht zu jeder Zeit in allen Bereichen unseres Lebens alles vollständig unter Kontrolle haben.

Was für eine dicke *Lüge,* die wir uns da selbst auftischen!

Denn am Ende ist nichts wirklich wichtig, wenn wir alles als gleichermaßen wichtig erachten. Wenn wir dauernd versuchen, allem dieselbe Aufmerksamkeit zu schenken, verlieren wir den Blick für das, was wirklich *zählt*. Es kann und sollte nicht immer alles gleich wichtig sein. Wenn wir dennoch versuchen, einen Zustand der perfekten Balance zu erreichen, dann stellen wir uns selbst vor eine unerfüllbare Aufgabe.

Manchmal haben wir den Eindruck, dass Erfolg in einem Bereich unweigerlich mit Verlust in einem anderen einhergeht. Was wir nicht begreifen, ist, dass dies völlig normal und in Ordnung ist. Manchmal sollten wir ganz bewusst eine Sache schleifen lassen, um uns auf eine andere konzentrieren zu können. Denn die Alternative wäre eine allumfassende, aber lediglich mittelmäßige Perfektion.

Das klingt nicht allzu verlockend.

An dieser Stelle kommen unsere großen Ziele ins Spiel. Sie zeigen uns, was wirklich wichtig ist, und helfen uns dabei, die Bereiche zu priorisieren, die am dringendsten unsere Zeit und Aufmerksamkeit benötigen. Sie sind ein Wegweiser, der unseren Fokus lenkt und uns zeigt, welche Aktivitäten lediglich Zeitverschwendung sind.

Es ist dieser Aspekt der „Zeitverschwendung", der besonders wichtig und manchmal gleichermaßen schwierig ist, besonders für diejenigen unter uns, die denken, sie müssten immer alles im Griff haben. Wie alles im Leben benötigt auch das Unterscheiden von nützlichen und unnützen Aktivitäten ein gewisses Maß an Übung. Wir müssen uns angewöhnen, uns unsere großen Ziele regelmäßig vor Augen zu führen, sie in kleinere Teilschritte zu zerlegen und unsere Prioritäten entsprechend anzupassen.

Sich die Zeit zu nehmen, zu erkennen, was bezüglich unserer großen Ziele wirklich von Bedeutung ist, und unsere Prioritäten entsprechend festzulegen, ist ein wesentlicher Schritt. Es ist etwas, das regelmäßig geübt werden und zu einer Aufzählung der Dinge führen sollte, die dir wirklich am Herzen liegen – eine Art Liste, die du stets bei dir tragen und auf die du dich beziehen kannst, wann immer das Leben dich auf die Probe stellt. Diese Liste ist deine greifbare Erinnerung daran, dass nicht alles gleichermaßen wichtig ist.

Niemand kann alles gleichzeitig schaffen. Wer dir das Gegenteil erzählt, ist höchstwahrscheinlich ein Lügner. Der Tag hat dafür einfach nicht genügend Stunden. Jedem stehen vierundzwanzig Stunden zur Verfügung, was bedeutet, dass wir, egal, was wir im Leben tun, immer mit Entscheidungen konfrontiert werden.

Wie stellen wir also sicher, dass wir den richtigen Weg einschlagen? Wie erkennen wir, ob wir die Prioritäten richtig gesetzt haben? Letztendlich bin ich der Meinung, dass wir alle „unfertige Produkte im Bearbeitungsprozess" sind, die sich einer ständigen Neubewertung und Selbstreflexion unterziehen müssen. Doch es gibt einige Strategien, die mir auf diesem Weg sehr geholfen haben und von denen du ebenfalls profitieren kannst.

Finde dein Warum. Darauf läuft es letztendlich immer wieder hinaus, richtig? Zielsetzung allein reicht nicht aus; wir müssen wissen, weshalb diese Ziele uns so viel bedeuten. Denn wenn du dein Warum nicht kennst, dann werden deine Beweggründe die Opfer, die du auf dem Weg bringen musst, möglicherweise nicht ausreichend rechtfertigen.

Was sind deine Absichten? Was treibt dich an? Fühlst du dich zu diesem Ziel berufen? Lohnt es sich, dafür Opfer zu bringen? In Kapitel sechzehn werden wir noch ausführlicher darüber sprechen, wie genau wir unser Warum finden können, aber es lohnt sich bereits jetzt, sich diese Frage zu stellen.

Ziehe deinen Partner oder deine Kinder hinzu. Das mag nicht immer leicht sein, und dennoch ist es wichtig, offen mit den

Menschen ins Gespräch zu kommen, denen gegenüber du dich schuldig fühlst, sie möglicherweise vernachlässigt zu haben.

Ich bin jemand, der es mag, das Sagen zu haben und andere herumzukommandieren. Mein Mann dagegen hat nicht das Bedürfnis, anderen zu sagen, was sie tun sollen. In all den Jahren unserer Ehe habe ich erkannt, dass er zwar nicht zum Führen geboren, dafür aber unglaublich weise ist. Ich habe gelernt (und bin nach wie vor dabei, es zu begreifen), dass er viele Fähigkeiten hat, die mir dabei helfen können, meine Träume zu verwirklichen. Niemand kennt mich so gut und niemand wünscht sich meinen Erfolg so sehr wie er. Außerdem ist mein Ehemann der Einzige, der die spezifischen Bedürfnisse unserer Familie kennt und dem unsere Kinder genauso am Herzen liegen wie mir.

Nichts ist so wertvoll wie gut gemeinte Unterstützung, und die Menschen, die dir am nächsten stehen, sind vermutlich die Einzigen, die dir ganz ehrlich sagen können, ob du auf dem richtigen Weg bist. Und du bist es ihnen schuldig, dann zuzuhören.

Nutze deine Zeit. Die Erfüllung eines Traums könnte bedeuten, dass du mehr Zeit fernab deiner Familie verbringst, als dir lieb ist. Aus diesem Grund solltest du die gemeinsame Zeit umso mehr genießen. Widme deinem Partner und deinen Kindern deine volle Aufmerksamkeit, wann immer ihr beisammen seid. Schalte dein Mobiltelefon und deinen Computer aus, verbanne alles, was dich ablenken könnte, und fokussiere dich voll und ganz auf den gemeinsamen Moment. Nimm dir ganz bewusst Zeit, die ausschließlich für deine Familie bestimmt ist.

Sei außerdem vorsichtig, dass du nicht aufgrund mütterlicher Schuldgefühle deinen Kindern alles erlaubst oder unnütze Dinge kaufst, um deine Abwesenheit wiedergutzumachen. Mehr Besitz kann keine fehlende Zeit ausgleichen, und zu versuchen, gegenüber unseren Kindern in die Rolle einer Freundin zu schlüpfen und nicht länger ein Elternteil zu sein, wird auch nicht funktionieren.

Untersuchungen haben ergeben, dass es ab einem Alter von drei Jahren nicht länger die Anzahl der Stunden von Bedeutung ist, sondern die Qualität der gemeinsamen Zeit.[8] Also nutze sie.

Höre auf, dich mit anderen zu vergleichen. Es ist leicht, sich einzureden, dass die eigenen Freundinnen ein besseres und erfolgreicheres Leben führen als du selbst. Wir sehen zu, wie sie jeden Morgen in aller Frühe ganz vorbildlich zur Arbeit fahren, perfekt gestylt in maßgeschneiderten Kostümen oder in Designer-Pumps. Während sie kontinuierlich die Karriereleiter erklimmen, sitzen wir in fleckiger Jogginghose auf dem Sofa. Unsere Freundinnen wiederum würden alles dafür geben, zu Hause bleiben und Zeit mit ihren Kindern verbringen zu können. Sie leiden unter der Angst, die wirklich wichtigen Dinge im Leben zu verpassen.

Sich mit anderen zu vergleichen, führt lediglich zu Selbstzweifeln – also lass es besser gleich. Du gehst deinen eigenen Weg und führst dein eigenes Leben, nicht das einer anderen.

Kontrolliere deine Entscheidungen. Jede Aktion hat Konsequenzen, und jedes Mal, wenn wir eine Sache auswählen, entscheiden wir uns gleichzeitig *gegen etwas anderes*. Wenn du in deinem tiefsten Inneren spürst, dass du zu etwas berufen wurdest, verschwende keine Zeit damit, die Dinge zu bereuen, die du *nicht* tun kannst. Lerne zu akzeptieren, dass du auf einige Dinge verzichten musst, wenn du dich dazu entschließt, deine Träume zu verwirklichen.

Und das ist völlig in Ordnung.

Denn niemand kann alles tun, aber jeder kann Frieden schließen mit seinen Entscheidungen. Das muss am Ende reichen.

Glaube mir: Gleichgewicht wird überbewertet. Es kann nicht alles gleichzeitig an erster Stelle stehen.

Kapitel vierzehn
Bleibe am Ball

Weil nichts so wirksam ist wie Beharrlichkeit

> *Nichts auf der Welt geht über Beharrlichkeit. Talent nicht – es wimmelt von gescheiterten Existenzen mit Talent. Genie nicht – das verkannte Genie ist ein geflügeltes Wort. Erziehung nicht – die Welt ist voll von gut erzogenen Versagern. Zielstrebigkeit und Ausdauer allein verbürgen den Erfolg.*
> Calvin Coolidge

Im Alter von dreiundzwanzig Jahren war ich mir sicher, mein Leben vollends ruiniert zu haben. Zu diesem Zeitpunkt litt ich bereits seit zwei Jahren an starken Depressionen, und ich spreche hier nicht von einer Art bedrückter Stimmung, die aufkommt, wenn man sich *Magnolien aus Stahl* ansieht und die mithilfe von Antidepressiva behoben werden kann. Ich spreche vom vollen Programm, vom absoluten Tiefpunkt.

Meine offizielle Diagnose lautete: schwere Depression mit posttraumatischer Belastungsstörung.

Ich war unfähig, mich mit den Erinnerungen an den sexuellen Missbrauch in meiner Kindheit auseinanderzusetzen und zu akzeptieren, dass ich den falschen Mann geheiratet hatte und nun in einem Leben feststeckte, das ich nicht wollte. Ich entschied für mich, dass das Leben keinen Sinn hatte, dass es keinen Gott gab und dass Selbstmord die einzig sinnvolle Lösung war.

Nach mehreren Fehlversuchen war ich beim dritten Mal beinahe erfolgreich. Feuerwehrmänner traten die Tür zu meiner Wohnung ein, um mich rauszuholen. Im Krankenhaus angekommen, blieb mein Herz stehen. Die Ärzte schoben mir einen Beatmungsschlauch in den Hals und riefen meine Eltern an, sie sollten herkommen und sich verabschieden.

Doch ich bin nicht gestorben.

Stattdessen schickte man mich in eine psychiatrische Klinik, in der ich endlose Stunden in Gruppen- und Einzeltherapie, Wuttherapie, kognitiver Verhaltenstherapie und in Traumatherapie verbrachte. In den Pausen beschäftigte ich mich mit existenzieller Philosophie und freundete mich mit anderen Patienten an, von denen ich wichtige Überlebenstipps bekam, zum Beispiel wie man seine Medikamente mit der Zunge zerdrückt, wo man am besten Schmuggelware versteckt und wie man das „Sicherheits"-Feuerzeug im Raucherraum bedient – was mich tatsächlich nur lehrte, dass Kettenrauchen die einfachere Lösung war.

Nach meiner Zeit im Krankenhaus ging es für mich seelisch nur noch tiefer bergab. Ich fing mit dem Ritzen an und als das nicht mehr schmerzhaft genug war, machte ich mit Verbrennen weiter. Ich rasierte mir den Kopf, ließ mir Nase und Augenbrauen piercen und mehrere Tattoos stechen. Als auch das nicht ausreichte, begab ich mich in immer riskantere Situationen: unkontrolliertes Trinken, Experimente mit Drogen und Sex, mindestens zwei Packungen Zigaretten am Tag und unzählige Prügeleien. Ich kaufte mir mit einem ungedeckten Scheck ein Zelt und lebte eine Zeit lang überall und nirgendwo entlang der Westküste, bis ich irgendwann in Arizona landete und bei einem sehr launischen lesbischen Pärchen unterkam.

Ich war ein *Wrack*.

Doch es war mir egal. Ich interessierte mich weder für meinen Zustand noch für irgendetwas anderes. Ich wollte lediglich aufhören zu fühlen, und ich tat alles, was in meiner Macht stand, um den inneren Schmerz zu übertönen.

Ich muss dir nicht sagen, dass die Selbstzerstörung keinesfalls half, und nach einem weiteren Selbstmordversuch landete ich erneut in der Psychiatrie. Die Ärzte versuchten es dieses Mal gar nicht erst mit Medikamenten, sondern gingen direkt zur Elektroschocktherapie über. Als auch das keine nennenswerten Ergebnisse zeigte, gaben sie es ganz auf, schickten mich nach Hause und überließen mich meinem Schicksal.

Und so war ich im zarten Alter von dreiundzwanzig geschieden, bankrott und an meinem persönlichen Tiefpunkt angelangt.

Ich hatte keinen Job, kein Geld, keinen Abschluss und keine Hoffnung. Ich sah aus wie ein Zombie – meine Arme und Beine waren voller Narben vom Ritzen und Brennen – und ich hatte so gut wie alle Menschen verloren, die sich je für mein Wohlergehen interessiert hatten. Es ist nicht einfach, mit depressiven Menschen zurechtzukommen. Und obwohl meine Freunde und meine Familie lange Zeit versucht hatten, für mich da zu sein und mich zu unterstützen, hatten auch sie irgendwann aufgegeben.

Ich mache ihnen deshalb keine Vorwürfe, ich hätte es an ihrer Stelle genauso gemacht.

Ich zog bei meinem Vater ein. Nicht, weil er es gern so wollte, sondern weil ich keine andere Option hatte. Für mehrere Monate lag ich den ganzen Tag nur im Bett, bis er es nicht mehr aushielt. Er überredete mich dazu – eigentlich bestach er mich sogar –, mehrmals die Woche ein wenig Sport zu treiben, was ich so halbherzig tat wie nur möglich. Ich ging für dreißig Minuten aufs Laufband und anschließend auf direktem Weg zurück ins Bett. Doch es zeigte tatsächlich seine Wirkung. Diese dreißig Minuten, in denen ich buchstäblich einen Fuß vor den anderen setzte, machten schließlich den Unterschied. Die dunklen Wolken der Depression, die eine gefühlte Ewigkeit über mir gehangen hatten, begannen, sich zu lichten – langsam, aber stetig.

Ich fand eine neue Therapeutin und sagte zu ihr: „Ich habe die vergangenen zweieinhalb Jahre nur darüber geredet, was mir in meinem Leben Schlechtes widerfahren ist. Das möchte ich nicht mehr. Es hat nicht geholfen, und jetzt will ich bloß wissen, wie ich wieder normal leben kann."

Im Laufe der nächsten zwei Jahre half sie mir dann dabei, genau das herauszufinden. Einen Fuß vor den anderen zu setzen und mein Leben wieder in die Hand zu nehmen. Ich fand eine Wohnung und einen Teilzeitjob, anschließend einen noch besseren Vollzeitjob. Ich adoptierte einen Hund, eine vollkommen verrückte, schokoladenbraune Labrador-Dame namens Lita, die so viel Energie hatte, dass ich gezwungen war, mehrere lange Spaziergänge am Tag zu machen. Ich fand neue Freunde, die zur Abwechslung nicht psychisch krank, sondern ganz normale Mitglieder der Gesellschaft waren, und begann damit, an meinen zerbrochenen Beziehungen zu alten Freunden und meiner Familie zu arbeiten. Ich genoss mein Leben als Single, ging an den Wochenenden wandern und zelten, bis ich mich schließlich doch wieder mit Männern traf. Ich holte mein Abitur nach und bewarb mich für das Jurastudium.

Meine Therapeutin zeigte mir, dass jeder kleine Fortschritt zum nächstgrößeren führte, und sie machte mir klar, dass ich nicht alle Lebensbereiche gleichzeitig unter Kontrolle haben musste. Ich musste lediglich am Ball bleiben. Wenn ich dazu fähig war, eine zweijährige Depression zu überwinden, dann konnte ich so ziemlich alles schaffen.

Ich musste bloß weitermachen.

Es gab keinen magischen Moment, in dem mein Leben plötzlich leicht und sorgenfrei wurde, und mein mentaler Zusammenbruch sollte nicht der letzte innere Kampf gewesen sein, den ich führen würde. Ich begann ein Jurastudium, nur um acht Monate später festzustellen, dass es nichts für mich war. Ich probierte viele weitere Richtungen aus, und es brauchte mehrere Jahre, bis ich zu Gott zurückfand und zu dem Weg, den er für mich vorgesehen hatte.

Unterwegs begegnete ich vielen Herausforderungen und Schwierigkeiten. Ich habe Herzschmerz und Betrug, Rückschläge und Misserfolge, schwere Verluste und bittere Enttäuschungen, gesundheitliche und finanzielle Probleme, zerbrochene Freundschaften und Familiendramen erlebt.

All das gehört zum Leben dazu.

Niemand bekommt einen Freifahrschein oder die Garantie für eine angenehme, schmerzfreie und problemlose Reise. Meine Geschichte ist vielleicht wesentlich traumatischer als manch andere, doch sie ist ebenfalls weit weniger traumatisch als viele andere. Es gibt so viele Menschen, die unter weitaus schwierigeren Umständen viel größere Hindernisse überwinden und sich viel größeren Problemen stellen mussten. Und ich bin mir sicher, dass in der Zukunft noch viele weitere Hürden, Widrigkeiten und Rückschläge auf mich warten – ebenso wie auf dich.

Schwierigkeiten sind Teil des Lebens.

Es kommt lediglich darauf an, was du daraus machst.

Das Einzige, das du kontrollieren kannst

Die Morgenroutine unter der Woche bei den Soukups ist wahrlich kein schöner Anblick.

Ganz egal, wie früh der Wecker klingelt oder wie viel wir bereits am Abend zuvor vorbereiten – Butterbrote schmieren, Hausaufgaben erledigen, Klamotten raus- und Schultaschen neben der Haustür bereitlegen –, die halbe Stunde zwischen 7:30 Uhr und 8:00 Uhr artet stets in Chaos, Streit und Tränen aus.

Der Grund für dieses Durcheinander ist kein Geheimnis. Es ist meine jüngere Tochter Annie, die scheinbar absolut kein Gefühl für Dringlichkeit hat und nicht dazu fähig ist, sich zu beeilen. Sie braucht eine ganze Dreiviertelstunde, um ihren Toast mit Ei zu essen, trägt Kleidung, die nicht zusammenpasst (was eine Kunst ist, da sie in der Schule *Uniformen* tragen), weigert sich, ihre Haare zu kämmen oder die Bluse in den Rock zu stecken, nur um dann mit einem Schuh in der Hand herumzulaufen, in der Hoffnung, niemand bemerke, dass sie eigentlich ihr Zimmer aufräumen sollte, bis ihre Schwester schließlich die ganze Arbeit erledigt.

Was uns als Eltern noch viel mehr auf die Palme bringt, ist die Tatsache, dass sie scheinbar gegen jegliche Art von Schimpfen, Bitten, Schmeicheln oder Strafandrohung immun ist. Sie macht sich absolut keine Sorgen über ein eventuelles Zuspätkommen und lässt sich von all dem Stress und der Hektik um sie herum nicht im Mindesten beeindrucken. Es interessiert sie einfach nicht. Selbstbewusstsein ist ihre größte Stärke und Kritik perlt an ihr ab wie Wasser an einer Ente. Es wäre vermutlich eine lustige Situation, wenn es nicht so verdammt ärgerlich wäre.

Es ist nicht verwunderlich, dass der Großteil des Ärgers und der Frustration aufseiten meiner älteren Tochter Maggie zu finden ist, die am meisten unter dem Verhalten ihrer Schwester leidet. Maggie kommt gern ein wenig früher in die Schule, damit sie vor dem Unterricht noch mit ihren Freundinnen quatschen kann, und sie ist von Natur aus verantwortungsbewusst, organisiert und so gut wie immer pünktlich. Sie ist oft schon um 7:30 Uhr fertig und verbringt den Rest des Morgens damit, ihrer Schwester Beine zu machen.

Es ist so gut wie jeden Morgen dieselbe Szene, die sich bei uns zu Hause abspielt, eine Art private Version von *Und täglich grüßt das Murmeltier*. Annie trödelt. Maggie wird immer wütender. Es wird gebrüllt und geweint, Türen werden geknallt. Außerdem gibt es in der Regel eine Menge Liegestütze, unsere bevorzugte „Strafe". Ich übertreibe nicht, wenn ich sage, dass die Kleine mittlerweile so fit ist, dass sie problemlos dreißig Liegestütze am Stück machen kann!

Mehr als einmal ist Maggie ganz aufgelöst zu mir gekommen, mit einem Level an Frustration, der nur bei einem Streit zwischen Geschwistern erreicht werden kann.

„Warum muss Annie so nervig sein? Sie ist so unglaublich faul! Wir kommen schon wieder zu spät! Wieso muss ich darunter leiden? Das ist nicht fair!"

Und Maggie hat absolut recht. Es ist ganz und gar nicht fair. Annie hat sehr viele positive Eigenschaften, aber morgens in die Gänge zu kommen ist (noch) keine davon, und die meisten der morgendlichen Katastrophen gehen zu hundert Prozent auf ihr Konto. Als liebende Mutter habe ich nach wie vor die Hoffnung, dass dies nur eine Phase ist, aus der sie irgendwann herauswächst. Aber momentan ist das die Realität, der wir uns stellen müssen.

Oder um es mit den Worten zu sagen, mit denen ich auch Maggie die Situation zu erklären versuche: Das Leben ist nicht immer fair.

„Mein Liebling, das Einzige, das du kontrollieren kannst, bist du selbst. Ich weiß, das ist nicht fair, aber manchmal ist das eben so. Du kannst dir das Verhalten deiner Schwester nicht aussuchen, aber du kannst selbst entscheiden, wie du darauf reagierst. Wenn du zulässt, dass die Situation deinen Tag ruiniert, dann schadet das nicht ihr, sondern dir."

Das ist ein ziemlich harter Brocken für eine Zwölfjährige.

Und für Erwachsene ist diese Lektion mindestens genauso schwierig zu lernen.

Jedem von uns passieren von Zeit zu Zeit unangenehme Dinge, und nicht immer sind wir unbedingt selbst dafür verantwortlich. Es wird Menschen geben, die dich schlecht behandeln oder dich ausnutzen. Es wird viele miese Situationen geben, an denen du absolut nichts ändern kannst. Letzten Endes ist das Einzige, was du in solch einem Fall kontrollieren kannst, deine Reaktion auf die Dinge. Lässt du dir den Tag, die Woche oder dein Leben dadurch verderben? Oder entscheidest du dich dazu, dich davon unabhängig zu machen?

Bitterkeit, Wut und Groll führen lediglich zu noch mehr Unzufriedenheit. Es ist, als würdest du Gift trinken und hoffen, dass dein Gegenüber davon stirbt. Ich nehme das Ergebnis vorweg: Das wird er nicht!

Also übernimm die Verantwortung für das Einzige, was du kontrollieren kannst – dich selbst. Denn sogar unter den schlimmsten Umständen hast du noch eine Wahl. Lass das Verhalten und die Einstellungen anderer nicht deine eigenen Gefühle und Handlungen beeinflussen. Lass dir nicht die Kontrolle darüber nehmen, wie du reagierst. Du kannst dich für Freude, Glück und Vergebung entscheiden und dafür, negative Situationen bewusst hinter dir zu lassen.

Das kann dir keiner nehmen, es sei denn, du lässt es zu.

Im Kampf liegt Freude

Wenn uns etwas Unerwartetes aus der Bahn wirft, sind wir oft völlig überrumpelt. Vor lauter Überraschung sind wir dann umso schneller entmutigt und niedergeschlagen. Wir konnten uns mental nicht darauf vorbereiten und wissen deshalb nicht, wie wir mit dem riesigen Hindernis umgehen sollen, das sich uns plötzlich in den Weg gestellt hat.

Ich kann dir sagen, dass in deinem Leben mit Sicherheit das eine oder andere Mal etwas misslingen wird.

Wir haben vermutlich alle schon von Murphys Gesetz gehört: „Alles, was schiefgehen kann, wird auch schiefgehen." Dennoch sind wir aus irgendeinem Grund nach wie vor überrascht, enttäuscht, verwirrt oder wütend, wenn die Dinge sich nicht exakt so entwickeln, wie wir es erwartet haben, wir einen Fehler machen oder auf ein Hindernis stoßen.

Wir denken: „So war das nicht geplant!" – und versinken im Selbstmitleid.

Aber warum sind wir so erstaunt?

Schlimme Dinge werden passieren. Dinge werden schiefgehen. Wir werden Fehler machen, wieder und wieder. Wir werden unsympathischen Menschen begegnen. Unfälle und Tragödien werden aus dem Nichts kommen. Hindernisse werden auftauchen. Der einzige Weg, wie wir der Opferrolle entkommen können und den äußeren Umständen nicht länger hilflos ausgeliefert sind, ist, *aufzuhören zu erwarten, dass alles perfekt laufen wird* – denn es werden Dinge schiefgehen!

Wir müssen aufhören, uns einzureden, dass der gerade und ebene Weg der einzig richtige ist, und uns dafür zu bemitleiden, dass wir eben nicht auf ihm wandeln, denn dieser perfekte Weg existiert in Wirklichkeit gar nicht.

Leid und Schmerz sind kein Spaß. Niemand wünscht sich Probleme oder Schwierigkeiten oder noch mehr Herausforderungen in seinem Leben. Wir sind von Natur aus keine großen Fans von Unglück und Misserfolgen und wünschen uns auch nicht heimlich die nächste Tragödie oder ein wenig Herzschmerz. Wir würden am liebsten überhaupt nicht traurig, wütend, entmutigt oder aufgebracht sein.

Wenn wir auf unsere glücklichsten Momente zurückblicken, werden die meisten von uns trotzdem mit großer Sicherheit feststellen, dass sie oft in direkter Verbindung mit irgendeiner Art von Anstrengung standen. Die Dinge, auf die wir besonders stolz sind, sind die, für die wir kämpfen mussten!

Der Reiz, einen Marathon zu absolvieren, ist eng verbunden mit den Schmerzen, die das Laufen von rund zweiundvierzig Kilometern mit sich bringt. Er ist verbunden mit den Monaten anstrengenden Trainings, die für die Vorbereitung auf diesen einen Glücksmoment nötig waren – all den Blasen, dem Muskelkater, all den Wochenenden, die man mit Laufen verbrachte, anstatt gemütlich auf dem Sofa zu faulenzen.

Das Gefühl von Stolz, wenn man endlich sein Diplom in den Händen hält, ergibt sich aus jahrelangem intensivem Lernen – den schlaflosen Nächten, die man mit der Vorbereitung auf die Abschlussprüfungen verbrachte, den verzweifelten Bemühungen, irgendwelche wichtigen Methoden und Konzepte zu begreifen, ganz zu schweigen von all der Zeit und dem Geld, das man investiert hat.

Die Zufriedenheit mit dem eigenen, erfolgreichen Unternehmen entsteht hauptsächlich durch all den Schweiß und die Tränen, die zweifellos in dieses Vorhaben geflossen sind – den Stress, die scheinbar endlosen Arbeitsstunden, die Angst, es niemals schaffen zu können, sowie die Ungewissheit, die unweigerlich durch große Risiken und unbekannte Gefilde entsteht.

Das Glück, das Kinder mit sich bringen, ist immer auch mit ihrer Erziehung und der damit einhergehenden Erschöpfung verbunden – schlaflose Nächte, in denen wir uns um den Säugling kümmerten, die erduldeten Wutanfälle im Kleinkindalter, die Hormonschwankungen als Teenager und die schier endlosen Taxifahrten, Butterbrote, Wäscheladungen und Hausaufgaben, zwischendurch unterbrochen von Migräne.

Sorgen, Schmerz und Unglück sind keineswegs schön, aber sie machen uns zu reiferen Menschen. Durch sie lernen wir, stärker, weiser, vorsichtiger, geduldiger und rücksichtsvoller zu sein. Aus ihnen entsteht oft Wunderbares, auch wenn es sich in der Situation selbst nicht unbedingt so anfühlt. Jeder Zusammenbruch kann zu einem Durchbruch werden. Und auch, wenn wir nie vorher wissen können, welche Art von Hindernis sich uns in den Weg stellen wird oder mit welchem Problem wir als Nächstes zu kämpfen haben werden, so können wir doch sicher sein, dass irgendetwas auf jeden Fall schiefgehen wird. Solange wir diese Unebenheiten entlang des Weges als einen wesentlichen Teil des Prozesses akzeptieren, wird es uns um ein Vielfaches leichter fallen, sie zu verkraften.

Wir können das Beste aus ihnen machen und als ein stärkerer Mensch aus den Stürmen unseres Lebens hervorgehen.

Ein Schritt nach dem anderen

In ihrem Buch *Grit* erklärt die Psychologin Angela Duckworth, dass Biss – eine Mischung aus Leidenschaft und Ausdauer – wesentlich wichtiger ist als reines Talent, wenn es darum geht, ein erfolgreiches Leben zu führen.[9] Überflieger sind demnach nicht unbedingt diejenigen mit dem größten Talent, sondern die, die am härtesten arbeiten.

Wir mögen uns benachteiligt fühlen, weil wir nicht dieselben Chancen und Möglichkeiten hatten wie andere oder weil wir es im Leben wesentlich schwerer hatten. Vielleicht haben wir das Gefühl, nicht so klug, begabt oder gut vernetzt zu sein wie die Menschen um uns herum. Letztendlich ist aber nichts von dem so wichtig wie unser Wille, am Ball zu bleiben und weiterzumachen. Einen Fuß vor den anderen zu setzen, einen Schritt nach dem anderen zu tun und niemals aufzugeben.

Manchmal gibt es für uns nur Schwarz oder Weiß. Entweder wir sind klug oder wir sind es nicht. Entweder haben wir es drauf oder eben nicht. Wir sind entweder mutig oder ein Angsthase. Carol Dweck bezeichnet diesen Zustand als „festgelegtes Bild" – die Überzeugung, unsere Fähigkeiten seien in Stein gemeißelt.[10] Wenn wir die Welt aus der Perspektive dieses festgelegten Bildes betrachten, dann gibt es keinen Grund dafür, sich noch mehr anzustrengen. Denn das würde lediglich unterstreichen, wie unfähig wir tatsächlich sind.

Es hat sich jedoch herausgestellt, dass unsere Fähigkeiten keineswegs in Stein gemeißelt sind. Mut hat viele Facetten. Es geht *nicht d*arum, wie klug oder talentiert du bist, wie genial deine Idee sein mag, welchen Abschluss du hast oder wie viel Kapital dir zur Verfügung steht. Es kommt vielmehr auf deinen Biss an, auf dein Durchhaltevermögen und deinen Willen, hart zu arbeiten und am Ball zu bleiben. Das ist es, was den Unterschied macht.

Du brauchst nicht jeden einzelnen Schritt kennen, wenn du dich auf den Weg machst. Fokussiere dich lediglich auf den nächsten Schritt, und anschließend auf den nächsten. Halte dir vor Augen, dass konkretes Handeln das beste Gegenmittel gegen Angst ist.

Solange du dich in die richtige Richtung bewegst und deinen Blick auf dein Ziel richtest (auch wenn dein Ziel die Identifizierung eines Ziels ist), wirst du es eines Tages erreichen.

Mut ist ein Muskel, der regelmäßig trainiert werden muss. Mut ist eine Wahl, die Tag für Tag getroffen wird, die bewusste Entscheidung, den nächsten Schritt zu gehen und danach den nächsten.

Es ist die Entscheidung, nicht aufzugeben, egal was auch kommt.

Denn nichts ist so wirksam wie Beharrlichkeit.

Die Grundsätze des Mutes auf einen Blick

Wage es zu träumen
Zweifle niemals an deinen Fähigkeiten und behalte im Hinterkopf, dass es die großen Ziele sind, die dich am meisten motivieren.

Regeln sind für Spießer
Nimm nichts als gegeben hin. Denke selbstständig, bilde dir deine eigene Meinung und vertraue auf dein Bauchgefühl.

Ergreife das Steuer
Du allein entscheidest, wie du auf etwas reagierst, also übernimm die volle Verantwortung für deine Handlungen.

Nimm Feedback an
Wir alle brauchen Unterstützung. Umgib dich mit Menschen, die dir dabei helfen, ein reiferer Mensch zu werden, und die ehrlich zu dir sind – auch wenn die Wahrheit manchmal wehtut.

Es gibt keine Fehler, nur Lektionen
Habe keine Angst davor, zu versagen, denn es sind in der Regel die Zusammenbrüche, die zu großen Durchbrüchen führen. Lebe dein Leben so, dass du am Ende nicht bereuen musst, wichtige Chancen verpasst zu haben.

Gleichgewicht wird überbewertet
Höre auf, dir einzureden, du müsstest ein utopisches Niveau an Balance in allen Lebensbereichen erreichen. Erlaube dir, deinen Fokus auf die wirklich wichtigen Dinge zu richten.

Bleibe am Ball
Nichts ist so wertvoll wie Beharrlichkeit. Du kannst so ziemlich alles erreichen, solange du dranbleibst und nicht aufgibst.

TEIL DREI
Mut in Aktion

Nachdem du ein paar neue Grundsätze – die Grundsätze des Mutes – verinnerlicht und entsprechend an deinen Ansichten gearbeitet hast, ist es nun an der Zeit, diese wertvollen Werkzeuge auf deinen Alltag anzuwenden. Du kannst nur dann deine Ängste überwinden, deine Ziele verfolgen und deine Träume verwirklichen, wenn du den nächsten Schritt wagst.

Konkretes Handeln ist das einzige Gegenmittel gegen Angst.

Kapitel fünfzehn
Definiere dein Ziel

Wenn du nichts anvisierst, triffst du jedes Mal daneben

Wenn du das Was kennst, ergibt sich das Wie von ganz allein.
Jack Canfield

Stell dir folgendes Szenario vor:

Du sitzt in einem Flugzeug, angeschnallt und bereit für den Abflug. Deine Tasche ist sicher unter dem Sitz vor dir verstaut, der Tabletttisch ist hochgeklappt und dein Sitz befindet sich in aufrechter Position. Du hast dir sogar die Zeit genommen, um dir die Vorführung der Rettungswesten anzusehen und dir die Sicherheitsbelehrungen durchzulesen. Du hast deinen Anteil erledigt. Du bist bereit. Und dann, als die Maschine gerade abheben will, macht der Pilot eine verblüffende Ansage.

„Guten Morgen, meine Damen und Herren, ich freue mich, Sie an Bord begrüßen zu dürfen. Wir werden in Kürze starten, aber um ehrlich zu sein, wissen wir noch nicht, wohin wir heute fliegen. Wir haben uns überlegt, erst einmal abzuheben und dann alles Weitere in der Luft zu entscheiden."

Schwer zu glauben, oder?!

So etwas würde nämlich niemals wirklich passieren. Wenn du dich an Bord eines Flugzeugs begibst, weißt du in der Regel, wohin der Flug geht, und – noch viel wichtiger – der Pilot weiß es auch. Selbst wenn er dann auf der Strecke je nach Wetterbedingungen und Jetstream die Route ein wenig anpassen muss, so bleibt die grobe Richtung doch immer dieselbe. Es ist seine Aufgabe, zu navigieren und unterwegs die bestmöglichen Entscheidungen zu treffen.

Die Vorstellung, dass jemand ohne Kenntnis des Zielortes in ein Flugzeug steigt, mag vielleicht absurd und total verrückt klingen, doch das ist in vielen Fällen genau die Art, wie wir an unser eigenes Leben herangehen. Wir bleiben in Bewegung und versuchen, die Aufgaben des Alltags zu meistern, das Flugzeug in der Luft zu halten und nebenbei herauszufinden, was wir eigentlich wirklich wollen. Doch ohne ein klares Ziel vor Augen ist es schwierig, unterwegs die entsprechenden Entscheidungen zu treffen.

Ohne einen konkreten Bestimmungsort sind wir kontinuierlich orientierungslos.

Genau deshalb ist die Kunst der Zielsetzung – insbesondere das Festlegen großer, herausfordernder Ziele – so wichtig.

Wir brauchen große Ziele, um Großes zu erreichen und um uns Orientierung zu geben. Ohne sie fliegen wir bloß im Kreis.

In Kapitel acht haben wir bereits darüber gesprochen, weshalb große Ziele unverzichtbar sind, um dich aus deiner Komfortzone zu locken und das Feuer in deinem Herzen zu entfachen. Es ging um den Mut, daran zu glauben, dass du zu mehr fähig bist, den Mut, über deinen Schatten zu springen, und den Mut, dir Ziele zu setzen, die ein aufgeregtes Kribbeln im Bauch verursachen.

Denn *das* sind die Ziele, die dich motivieren.

Denke daran: Wenn wir die Messlatte zu niedrig ansetzen und Ziele festlegen, die leicht erreichbar sind, akzeptieren wir unsere bereits existierende Vorstellung darüber, wozu wir fähig sind, und geben uns mit dem Ist-Zustand zufrieden. Das klingt nicht gerade motivierend. Wir müssen uns nicht anstrengen, wenn die Ziele bequem und vertraut sind. Das ist der Moment, in dem wir beginnen, den Fokus zu verlieren und uns zu langweilen.

Das Gegenteil dieses Szenarios ist die Kunst der klaren Zielsetzung. Das bedeutet, sich ein Ziel zu setzen, das so groß ist, dass es uns schon fast Angst macht – und sich an dieses Ziel zu binden. Dadurch schubsen wir uns selbst aus unserer wohlig warmen Komfortzone und hinein ins Abenteuer.

Vergiss nicht, dass der Druck auf der Brust und das Kribbeln im Bauch in diesem Fall Anzeichen für eine positive Art der Angst sind. Eine Angst, die dich zum Handeln antreibt, wenn du vor scheinbar unlösbaren Aufgaben stehst. Das ist genau das Gefühl, das es heraufzubeschwören gilt – nämlich, indem du dich auf große Ziele festlegst.

Lass uns nun darüber sprechen, wie du solche großen Ziele in dein Leben integrieren kannst.

Schritt eins: Hoch hinaus

Was würdest du tun, wenn dir nichts im Wege stünde? Geld, Familie, Ausbildung, Beruf – was, wenn du auf nichts davon Rücksicht nehmen müsstest? Stell dir vor, du stehst allein in einem Raum voller unbegrenzter Möglichkeiten und völlig ohne Grenzen. Was würdest du tun? Hast du jemals einfach nur *geträumt*, ohne dich selbst zurechtzuweisen und dir alle Gründe aufzulisten, weshalb deine Ideen unmöglich realisierbar sind?

Wir sind die meiste Zeit über so sehr in unserer aktuellen Realität gefangen, dass wir uns nur schwer vorstellen können, wie es anders sein könnte. Wir sind so festgefahren in all unseren Verantwortlichkeiten, Einschränkungen, Frustrationen und Hindernissen, die uns aktuell im Weg stehen, dass es schier unmöglich scheint, sich für ein paar Minuten vorzustellen, die Dinge könnten auch anders laufen. Für uns ist unsere aktuelle Situation die einzig wahre.

Ich kann dir gar nicht sagen, wie viele Briefe ich schon bekommen habe, in denen Mütter mir schrieben, sie würden sich ja gern große Ziele setzen, aber sie seien so beschäftigt damit, ihre Kinder großzuziehen, sich um andere zu kümmern und ihr eigenes Leben auf die Reihe zu bekommen, dass sie nicht wüssten, wie solch ein Ziel aussehen könnte. Sie wollen hoch hinaus, aber sie wissen nicht, wie.

Vielleicht denkst du, dafür könnte es bereits zu spät sein.

Ich kann dir versichern, dass es – in welcher Situation du dich gerade auch befindest – auf keinen Fall zu spät ist.

Du glaubst mir nicht?

Es gibt unzählige Erfolgsgeschichten von Frauen, die erst spät in ihrem Leben begonnen haben, ihre Träume wahr zu machen.

Martha Stewart veröffentlichte ihr erstes Buch im Alter von einundvierzig Jahren und kreierte *Martha Stewart Living* mit siebenundvierzig – ein Unternehmen, das zu einem milliardenschweren Imperium wurde. Joy Behar war eine Englischlehrerin, die erst mit Mitte vierzig ins Showbusiness einstieg. Vera Wang fand ihre Leidenschaft als Designerin für Brautmode erst, als sie im Alter von vierzig Jahren ihre eigene Hochzeit plante. Julia Child wurde als erste Starköchin in ihren Fünfzigern berühmt und Laura Ingalls Wilder veröffentlichte ihr erstes Buch im Alter von fünfundsechzig Jahren.

Und es sind nicht nur berühmte Persönlichkeiten, die bewiesen haben, dass es nie zu spät ist. Im Laufe unserer Umfrage kamen zahlreiche Geschichten von Frauen zum Vorschein, die erst im fortgeschrittenen Alter den Mut fassten, ihre Träume zu verwirklichen oder etwas Neues zu wagen, selbst wenn sie sich darum sorgten, was andere dachten oder dass der Zug bereits abgefahren sei.

Cheri Montgomery zum Beispiel entschied sich erst im Alter von vierundfünfzig, ihren Traum wahr zu machen und Krankenschwester zu werden. Als alleinerziehende Mutter von drei Teenager-Jungen nahm sie abends am Unterricht der Krankenpflegeschule teil, während sie tagsüber in Vollzeit arbeitete, und schaffte es, den Kurs als eine der Klassenbesten abzuschließen.

Marie Bostwick widmete sich vier Jahre lang dem Verfassen ihres ersten Romans, nur um das Manuskript anschließend in die Schublade zu verbannen und so zu tun, als existiere es nicht, aus Angst vor einem Misserfolg. Kurz vor ihrem vierzigsten Geburtstag brachte sie endlich den Mut auf, ihr Werk an verschiedene Literaturagenturen zu schicken. Es wurde zwar tatsächlich mehrmals abgelehnt, aber sie blieb am Ball, angetrieben durch das positive Feedback, das sie erhielt. Schließlich fand sie jemanden, der ihr Buch veröffentlichen wollte. Vierzehn Jahre und etliche Romane später liebt sie es immer noch, die Welt mit ihren Worten zu bereichern.

Amy Love wollte abnehmen und fitter werden, doch sie war noch nie der sportliche Typ gewesen und hatte deshalb Sorge, dass sie im Fitnessstudio nicht „dazugehören" würde. Erst nach mehreren Wochen vereinbarte sie schließlich einen Beratungstermin mit einem Trainer und begann anschließend damit, regelmäßig zu trainieren, auch wenn sie am liebsten weggelaufen wäre. Ein Jahr später ist sie fitter als jemals zuvor und hat so viel Energie und Selbstvertrauen wie noch nie.

Ich könnte noch viele solcher Beispiele nennen. Fakt ist, dass die einzige Grenze deiner Fähigkeiten in deiner Bereitschaft liegt, dir große Ziele zu setzen. Ganz egal, wo genau du aktuell in deinem Leben stehst. Genau deshalb ist es so wichtig, dass du es dir erlaubst zu träumen, ohne dich selbst zu verurteilen oder einzuschränken. Träume von dem Was, ohne dich allzu sehr um das Wie zu sorgen.

In Kapitel acht habe ich dir bereits einige Fragen gestellt, über die du nachdenken solltest:

- Was wollte ich schon immer tun?
- Welche Interessen oder Leidenschaften habe ich nie ernsthaft in die Tat umgesetzt?
- Was würde ich tun, wenn ich freie Bahn hätte?
- Was motiviert mich oder lässt mich morgens aus dem Bett steigen?
- Wovon habe ich geträumt, bevor das Leben dazwischenkam?
- Wo wäre ich gern in fünf oder zehn Jahren?
- Wie sieht das ultimative Traumleben für mich aus?

Jetzt wird es ernst. Setze dir für die folgende Übung einen Timer für dreißig Minuten. Stelle für diese halbe Stunde alle Stimmen in deinem Kopf ab, die dir weismachen wollen, etwas sei unmöglich, dumm oder vollkommen verrückt. Einfach nicht hinhören und stattdessen träumen. Ganz frei, ohne Grenzen. Mache dir keine Sorgen darüber, ob etwas realistisch ist oder nicht. Denke nicht darüber nach, wie genau du die Dinge in die Tat umsetzen könntest. Schränke dich nicht ein. Gib dir dreißig Minuten, um dir die wildesten Szenarien auszumalen, selbst wenn sie komplett verrückt und unerreichbar scheinen.

Greife gedanklich nach den Sternen, und lies nicht weiter, bis du diesen ersten Schritt abgeschlossen hast.

Schritt zwei: Fokussieren

Nachdem du dich getraut hast, grenzenlos zu träumen, geht es nun darum, dich *festzulegen*. Wähle einen Traum aus, den du unbedingt verwirklichen möchtest.

Im ersten Schritt hast du die inneren Stimmen ignoriert, die dich einschränken und verurteilen wollten. In diesem Schritt müssen wir nun versuchen, all unsere utopischen Ideen realistisch zu betrachten – zumindest ein bisschen.

Ich möchte nach wie vor nicht, dass du etwas im Keim erstickst, nur weil es unmöglich oder unrealistisch erscheint oder weil du noch keine Ahnung hast, wie du diese Idee konkret in die Tat umsetzen könntest. Das soll an dieser Stelle noch nicht deine Sorge sein.

Schaue dir alle Ideen, Wünsche und Träume noch einmal an, die dir im ersten Schritt in den Sinn gekommen sind, und stelle dir nun folgende Fragen:

- Weshalb reizt mich diese Idee oder warum ist mir dieses Ziel wichtig?
- Spüre ich ein Kribbeln im Bauch oder einen Druck auf der Brust, wenn ich über diesen Wunsch oder diese Idee nachdenke? Machen sie mir Angst? Warum oder warum nicht?
- Auf einer Skala von eins (nicht sonderlich begeistert) bis zehn (ich kann mich kaum halten), wie sehr reizt mich dieses Ziel oder dieser Traum?

Denke daran, dass du in dieser Findungsphase nichts überstürzen solltest. Nimm dir genügend Zeit, auf jeden der Träume einzugehen, der dir im ersten Schritt in den Sinn kam, die jeweiligen Beweggründe zu erkennen und herauszufinden, welche deiner Ziele und Ideen dir am wichtigsten sind und dich am meisten reizen.

In den meisten Fällen kristallisiert sich im Laufe dieser Aufgabe eindeutig heraus, welche der Ideen, die du zuvor entwickelt hast, dir wirklich am Herzen liegen und deine Leidenschaft wecken.

Wenn du dir die obigen Fragen zu jedem Traum und jedem Ziel auf deiner Liste gestellt hast, ist es an der Zeit, deine Optionen einzugrenzen. Sortiere alles aus, was auf der Skala nicht mindestens eine Acht erreicht hat, und ziehe nichts in Betracht, was nicht eine extrem starke Energie in dir auslöst.

Identifiziere anschließend aus den verbliebenen Elementen das Ziel oder die Idee, die die größte Leidenschaft in dir weckt – und dir am meisten Angst macht. Was fühlt sich gleichzeitig Furcht einflößend und aufregend an? Hinter welchem der Ziele steckt am meisten Sinn, so als könnte es dein Leben verändern oder dich endlich dazu bringen, morgens voller Energie aus dem Bett zu steigen? Welche der Ideen fühlt sich rundum richtig an?

Das ist *dein* Ziel.

Falls bei keinem der bisherigen Ideen solch ein Gefühl aufkommt, dann waren deine Träume noch nicht verrückt genug oder du bist einfach ein wenig aus der Übung, was die Kunst der Zielsetzung angeht. Auch für diesen Fall gibt es eine Lösung.

Suche zum Beispiel an anderen Orten nach Inspiration – lies die Biografien von Menschen, die du bewunderst. Melde dich zu einem (Online-)Kurs an. Sprich mit einer Freundin, einem Mentor oder sogar einer Therapeutin über das Thema, um deine mentale Blockade aufzulösen. Wiederhole anschließend die Übung aus Schritt eins und achte besonders darauf, dich nicht selbst einzuschränken und zu beurteilen.

Oder schau dir deine bereits erstellte Liste noch einmal genauer an und verstärke die Ideen, bis sie wesentlich pompöser sind und bei dir für Schmetterlinge im Bauch sorgen und du diese Leidenschaft spürst, die dir gleichzeitig ein wenig Angst einjagt. Manchmal muss man sich selbst einfach nur ein wenig in die richtige Richtung schubsen.

Schritt drei: Verpflichten

Hier geht es ans Eingemachte. Im dritten Schritt geht es darum, dich deinem großen Ziel voll und ganz zu *verschreiben*. Notiere es, sprich es laut aus, tu, was immer nötig ist, damit dein Traum für dich greifbarer wird.

Dies ist der Moment, der einem wahrlich die Knie zittern lässt. Sowohl deiner Angst als auch deiner Motivation wird ein gewaltiger Schub versetzt. Denn nun hast du dich tatsächlich dazu verpflichtet, diesen großen, verrückten Traum Wirklichkeit werden zu lassen!

Es reicht nicht aus, zu träumen – Träumer gibt es viele auf der Welt. Es reicht auch nicht aus, ein Ziel auszuwählen – Träumer mit einem einzigen Ziel gibt es ebenfalls zuhauf. Der Schlüssel ist die Verbindlichkeit. Du musst dich voll und ganz verpflichten – sowohl innerlich gegenüber dir selbst als auch äußerlich gegenüber anderen –, um dein ausgewähltes, großes Ziel erreichen zu können.

Dein Traum muss zu deinem ersten Gedanken am Morgen und zu deinem letzten am Abend werden und rund um die Uhr präsent sein. Es muss sich real anfühlen. Denn nur, wenn du dich voll und ganz hingibst, wirst du bereit sein, härter zu arbeiten, früher aufzustehen oder länger wach zu bleiben, aus deiner Komfortzone herauszutreten und alles zu tun, was nötig ist, um erfolgreich zu sein.

Was ist notwendig, damit du dich deinem Ziel verpflichtest? Möchtest du es jemandem erzählen? Vielleicht sogar mehreren Personen? Möchtest du es auf Facebook posten oder an deinen Badezimmerspiegel schreiben? Wie viel Zeit oder Geld möchtest du investieren? Wie wird dein Ziel – dein großer Traum – für dich real?

Sobald eine gewisse Verbindlichkeit besteht, bist du bereit, alles zu geben, selbst wenn dir das Angst einjagt oder zwischendurch Hindernisse auftauchen. Du wirst realisieren, dass es Dinge gibt, für die es sich zu kämpfen lohnt, aber zunächst musst du dich voll und ganz hingeben.

Ja, vermutlich wirst du manchmal verängstigt sein und keinen blassen Schimmer haben, was genau du hier eigentlich machst. Vielleicht auch öfter als nur manchmal. Doch sobald du dich dazu verpflichtet hast, es wenigstens auszuprobieren, wird all das nur noch halb so schlimm sein. Es gibt immer einen Weg – auch wenn du jetzt noch nicht weißt, wie genau er aussehen wird.

Die Schlüssel zum Erfolg sind Biss und Beharrlichkeit, und sie entstehen durch deine Hingabe. Verschreibe dich deinem großen Ziel mit Haut und Haar, sprich es immer wieder laut aus und erzähle es jedem, der es hören will. Mache es zu hundert Prozent real.

Wenn dein Traum greifbar geworden ist und du das Gefühl hast, dass dein Ziel tatsächlich Wirklichkeit werden kann, ist der größte Schritt getan. Das ist der magische Moment. Sobald du dich voll und ganz auf dein großes Ziel eingelassen und dich zu seiner Realisierung verpflichtet hast, werden all die Opfer, die du dafür bringen musst – all das Blut und Wasser, das du schwitzen wirst –, sich nicht länger wie eine Belastung oder Bürde anfühlen. Du wirst alles tun, was nötig ist – und zwar freiwillig und in dem Wissen, dass der Weg nicht immer einfach sein wird, das Ergebnis es aber in jedem Fall wert ist.

Also, lege los. Definiere dein Ziel. Denn wenn du nichts Konkretes anvisierst, dann triffst du jedes Mal daneben.

Kapitel sechzehn
Finde dein Warum

Dein Warum muss größer sein als deine Angst

Hat man sein Warum des Lebens, so verträgt man sich mit fast jedem Wie.
Friedrich Nietzsche, in „Götzen-Dämmerung"

Im Jahr 2014 gründete ich die *Elite Blog Academy* (EBA), um aufstrebenden Unternehmern, Autoren, Rednern, Künstlern, Ministern und Aktivisten zu zeigen, wie sie ihre Leidenschaft in ihr eigenes, erfolgreiches Online-Unternehmen verwandeln konnten. Seitdem haben fast 10.000 Studierende in über sechzig Ländern weltweit den Kurs erfolgreich abgeschlossen.

Es war eine große Freude, ihnen dabei zuzusehen. Und besonders faszinierend für mich als Mentorin von anderen Unternehmern war es, Zeuge der verblüffenden Verwandlung zu sein, die sich vollzieht, wenn jemand eine Idee – oftmals eine, die von anderen als verrückt abgetan wird – zu etwas Realem und Greifbarem macht, sei es ein Produkt, eine Dienstleistung oder gar ein Ministerium oder eine soziale Bewegung.

Es ist dieser Moment, in dem die Menschen realisieren, dass sie zu weitaus mehr fähig sind, als sie je zu träumen gewagt hätten. Ich bin der Meinung, dass es nichts Aufregenderes und Erfreulicheres gibt. In diesem Sinne ist es für mich eine besondere Ehre, bei vielen dieser beeindruckenden und inspirierenden Verwandlungen ganz vorne mit dabei zu sein. Außerdem bin ich jedes Mal wieder erstaunt, dass es eine simple Sache gibt, die alle von ihnen gemeinsam zu haben scheinen.

Sie alle haben ein Warum, das größer ist als sie selbst.

Das galt in jedem Fall für Jennifer Marx, eine alleinerziehende Mutter, die nach einem neuen Weg suchte, um Geld zu verdienen, nachdem die Reiseführerbranche, in der sie fast zwanzig Jahre lang gearbeitet hatte, langsam, aber sicher zu einem sinkenden Schiff wurde. Als ihr Einkommen ausblieb, suchte sie verzweifelt nach einer Möglichkeit, von zu Hause aus Geld zu verdienen, damit sie bei ihrer Tochter sein konnte, die aktuell eine schwierige Phase durchmachte.

Mit monatlich steigenden Schulden und kurz davor, ihr Haus zu verlieren, nutzte sie ihre letzten Ersparnisse, um den EBA-Kurs zu finanzieren, und setzte alles daran, ihn erfolgreich abzuschließen und ihr Online-Unternehmen aufzubauen. Nach nur einem Jahr verdiente sie mit ihrer Website JenniferMaker.com mehr als 20.000 Dollar pro Monat und konnte so ihre Schulden abbezahlen und für ihre Familie sorgen.

Genauso war es der Fall bei Caroline Vencil, die der festen Überzeugung war, ihr Leben ruiniert zu haben, als sie mit nur achtzehn Jahren Mutter wurde. Bis dahin hatte sie immer davon geträumt, CEO – Geschäftsführerin eines Unternehmens – zu werden und die Welt im Sturm zu erobern. Stattdessen heiratete sie, brach die Schule ab und bekam noch zwei weitere Kinder.

Sie sah die Gründung eines Online-Unternehmens als Chance, ihre Erfüllung zu finden und ihrer Familie ein besseres Leben zu bieten. Wie auch bei Jennifer war es Carolines Warum, das sie jede freie Minute in die Bearbeitung des Kursmaterials stecken ließ. Innerhalb weniger Monate hatten die Einnahmen ihrer Website CarolineVencil.com das Einkommen ihres Mannes weit überschritten und sie hatte den Lebensstil ihrer Familie komplett verändert – als CEO ihres eigenen erfolgreichen Unternehmens.

Dasselbe galt für Tasha Agruso, eine dauergestresste Firmenanwältin, die Stunden damit verbrachte, Ärzte in Verfahren wegen medizinischen Fehlverhaltens zu verteidigen, wo sie doch viel lieber zu Hause bei ihren dreijährigen Zwillingen sein wollte – ihre Wunder-Lieblinge, auf deren Empfängnis sie fünf Jahre lang gewartet hatte. Sie verdiente gutes Geld, aber der Druck war unbeschreiblich und sie wünschte sich eine Veränderung.

Obwohl sie kaum Freizeit hatte, entschied sie sich dennoch dazu, es zu versuchen. Sie verbrachte jede freie Minute mit der Erstellung ihrer Internetseite für Wohndekoration, Kaleidoscope Living, und nach sechzehn Monaten machte sie mit dieser Website mehr Geld, als sie jemals als Partnerin in ihrer Kanzlei gemacht hatte. Sie legte ihr Amt nieder und hat es bis heute nicht bereut.

Jennifer, Caroline und Tasha schafften es, erfolgreiche Online-Unternehmen zu gründen, weil ihr Warum stärker war als ihre Angst. Ja, sie mussten sehr, sehr hart arbeiten, Risiken eingehen und neue Dinge wagen, früh aufstehen und lange wach bleiben. Ich bin mir sicher, es kam mehr als einmal vor, dass sie frustriert und entmutigt waren und mit dem Gedanken spielten, aufzugeben. Doch ihr Warum brachte sie dazu, weiterzumachen.

Ich kann mich sehr gut in die geschilderten Situationen hineinversetzen, denn als ich mein Online-Unternehmen gründete, war es ebenfalls mein Warum, das mich antrieb. Mein Ziel war es, so viel Geld zu verdienen, dass mein Mann Chuck seinen Job kündigen konnte. Der wahre Grund für die Wichtigkeit meines Ziels war, dass ich wusste, wie sehr Chuck unter seinem Job litt.

Er war einfach unglücklich. Und jeden Tag sah ich mit an, wie er noch ein wenig erschöpfter, verzweifelter und niedergeschlagener nach Hause kam. Ich wusste, dass er sich machtlos fühlte. Wir hatten die Abmachung, dass einer von uns mit den Kindern zu Hause bleiben würde, und als Raumfahrtingenieur verdiente er weitaus mehr, als ich mir jemals hätte ausmalen können.

Es war dieses Warum, das mich dazu motivierte, alles über das Bloggen und die Gründung eines Online-Unternehmens zu lernen. Allein das Warum brachte mich dazu, drei Jahre lang jeden Morgen um 3:00 Uhr aufzustehen – und manchmal sogar noch früher –, um zu arbeiten, während die Kinder noch schliefen, damit ich tagsüber weiterhin als Mutter für sie da sein konnte.

Mein Warum brachte mich durch schwierige Zeiten und ließ mich weitermachen, auch wenn es zwischendurch verwirrend oder frustrierend wurde und die Dinge nicht so liefen, wie sie sollten. Dieses Warum führte dazu, dass ich mich weit aus meiner Komfortzone heraus begab und Dinge ausprobierte, die mir höllische Angst einjagten – zum Beispiel Videos erstellen, im Fernsehen auftreten, an Konferenzen teilnehmen oder sogar Reden halten.

Mein Unternehmen entstand auf Grundlage dieses Warum.

Der beste – und eventuell sogar der einzige – Weg, um sich dazu zu motivieren, schwierige Dinge anzugehen, die eigene Komfortzone zu verlassen und am Ball zu bleiben, wenn es hart auf hart kommt, ist, sein Warum ganz genau zu kennen.

Es macht die Dinge nicht unbedingt einfacher, aber es erinnert dich daran, dass der Schmerz sich am Ende lohnt. Und das reicht oft schon aus.

Kennst du dein Warum? Weißt du, was dich antreibt und deinem Leben Sinn verleiht? Hast du einen Grund, für den es sich zu kämpfen lohnt? Und wie kannst du diese Motivation nutzen, dich dorthin zu bringen, wo du gern sein möchtest?

Finde dein Warum, der Rest ergibt sich von allein.

Schaffe einen Impulsgeber

Als Teil unserer Studie zum Thema Angst fanden mein Team und ich heraus, dass es in ausnahmslos jeder Geschichte, in der Hindernisse überwunden und Ängste besiegt wurden, einen Impulsgeber gab – eine Art von *Warum*, das die Befragten dazu motiviert zum Handeln hatte. In manchen Fällen war es eine Person, die die Veränderung auslöste, in anderen Fällen waren es ein Ereignis, ein Unglück oder einfach eine bewusste Entscheidung. Aber es gab immer irgendetwas.

Diese Entdeckung machte uns neugierig. Die Tatsache, dass jede mutige Handlung von einer Art Impulsgeber ausgelöst wurde, veranlasste uns dazu, genauer hinzusehen. Wir wollten herausfinden, ob sich diese Impulsgeber in sinnvolle Kategorien einteilen ließen. Das Ergebnis war, dass all die verschiedenen Impulsgeber in fünf Gruppen zusammengefasst werden konnten:

- Trauma, Unglück oder wichtiges Lebensereignis
- eine bestimmte Chance oder Gelegenheit
- Verantwortung anderen gegenüber oder Ermutigung durch andere

- Inspiration oder Bildung
- Unzufriedenheit mit dem Ist-Zustand und bewusster Entschluss zur Veränderung

Impuls-Skala

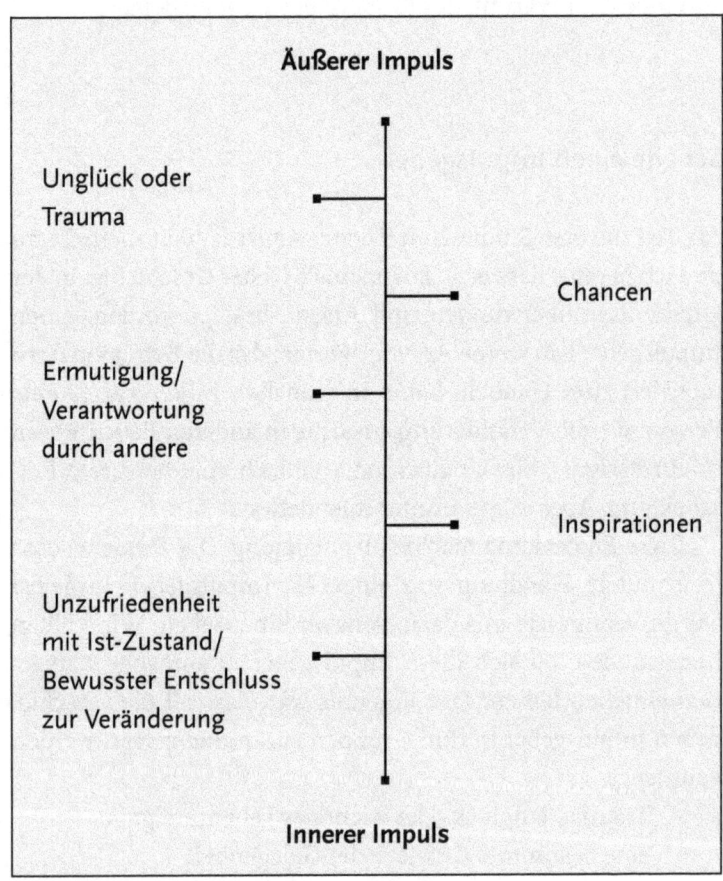

In den meisten Fällen können diese Impulsgeber auf einer Skala eingeordnet werden, die von äußeren Faktoren wie zum Beispiel Umständen, die sich außerhalb jeglicher Eigenkontrolle befinden, hin zu inneren Faktoren reicht, wie beispielsweise bewusste Entscheidungen oder Dinge, die man selbst bestimmen kann. Ein Impuls von außen könnte unter anderem ein traumatisches Erlebnis oder eine andere Art von Unglück sein – etwas, das dir widerfahren ist und dich zum Handeln motiviert hat. Ein innerer Impuls kann in Form eines simplen Handlungsentschlusses auftreten oder als eine Entscheidung, deine Angst nicht länger über dein Leben bestimmen zu lassen.

Besonders interessant wird es in der Mitte der Skala, in der die Impulse eine Mischung aus Intentionen und Umständen, aus Glück und harter Arbeit, aus Eigeninitiative und Resignation darstellen. Hierzu gehören unter anderem Chancen, die oftmals von außen kommen, aber trotzdem aktiv ergriffen werden müssen. Ein solcher Impulsgeber kann außerdem die Verantwortlichkeit sein, die man sowohl sich selbst als auch anderen gegenüber hat, genauso wie Inspiration und Instruktion immer einen Sender wie auch einen Empfänger benötigen.

Wieso sind diese Impulsgeber so wichtig, wenn es darum geht, seine Angst zu überwinden?

Sie zeigen uns, dass wir mehr Kontrolle über unsere Motivation haben, als uns bewusst ist, und wir uns eigene Impulse schaffen können, die uns bei der Überwindung unserer Angst behilflich sein können. Nicht jeder von uns hat eine Willenskraft, die stark genug ist, um einfach zu „entscheiden", ab sofort keine Angst mehr zu haben – auch, wenn wir theoretisch dazu in der Lage wären. Doch *wir alle* können ganz bewusst nach Inspiration, Verantwortlichkeit und Gelegenheiten Ausschau halten.

Falls es dir schwerfällt, dein *Warum* zu identifizieren oder ausreichend Motivation zu finden, deine Bedenken zu überwinden und loszulegen, dann kann es helfen, einige Vorkehrungen zu treffen, die dich in genau diesem Prozess unterstützen.

Wenn du versuchst, mutig zu sein und dein eigenes Unternehmen zu gründen, dann könnte dein Impulsgeber ganz simpel darin bestehen, jeden Morgen einen inspirierenden Podcast für Unternehmer zu hören, der dir neue Anregungen und Motivation gibt. Sollte dein Ziel darin bestehen, Gewicht zu verlieren, so könntest du als notwendigen Impuls einen Trainer engagieren oder dich Weight Watchers anschließen, um dich deinem Ziel voll und ganz zu verpflichten. Wenn du eine Beförderung anstrebst, könnte dein Impuls sein, deinen Chef um mehr Verantwortung zu bitten und dir so selbst die Gelegenheit zu schaffen, deine Fähigkeiten unter Beweis zu stellen.

Falls sich dein Warum momentan etwas zu kompliziert anfühlt, konzentriere dich darauf, eine Umgebung zu schaffen, die auf deinen Erfolg ausgerichtet ist. Du kannst vielleicht nicht alle Umstände in deinem Leben kontrollieren, aber du hast die Kontrolle über weit mehr, als dir bewusst ist. Triff also die entsprechenden Vorkehrungen und schaffe dir deine persönlichen Impulsgeber, von denen du weißt, dass sie dich auf die richtige Spur bringen.

Finde einen tieferen Sinn

Vor nicht allzu langer Zeit setzte ich mir das Ziel, bis zu meinem vierzigsten Geburtstag in meiner besten körperlichen Verfassung zu sein. Nach acht Jahren, in denen ich mich ausschließlich auf das Wachstum meines Unternehmens fokussiert und nahezu jede freie Minute am Computer verbracht hatte, konnte ich dabei zusehen, wie der Zeiger der Waage kontinuierlich die Skala emporkroch. Dies lag unter anderem auch an meiner ungesunden Ernährung, die zu einem großen Teil aus Nachos bestand. Ich wusste, etwas musste sich ändern.

Es war nicht so, dass ich das Problem nicht schon vorher erkannt und sporadisch versucht hatte, etwas dagegen zu unternehmen. Ich probierte es mit Salat und Suppe, mit der *General-Motors-Diät*, mit Magerprodukten, der Stoffwechsel- und der Nulldiät, um hier nur einige Ansätze zu nennen. Die einfachen Versionen waren in der Regel von schnellem Erfolg gekrönt, aber das Gewicht kam anschließend genauso schnell wieder zurück. Alle anderen waren einfach viel zu kompliziert und zeitaufwendig, als dass ich sie länger als ein paar Tage durchgehalten hätte.

Also beschloss ich, dass mein Unternehmen für mich an erster Stelle stand und ich keine Zeit hatte, mich um mein Gewicht zu kümmern, Sport zu treiben oder gesund zu kochen. Ich versuchte verzweifelt, mich davon zu überzeugen, mein Gewichtsproblem sei nur halb so schlimm, da ich relativ groß bin und es deshalb vermutlich niemand bemerken würde.

Und doch fühlte ich mich in meiner eigenen Haut mit der Zeit immer unwohler. Ich vermied den Blick in den Spiegel und entzog mich den Annäherungsversuchen meines Mannes, weil ich nicht wollte, dass er mich nackt sah. Auch auf der Arbeit zog ich mich immer mehr zurück. Ich sagte Fernsehangebote ab und vermied es, Videos zu drehen oder Bilder zu posten.

Mittlerweile war ich der Überzeugung, dass ich es nie schaffen würde, die überschüssigen Kilos wieder loszuwerden, und versuchte es deshalb auch gar nicht mehr.

Doch dann geschah etwas. Ich nahm mir eine kleine Auszeit und verbrachte fünf Tage mit Lesen, Schreiben und damit, über meine aktuelle Situation, die meines Unternehmens sowie über meine Wünsche und Träume nachzudenken. Im Zuge dessen hatte ich gleich mehrere Erleuchtungen. Zunächst wurde mir bewusst, dass meine Ehe nicht glücklich war. Ich hatte mich aus dem sozialen Leben zurückgezogen, das schloss meinen Mann mit ein, und infolgedessen hatten wir uns entfremdet. Auch mein Unternehmen lief nicht so gut, wie ich es mir wünschte. Ein großer Teil seines Erfolges war meiner Fähigkeit zuzuschreiben, auf Menschen zuzugehen und einfach ich selbst zu sein. Das tat ich seit einiger Zeit nicht mehr.

Zum allerersten Mal in meinem Leben wurde mir bewusst, dass mein Körpergefühl in direktem Zusammenhang mit meinen großen, wesentlich wichtigeren – und motivierenden – Zielen stand, eine glückliche Ehe und ein erfolgreiches Unternehmen zu führen. Sobald der so dringend notwendige Gewichtsverlust einen tieferen Sinn bekam, fand ich die nötige Motivation, um die entsprechenden Schritte einzuleiten und dranzubleiben.

Mein Warum und den tieferen Sinn dahinter zu kennen, machte das Abnehmen an sich keineswegs leichter. Ich musste nach wie vor Kalorien zählen und zum Sport gehen, auch wenn mir nicht unbedingt immer danach war. Ich musste die entsprechenden Vorkehrungen treffen – unter anderem engagierte ich einen Trainer, der mich antrieb, und abonnierte einen Lieferservice, der es mir erleichterte, mich gesünder zu ernähren. Und ich musste aufhören, Nachos zu essen.

Die meiste Zeit über war das Ganze kein Zuckerschlecken. Ich hasse Sport – und ich liebe Nachos. Aber der tiefere Sinn half mir, diverse Krisen zu überwinden, und erinnerte mich daran, dass sich der Aufwand und die Schmerzen am Ende auszahlen würden.

Dein eigener tieferer Sinn hat vielleicht gar nichts mit dir selbst zu tun. Deine Motivation könnte von einem Gefühl der Verantwortung oder Verpflichtung gegenüber deiner Familie, deinen Freunden oder einer Sache, an die du zutiefst glaubst, angetrieben sein. Oder du fühlst dich von Gott berufen und dein Ziel ist es, einfach nur gehorsam zu sein. Vielleicht liegt der tiefere Sinn für dich darin, finanziell unabhängig und somit völlig frei zu sein. Oder du wünschst dir einfach, etwas in der Welt zu verändern.

Halte dir dein Warum stets vor Augen

Sobald du den tieferen Sinn gefunden hast, ist es unglaublich wichtig, dir dieses Warum stets vor Augen zu halten und dich immer und immer wieder daran zu erinnern, was für dich wirklich zählt.

Gerade in schwierigen Zeiten vergessen wir diesen Aspekt nämlich nur allzu leicht.

Und es werden schwierige Zeiten kommen! Denn sobald du ein großes Ziel verfolgst, deine Komfortzone verlässt, dich deiner Angst stellst oder an einem sehr wichtigen Projekt arbeitest, ist genau das der Zeitpunkt, an dem die Dinge anstrengend, peinlich, schmerzhaft und erschreckend realistisch werden.

Für mich reichte es nicht aus, den tieferen Sinn meines Ziels zu finden. Ich musste mich täglich daran erinnern, *warum* genau mir der Gewichtsverlust so wichtig war. Ich musste mir vor Augen führen, wie genau er meine Ehe positiv beeinflussen und mein Unternehmen weiterbringen würde. Ich musste mir immer wieder klarmachen, dass meine körperliche Fitness der erste Schritt in die richtige Richtung war. Das reduzierte meinen Heißhunger auf Nachos nicht im Geringsten, aber es half mir dabei, stark zu bleiben beziehungsweise mich wieder auf den rechten Weg zu bringen, wenn ich der Versuchung wieder einmal nicht widerstehen konnte (was wesentlich öfter der Fall war, als ich hier zugeben möchte).

Für dich bedeutet es vielleicht, dass du dein Warum irgendwo aufschreiben musst, wo es für dich stets sichtbar ist – in ein Tagebuch, einen Kalender oder sogar auf das Whiteboard auf der Arbeit. Oder du erstellst ein sogenanntes Vision Board oder hängst ein einzelnes Foto an die Wand, um dein Warum im wahrsten Sinne des Wortes immer vor Augen zu haben. Es kann auch einfach eine Klebenotiz an deinem Badezimmerspiegel sein – so siehst du dein Warum jeden Morgen, wenn du dir die Zähne putzt.

Vielleicht möchtest du auch alle oben genannten Möglichkeiten für dich nutzen.

Es geht vor allem darum, sicherzustellen, dass du die Verbindung zu deinem Warum nicht verlierst und den tieferen Sinn deines großen Ziels stets vor Augen hast. Es sollte etwas sein, auf das du täglich zurückgreifen kannst – einmal oder mehrmals, je nachdem, was für dich am besten funktioniert. Dein Warum sollte morgens das Erste und abends das Letzte sein, woran du denkst.

So bist du für schwierige Zeiten gewappnet – mit einer effektiven Waffe, die jede Art von Angst zerschlagen kann.

Kapitel siebzehn
Erstelle deinen Aktionsplan

Teile dir dein Ziel in überschaubare Etappen ein

Ein Ziel ohne einen Plan ist nur ein Traum.
Dave Ramsey

Nicht jeder schätzt einen guten Plan so sehr, wie ich es tue. Mein Mann, zum Beispiel.

Wenn es darum geht, im Voraus zu planen, dann sind wir zwei so unterschiedlich wie Tag und Nacht. Ich weiß gern, was zu tun ist, während er unter Druck gerät, sobald mehr als zwei Dinge auf seiner To-do-Liste stehen.

Glücklicherweise haben wir über die Jahre gelernt, wie wir die Neigungen des anderen akzeptieren und eine Zwischenlösung finden können, die für beide funktioniert. Ich plane meine Woche von Montag bis Freitag durch und lasse am Wochenende Zeit für Unvorhergesehenes. Man könnte es geplante Spontaneität nennen oder auch terminierte Freizeit.

Wieso ich dir davon erzähle? Vermutlich, um zu betonen, dass ich *weiß*, dass Planung und Struktur nicht jedermanns Sache sind, bevor ich damit beginne, dir die Einzelheiten meines Organisationssystems zu erläutern. Es ist übrigens völlig in Ordnung, wenn dich Planung und Struktur nicht hellauf begeistern. Ich weiß allerdings auch, dass sich die meisten Menschen ohne konkreten Aktionsplan ziemlich hilflos im Kreis drehen.

In Kapitel fünfzehn ging es darum, wie wichtig es ist, dein Ziel konkret zu definieren – zunächst grenzenlos zu träumen, aber deine Ideen anschließend zu ordnen und dich für *ein* großes Ziel zu entscheiden, wovor du noch Angst hast. Und ich habe dir ans Herz gelegt, dich lediglich um das *Was* zu kümmern, ohne dich um das *Wie* zu sorgen.

Nachdem du geträumt hast und dir klar geworden ist, was du wirklich willst und warum du es willst, kommt nun der Zeitpunkt, an dem du dich tatsächlich mit dem *Wie* auseinandersetzen solltest.

Auch wenn dir dein Freiraum und deine Flexibilität wichtig sind – vielleicht sogar dein höchstes Gut –, so benötigst du dennoch einen fundierten Plan, um deine großen Ziele zu erreichen und deine Träume zu verwirklichen. Behalte jedoch während dieses Prozesses der Planerstellung immer im Hinterkopf, dass es für dich – und deinen Partner und deine Familie – unbedingt notwendig ist, genügend Freizeit mit einzukalkulieren.

Das große Ganze in überschaubare Etappen einteilen

Wie genau funktioniert er also, dieser Prozess, bei dem man sich ein großes Ziel setzt und dann einen konkreten Plan erstellt, um es auch zu erreichen? Es ist eine Sache, von verrückten Dingen zu träumen, aber eine ganz andere, diese Ideen auch wirklich in die Tat umzusetzen. Wo genau soll man anfangen?

Im Großen und Ganzen geht es bei der Erstellung eines Aktionsplans darum, das große Ziel in überschaubare Etappen einzuteilen und diese zu terminieren. Was du dir für „irgendwann" vorgenommen hast, versiehst du zunächst mit einem möglichst konkreten Datum. Frage dich außerdem, welches Teilziel du in diesem Jahr erreichen möchtest, welches in diesem Monat, dieser Woche und was dies für den heutigen Tag bedeutet. Betrachte zunächst das Gesamte und arbeite dann einzelne Schritte heraus, die dich dorthin bringen, wo du hinmöchtest. Große Ziele erreicht man nicht auf einen Schlag. Es ist immer eine kontinuierliche Bewegung in die richtige Richtung.

Das mag alles ziemlich einleuchtend und unkompliziert klingen – was es im Grunde genommen auch ist. Trotzdem ist es erstaunlich, wie wenige Menschen sich tatsächlich die Zeit nehmen, sich mit einer klaren Zielsetzung auseinanderzusetzen. Stattdessen gehen sie ihren Alltag mit der Fragestellung an, welche Aufgabe *im Moment* am wichtigsten ist und am dringensten erledigt werden muss. Währenddessen machen sie sich keine Gedanken darüber, wie diese einzelnen Aufgaben in das Gesamtbild – und zu ihrem großen Ziel – passen. Sie sind ständig mit irgendetwas beschäftigt, aber nicht immer unbedingt mit etwas *Sinnvollem*.

Es wird immer etwas geben, das erledigt werden muss. Unser Terminplan wird immer voll sein. Und für die meisten unter uns wird es immer mehr Aufgaben geben, als der Tag Stunden zur Verfügung hat.

Aber irgendwann müssen wir uns entscheiden. Denn wenn wir immer das wählen, was uns im Moment so dringend oder scheinbar wichtig erscheint, dann werden wir unser großes Ziel nie erreichen. Wenn du bisher damit gekämpft hast, dir große Ziele zu setzen, oder der Überzeugung warst, dass sie sowieso nicht realisierbar sind, dann steckst du vermutlich schon länger in einem Handlungsmuster fest, bei dem du das Dringende über das *wirklich* Wichtige stellst.

Es ist nicht leicht, unser großes Ziel als oberste Priorität anzusehen, wenn es sich nicht so akut anfühlt wie die Krise, in der wir momentan stecken, oder wenn das lohnende Ergebnis zu weit in der Zukunft liegt. Das ist besonders dann der Fall, wenn die Verfolgung unseres Ziels mit Schwierigkeiten, Belastungen oder anderen unangenehmen Dingen einhergeht. Unsere natürliche Reaktion ist es dann, das Ziel hintenanzustellen und erst die Aufgaben zu erledigen, die uns im Moment wichtiger erscheinen oder uns schneller ein Gefühl von Zufriedenheit bescheren können.

Genau deshalb ist es so wichtig, das große Ziel in überschaubare Etappen zu unterteilen und diese wiederum in kleinere Schritte, bis eine Sammlung von Aufgaben entsteht, die machbar wirken. Die Erledigung dieser Aufgaben wird für ein zeitnahes Zufriedenheits- und Erfolgsgefühl sorgen, ebenso für das Wissen, deinem großen Ziel einen Schritt nähergekommen zu sein.

Wenn du dir also beispielsweise das Ziel gesetzt hast, zu hundert Prozent schuldenfrei zu sein, dann könnte die Etappe für dieses Jahr sein, einen Großteil der Kredite abzuzahlen. Die Etappe für diesen Monat könnte darin bestehen, die Schulden für den Kredit mit dem kleinsten Betrag zu begleichen und das Ziel der Woche könnte sein, dir einen Überblick über deine Finanzen zu verschaffen. Dein tägliches Ziel könnte vielleicht darin bestehen, nicht mehr auswärts zu essen oder nicht mehr jeden Tag zu Starbucks zu gehen.

Wenn du eine bekannte Autorin werden möchtest, dann könntest du dir das Ziel setzen, dieses Jahr dein erstes Buch zu schreiben. Das Ziel für diesen Monat wären dann beispielsweise die ersten vier Kapitel – jede Woche eins –, was wiederum bedeutet, täglich etwa 1.000 Wörter zu schreiben.

Wenn du dir das Ziel gesetzt hast, trotz der aktuellen zwanzig Kilogramm Übergewicht einen Marathon zu laufen, könnte dein diesjähriges Ziel darin bestehen, die ersten zehn Kilometer zu schaffen. Die Etappe für diesen Monat könnte sein, die ersten anderthalb Kilometer durchzulaufen, und als wöchentliches Ziel könntest du dir vornehmen, drei Mal pro Woche joggen zu gehen und einem entsprechenden professionellen Trainingsprogramm zu folgen. Danach ist es eine tägliche Entscheidung für oder gegen das Laufen, die du treffen musst.

Ich gebe dir absolut recht, falls dir diese Ziele riesig, verrückt und waghalsig vorkommen. Aber genau darum geht es auch! Wenn deine Ziele dir nicht wenigstens ein bisschen Angst einjagen, dann solltest du eventuell überprüfen, ob du sie nicht noch ein wenig größer und „Furcht einflößender" machen kannst. Denke daran: Deiner Fantasie sind hier keine Grenzen gesetzt. Du kannst nur Großes erreichen, wenn du auch danach strebst.

Hast du das Prinzip verstanden? Wir nehmen uns ein großes Ziel und unterteilen es in kleinere, machbare Einheiten, die greifbar sind, auf die man sich besser konzentrieren kann und die letztendlich zum gewünschten Ergebnis führen.

Zeiteinteilung

Bei der Verfolgung unserer großen Ziele wird es dann ein wenig kompliziert, wenn es darum geht, unsere monatlichen Etappen in Aufgaben einzuteilen, die wir Woche für Woche erledigen möchten.

Ich persönlich beginne die Planung meiner Woche mithilfe eines speziellen Vordrucks, der sich *Weekly Wizard* nennt. Er hilft mir dabei, das eine große Ziel zu definieren, das diese Woche am wichtigsten ist, und herauszufinden, worauf ich meinen Fokus legen möchte. Außerdem zeigt er mir die drei Hauptaufgaben – die „A"-Aufgaben –, die unbedingt innerhalb der Woche erledigt werden müssen, damit ich meinem großen Ziel einen Schritt näherkomme.

Das ist am WICHTIGSTEN

ZEITFENSTER

EINS _____ : _____

Das muss ich machen
○ _____
○ _____

ZWEI _____ : _____

Das sollte machen
○ _____
○ _____

DREI _____ : _____

Das würde ich gern machen
○ _____
○ _____

VIER _____ : _____

Das wünschen sich andere von mir
○ _____
○ _____

So sieht ein *ERFOLGREICHER* Tag aus

FÜNF _____ : _____

So sieht mein *„FEIER"*-Abend aus

SECHS _____ : _____

Keiner von uns lebt in einer Blase, deshalb wird es zusätzlich zu den besonders wichtigen Aufgaben, die uns unserem Ziel einen Schritt näher bringen, auch immer solche geben, die für den normalen Alltag unerlässlich sind und die ebenfalls erledigt werden müssen. Das sind die Aufgaben, die wir bisher immer als wichtig und dringend eingestuft haben. Und obwohl sie tatsächlich wichtig und durchaus berechtigt sind, sollten sie dennoch als „B"-Aufgaben definiert werden – Dinge, die erledigt werden sollten, allerdings nicht auf Kosten der „A"-Aufgaben.

Behalte im Hinterkopf, dass es die „A"-Aufgaben sind, die für deine langfristigen Ziele von Bedeutung sind! Selbst wenn es im Augenblick wichtiger erscheint, auf eine E-Mail zu antworten, die Wäsche zu machen oder das Abendessen vorzubereiten, so bist du insgesamt produktiver und kannst deine großen Ziele besser erreichen, wenn du dich auf die größten und wichtigsten Aufgaben konzentrierst! Deine E-Mails kannst du zu einem anderen Zeitpunkt beantworten, das Abendessen kann bestellt werden und solange du noch saubere Unterhosen im Schrank hast, kann auch die Wäsche noch ein wenig warten.

Dann gibt es noch die „C"-Aufgaben. Das sind die Dinge, die du gern tun würdest, wenn ein wenig Zeit dafür übrig ist, die aber nicht unbedingt notwendig sind und im Zweifelsfall auch auf nächste Woche verschoben werden können. Solche Aufgaben sollten *auf keinen Fall* in Angriff genommen werden, solange es noch unerledigte „A"-Aufgaben auf deiner Liste gibt.

Dieser *Weekly-Wizard*-Vordruck ist übrigens auch als Klebeblatt erhältlich, das ich mir immer direkt auf die Wochenseite meines *Living-Well*-Planers klebe. Beide Tools sind unter livingwell.shop erhältlich.

Nachdem du deinen *Weekly Wizard* ausgefüllt hast, gibt es noch einen weiteren Schritt zur Vollendung deines Wochenplans. Sobald du weißt, was zu tun ist, und die Reihenfolge der

Wichtigkeit festgelegt hast, solltest du entsprechende Zeitfenster freiräumen, um die Aufgaben auch tatsächlich zu erledigen. Denke daran, dass wir nur die Zeit haben, die wir uns nehmen. Das bedeutet, dass die Zeit, die du nicht für die größten Prioritäten einplanst, ganz simpel verloren geht.

Im Prinzip machst du hier einen Termin mit dir selbst, und du solltest diese Verabredung genauso ernst nehmen wie jede andere in deinem Kalender. Beginne, indem du die Termine markierst, die zeitlich festgesetzt sind und nicht verschoben werden können – Veranstaltungen, Meetings und andere Verpflichtungen.

Als Nächstes – und das ist der entscheidende Teil – blockst du Zeitfenster für deine „A"-Aufgaben, die dich deinem großen Ziel näher bringen. Es mag sich zu Beginn ein wenig merkwürdig anfühlen, Zeit für etwas einzuplanen, das auf den ersten Blick weder wichtig noch dringend erscheint. Aber um die Erfüllung deines Traums zur obersten Priorität in deinem Alltag zu machen, solltest du dir unbedingt einen entsprechenden Zeitraum dafür einplanen und diesen dann so behandeln und einhalten, wie du es bei jeder anderen Art von Meeting oder Verabredung tun würdest.

Nachdem du die Zeiträume für deine „A"-Aufgaben definiert hast, kannst du nun den Kalender mit den „B"-Aufgaben füllen, insbesondere mit denen, die von besonderer Bedeutung sind. Auch das kann sich eventuell komisch anfühlen, seine Zeit so vollends zu verplanen, aber ich habe für mich herausgefunden, dass ich nur so wirklich allen meinen Verpflichtungen gerecht werden kann.

Hier sind einige weitere nützliche Hilfestellungen:
- Plane immer mehr Zeit ein, als du voraussichtlich benötigst. Wir brauchen in den meisten Fällen länger, als wir denken. Beginne damit, dir für eine Aufgabe die doppelte

Zeit zu nehmen, und sobald du dein Tempo etwas besser einschätzen kannst, vielleicht noch fünfzig Prozent mehr.
- Sofern möglich, versuche deine Tage in ein- oder zweistündige Blöcke einzuteilen. Studien haben ergeben, dass dies der perfekte Zeitraum ist, um kontinuierlich an einer Aufgabe zu arbeiten. Lange genug, um komplett einzutauchen, aber nicht zu lange, sodass dein Gehirn durchgehend die volle Leistung erbringen kann.
- Plane tägliche Puffer mit ein. Dies sind Zeitfenster, in denen nichts Konkretes geplant ist. Dies gibt dir die Möglichkeit nachzuarbeiten, wenn du mit einer Aufgabe nicht ganz fertig geworden bist, oder dich Notfällen zu widmen, die spontan aufkommen. Je unvorhersehbarer die Ereignisse in deinem Alltag sind, desto mehr solcher Puffer solltest du in deinen Wochenplan integrieren.
- Vergiss nicht, ausreichend Zeit für die Übergänge zwischen Aufgaben oder für eventuelle Vorbereitungen mit einzurechnen.
- Denke unbedingt daran, auch Zeit für Hobbys und Pausen einzuplanen – Zeit für Sport, Meditation, Fernsehen, Lesen, die Familie oder einfach für unstrukturierte Freizeit. Jeder braucht Pausen! Und diese Zeit bewusst in deinen Tagesablauf zu integrieren, hilft dir dabei, deine Freizeit ohne Schuldgefühle zu genießen in dem Wissen, dass es gerade nichts anderes gibt, das eigentlich erledigt werden müsste.

Der Schlüssel zum Erfolg ist hierbei, die Termine, die du mit dir selbst machst, genauso ernst zu nehmen, wie du es auch mit Verabredungen tust. Und wie bei allem anderen auch wird diese Art der Zeiteinteilung leichter, je öfter du sie praktizierst.

Tägliche Entscheidungen

Zu gern würde ich dir an dieser Stelle mitteilen, dass jetzt, da du dein großes Ziel in kleine Etappen eingeteilt hast und alle Geheimnisse der effizienten Planung kennst, alles Weitere reibungslos verlaufen wird. Immerhin hast du genau definiert, was du willst und was zu tun ist, um dieses Ziel zu erreichen. Der schwierigste Teil ist erledigt, richtig?!

Leider nein.

In Wirklichkeit hast du zwar eine eigene kleine Straßenkarte erstellt – oder um es in modernen Worten zu sagen: Du hast das GPS programmiert –, aber nun musst du ins Auto einsteigen und *losfahren*, um dort anzukommen, wo du gern hinmöchtest.

Das bedeutet, dass du jeden Tag aufs Neue die Entscheidung treffen musst, deinem Plan zu folgen, dich auf deine Prioritäten zu konzentrieren, die Aufgaben auch wirklich zu erledigen und so produktiv wie möglich zu sein.

Diese Entscheidung fällt uns nicht immer leicht. Manchmal – insbesondere, wenn eine Aufgabe besonders schwierig erscheint – haben wir nicht wirklich Lust dazu, die Dinge zu erledigen, die erledigt werden müssen. In anderen Fällen werden wir „rückfällig" und bekommen das Gefühl, andere Dinge seien wichtiger und dringender: die E-Mail, die unsere Aufmerksamkeit verlangt, das Projekt auf der Arbeit, das so schnell wie möglich erledigt werden soll, die höhnische Bemerkung unserer Schwester, der dramatische Aufruhr im Elternrat, den wir doch eigentlich ignorieren wollten, die neue Wunderdiät, auf die plötzlich jeder schwört. Und das macht es umso schwieriger, uns auf unser eigentliches Ziel zu fokussieren.

Ich habe vor einigen Jahren ein Buch gelesen, das die Art, meine täglichen Aufgaben anzugehen, für immer veränderte. Es ist das Buch *Eat That Frog: 21 Wege, wie Sie in weniger Zeit mehr erreichen* von Brian Tracy. Der Titel ist an ein Zitat angelehnt, das oft Mark Twain zugeschrieben wird: „Wenn du jeden Morgen einen lebendigen Frosch isst, wirst du das Schlimmste, das dich an diesem Tag erwartet, bereits hinter dir haben." Tracy führt das in seinem Buch noch weiter aus: „Wenn Sie zwei Frösche essen müssen, dann essen Sie den unappetitlicheren zuerst."[II]

Die Bedeutung dieser Aussage – und des Buches – ist, dass du den Tag am besten mit den unangenehmsten (unappetitlichsten), aber wichtigsten Aufgaben beginnst. So hast du die größte Herausforderung bereits gemeistert und somit eine Menge geschafft, auch wenn du für den Rest des Tages nicht mehr viel tust.

Die Zeit vergeht wie im Flug, und wir lassen uns nur allzu leicht von den banalen – wenn auch notwendigen – Aufgaben des Alltags ablenken. Wir verbringen oft den Großteil unseres Tages damit, uns um scheinbare Notfälle und die Anfragen anderer zu kümmern, anstatt uns auf die Aufgaben zu fokussieren, die uns tatsächlich voranbringen.

Das Hauptproblem dieser Lebensweise ist, dass unsere Willensstärke im Laufe des Tages nachlässt. Wir beginnen jeden neuen Tag mit einer gewissen Menge an Selbstdisziplin, doch im Laufe der Zeit lässt diese in der Regel kontinuierlich nach. Wenn wir uns gleich morgens um die banalen und einfachen Aufgaben kümmern, dann verschwenden wir unsere Ressourcen. Den unappetitlichsten Frosch als Allererstes zu verspeisen, bedeutet, dass wir uns die nötige Energie und Disziplin nehmen, um die wirklich wichtigen Dinge auch wirklich zu erledigen.

An fast jedem Tag gibt es einen dieser Frösche. Wenn wir unsere Ziele ernsthaft verfolgen und unsere Träume verwirklichen wollen, müssen wir uns jeden Tag neu dafür entscheiden, zu handeln und etwas – irgendetwas – zu tun, das uns dem großen Ziel einen Schritt näher bringt.

Es gilt also, sicherzustellen, dass die wichtigen Aufgaben zuerst erledigt werden. Dafür müssen wir uns klarmachen, dass wir nie genug Zeit oder Energie für die Verwirklichung unserer Träume haben werden, wenn wir sie uns nicht bewusst nehmen und unsere langfristigen Ziele an erste Stelle setzen. Ansonsten werden die banalen Aufgaben des Alltags immer die Oberhand gewinnen.

Über die Jahre habe ich immer und immer wieder die Erfahrung gemacht, dass die richtigen Gewohnheiten der Schlüssel zum Erfolg sind. Je mehr gute Gewohnheiten wir uns aneignen, desto mehr Willenskraft und innere Stärke gewinnen wir, die uns wiederum dabei helfen, unsere Träume zu verwirklichen.

Wenn wir also das Arbeiten an den wirklich wichtigen Aufgaben zu einer *Gewohnheit* machen, etwas, das automatisch und ohne jeden bewussten Gedanken abläuft, wird mit der Zeit für ebenjene Aufgaben der Autopilot unseres Gehirns aktiviert, was uns entsprechend mehr Ressourcen und Disziplin zur Verfügung stellt, um uns den „B"- und „C"-Aufgaben zu widmen. Das mag wie ein Wunder klingen, aber je mehr wir über den Autopilot laufen lassen, desto mehr Willensstärke haben wir für die Dinge, die wirklich unsere Aufmerksamkeit benötigen. Unsere Gewohnheiten bestimmen letzten Endes, wie viel wir täglich schaffen. Deshalb ist es so wichtig, dass wir uns aktiv mit ihnen auseinandersetzen.

Ich bin der Meinung, dass du deine Produktivität am effektivsten steigerst und dir selbst und deinen Zielen den größten Gefallen tust, wenn du dir jeden Morgen etwa eine Viertelstunde Zeit nimmst, deinen Tag zu planen.

Ich persönlich nutze die *Daily-Do-It*-Haftnotizen (erhältlich unter livingwell.shop), um meinen Tag zu planen. Sie sind so konzipiert, dass sie dir dabei helfen, deinen Tag zielgerichtet zu beginnen, konzentriert zu bleiben und deinen Fokus auf die größten und wichtigsten Aufgaben zu legen. Sie sind dein Leitfaden für einen produktiven Tag. Sie geben dir den klaren Überblick, den du benötigst, um tatsächlich etwas zu schaffen – oft sogar mehr, als du für möglich gehalten hättest. Es mag sich zunächst wie Zeitverschwendung anfühlen, diesen Prozess jeden Morgen zu wiederholen, vor allem, wenn die Aufgaben jeden Tag die gleichen sind. Aber ich kann dir versichern, dass sich die Menge der erledigten Aufgaben sichtbar steigern wird.

Wenn wir keinen konkreten Plan erstellen, drehen wir uns im Kreis. Wenn wir jedoch unser großes Ziel in übersichtliche Einheiten aufgeteilt haben und dementsprechend täglich mit unserem Aktionsplan arbeiten, behalten wir leichter den Überblick und den Fokus.

Und so führen tägliche, kleine Entscheidungen zu großen Ergebnissen.

So planst du deinen Tag mit *Daily Do It*

Das ist am wichtigsten: Gibt es *eine* Sache, die du heute tun kannst, um alles andere leichter zu machen? Auf dieser Aufgabe sollte dein Fokus liegen. Richte alle anderen Aufgaben darauf aus.

Das muss ich machen: Dies sind deine „A"-Aufgaben, die dich deinem großen Ziel einen Schritt näher bringen. Schreibe sie ganz oben auf deine Liste, um sicherzugehen, dass du dir entsprechend Zeit dafür nimmst.

Das sollte ich machen: Das sind deine „B"-Aufgaben, die erledigt werden müssen, aber nicht unbedingt in Verbindung mit deinem übergeordneten Ziel stehen.

Das würde ich gern machen: Dies sind deine „C"-Aufgaben – also die Dinge, die du gern erledigen würdest, wenn du die Zeit dazu findest, die aber problemlos aufgeschoben werden können. Achte darauf, dass an dieser Stelle keine „A"-Aufgaben auftauchen!

Das wünschen sich andere von mir: Hier kannst du jegliche Anfragen oder Wünsche von anderen an dich eintragen – Dinge, um die du gebeten wurdest, die aber nicht zwangsläufig in deinen Tagesablauf passen.

So sieht ein erfolgreicher Tag aus: Woran machst du deinen heutigen Erfolg fest? Was muss geschehen, damit du das Gefühl hast, wirklich etwas erreicht zu haben? Ist es ein bestimmter Punkt auf deiner Liste? Oder nur die Tatsache, dass du es geschafft hast, den ganzen Tag konzentriert bei der Sache zu bleiben? Lege diesen Punkt möglichst früh fest, um deinen Erfolg später effektiv zu ermitteln.

So sieht mein „Feier"-Abend aus: Wie möchtest du deinen heutigen Erfolg feiern? Sich selbst zu belohnen, verleiht dir Energie, hält deine Begeisterung bezüglich deiner Produktivität aufrecht und erinnert dich daran, dass du Fortschritte machst. Stelle also unbedingt sicher, dass du dir am Ende dieses Tages etwas Gutes tust.

Kapitel achtzehn
Baue einen Unterstützerkreis auf

Umgib dich mit inspirierenden Menschen

Inmitten von Hühnern beginnst du zu gackern, inmitten von Adlern fliegst du.
Steve Maraboli

Ich weiß immer ganz genau, wenn ich einen von „meinen Leuten" gefunden habe, wie ich sie gern nenne. Bei meinen engsten Freunden kann ich immer ich selbst sein – ehrlich und verletzlich – und mache mir nie Gedanken darüber, verurteilt zu werden. Mit ihnen kann ich auch über die unangenehmsten Themen reden.

Normalerweise sehe ich auf den ersten Blick, ob jemand zu mir passt, aber nicht immer. Mit meiner Freundin Gry zum Beispiel gab es direkt eine Verbindung. Wir nahmen beide an einer kleinen Konferenz teil, und in dem Moment, als sie ihre Hand hob und genau das aussprach, was ich dachte – eine nicht unbedingt weit verbreitete Meinung –, wusste ich, dass dies der Beginn einer wunderbaren Freundschaft war. Letzten Endes verlängerte ich meinen Aufenthalt und quartierte mich bei ihr im Hotelzimmer ein, nur damit wir noch ein wenig mehr Zeit miteinander verbringen konnten.

Wir hatten ein paar großartige gemeinsame Tage, bis wir schließlich wieder getrennte Wege gingen. Wir tauschten zwar ab und zu Nachrichten aus, aber so richtig miteinander unterhalten konnten wir uns erst achtzehn Monate später, als ich zufällig in New York City war, wo sie wohnte. Ich fragte, ob sie sich mit mir zum Mittagessen treffen wollte. Sie sagte zu und das Mittagessen erstreckte sich bis zum Kaffeetrinken, weiter zur Happy Hour und schließlich bis zum Abendessen.

In diesem Moment war ich mir ihrer Freundschaft wirklich sicher. Denn die besten Freunde sind die, mit denen sich auch nach Monaten oder Jahren des Schweigens alles so anfühlt, als wäre man nie voneinander getrennt gewesen.

Besonders aber liebe ich Gry dafür, dass sie mir geradeheraus sagt, wenn ich eine Idiotin bin, mich zusammenreißen und etwas verändern muss. Sie scheut sich nicht davor, ehrlich zu mir zu sein und mir auch die unangenehmen Dinge zu sagen, was viele andere sich nicht trauen. Und ich würde dasselbe für sie tun.

Die Verbindung zu meiner Freundin Susie war anfangs nicht ganz so eindeutig. Susie ist blond und zuckersüß, die lebhafteste und optimistischste Person, die ich kenne. Sie liebt nichts mehr als eine gute Party, und ich muss zugeben, dass ich bei unserem ersten Treffen dachte, sie sei ein Einfaltspinsel und wir hätten absolut keine Gemeinsamkeiten. Dann saßen wir uns bei einem Abendessen am Tisch gegenüber und begannen eine Unterhaltung. Wir sprachen über unsere Kindheit und darüber, wie es war, mit einer psychisch kranken Mutter aufzuwachsen. Ich weiß nicht, wie wir auf diese Themen kamen, aber das Gespräch war tief, offen und ehrlich – und mir wurde schnell klar, dass ich sie völlig falsch eingeschätzt hatte. Es stellte sich heraus, dass sie eigentlich ein kluges Köpfchen ist. Auch ihre positive Art ist keineswegs oberflächlich, sondern hart erarbeitet und wohlverdient. Susie hat Armut, Obdachlosigkeit und einen gewalttätigen ersten Ehemann überstanden – Dinge, die die meisten Menschen niederschmettern würden – und sich nie erlaubt aufzugeben.

Und dann ist da noch Laura, die ich schon zu meinen Freundinnen zählte, noch bevor ich sie traf. Sie war sowohl mit Gry als auch mit Susie befreundet, die uns beide unbedingt miteinander bekannt machen wollten. Als wir uns schließlich trafen, fühlte es sich an, als würden wir uns schon ewig kennen.

Diese drei Frauen, jede von ihnen klug, humorvoll und ehrlich, bilden meinen persönlichen Unterstützerkreis. Sie sind diejenigen, die mich ermutigen und zur Rechenschaft ziehen. Sie sagen mir, wenn ich mich irre, und lassen es mich ebenso wissen, wenn ich auf dem richtigen Weg bin. Sie bringen mich zum Lachen und manchmal auch zum Weinen. Aber sie haben dabei immer die besten Absichten. Es gibt keine Heuchelei, keine Oberflächlichkeiten und kein Schikanieren – nichts als Ehrlichkeit, Verletzlichkeit, Unverfälschtheit und das Bedürfnis, die jeweils andere aus ihrer Komfortzone zu locken und so zur besten Version ihrer selbst werden zu lassen.

Wir treffen uns alle paar Monate persönlich, um uns drei Tage lang intensiv auszutauschen und einmal im Monat halten wir uns via Telefonkonferenz auf dem Laufenden. Außerdem schicken wir uns regelmäßig Nachrichten, ob zur Motivation oder mit der Bitte um Rat, aber immer auf der Suche nach irgendeiner Form von Unterstützung.

Ich bin so unendlich dankbar für diese drei Frauen und für all die anderen innigen Freundschaften, die ich im Laufe der Jahre dazugewinnen durfte. Ich liebe es, Menschen in meinem

Leben zu haben, die mir unter allen Umständen die Wahrheit sagen. Und je älter ich werde, desto mehr wird mir bewusst, wie wertvoll ebenjene Menschen sind – Freundschaften, die nicht nur an der Oberfläche kratzen, sondern echte Eigenverantwortung fördern. Beziehungen, die mir zeigen, dass ich zu mehr fähig bin, als mir bewusst ist.

Man passt sich immer seiner Umgebung an

Autor und Unternehmer Jim Rohn hat mal gesagt, dass wir eine Mischung aus den fünf Menschen sind, mit denen wir die meiste Zeit verbringen.[12] Das mag zwar ein wenig übertrieben klingen, aber unsere Freundschaften und Beziehungen haben tatsächlich einen starken Einfluss darauf, wie wir unser Leben gestalten, ob wir es glauben oder nicht.

Das Bedürfnis, sich anzupassen und dazuzugehören, entsteht schon in jungen Jahren und wir werden es nie ganz los. Wir folgen einem bestimmten Dresscode, artikulieren uns auf eine bestimmte Weise, nehmen an bestimmten Aktivitäten teil, sehen uns bestimmte Fernsehsendungen an, essen bestimmte Dinge, sind ein Fan von bestimmten Sportvereinen und Promis, fahren bestimmte Autos, wählen bestimmte Parteien, kaufen in bestimmten Geschäften ein, lesen bestimmte Bücher und reden über bestimmte Themen. Weil die Menschen um uns herum – der Kreis, in dem wir uns bewegen – dasselbe tun.

Wir denken, dass wir unsere eigenen Entscheidungen treffen, aber ist das wirklich der Fall? Wie sehr würden sich unsere Geschmäcker und Ansichten verändern, wenn wir plötzlich mit einer völlig neuen Umgebung und völlig anderen Menschen konfrontiert würden?

Im letzten Jahr sind meine Familie und ich für ein Jahr zurück in meine Heimatstadt Lynden in Washington gezogen, um näher bei meiner Mutter sein zu können, die mit Demenz diagnostiziert worden war. Die Population von Lynden besteht hauptsächlich aus niederländischen Einwanderern, und die Stadt ist einer dieser Orte, die fast schon unnatürlich idyllisch sind. Ich, die ich hier aufgewachsen war, bemerkte all die dezenten sozialen Normen und besonderen Verhaltensweisen dieser Community nicht, aber mein Mann als Außenstehender sah sie definitiv.

Wenn man in Lynden beispielsweise jemand Unbekanntem begegnet, wird erwartet, dass man irgendeine Verbindung zu dieser Person herstellt. Dieses Prozedere wird auch manchmal „Holland-Bingo" genannt. Dabei ist es deine Aufgabe, herauszufinden, zu welcher Familie der Unbekannte gehört und wie er mit dir in Verbindung stehen könnte, zum Beispiel über die Kirche, die Schule oder familiäre Beziehungen. Chuck fand es immer ziemlich merkwürdig, wenn vollkommen fremde Menschen plötzlich verkündeten, dass der Cousin seines Schwiegervaters mit der Schwägerin ihrer Großtante verheiratet war.

Uns fielen noch weitere Dinge auf im Laufe des Jahres, das wir in dieser Kleinstadt verbrachten. Mütter beispielsweise hatten einen bestimmten Kleidungsstil – sie ähnelten einander wie ein Ei dem anderen, sahen aber ganz anders aus als beispielsweise Mütter in Florida. Niemand mähte seinen Rasen am Sonntag und Unterhaltungen liefen so gut wie immer auf das Thema Sport hinaus. Es war nicht so, dass alle absichtlich versuchten, miteinander übereinzustimmen. Trotzdem gab es an diesem Ort eine ganz bestimmte Kultur, und wer sich länger dort aufhielt, konnte nicht anders, als mitzumachen.

Man muss dazu sagen, dass die Bewohner von Lynden oft ihr ganzes Leben hier verbringen und Familien seit Generationen hier hausen, sodass das Ganze tatsächlich als eine Art „geschlossene Gesellschaft" betrachtet werden kann. Und während die meisten sozialen Kreise nicht zwangsläufig homogen sind, so neigen sie doch dazu, ihre eigenen Normen zu entwickeln.

Dagegen ist absolut nichts einzuwenden, solange du sicherstellst, dass die Normen, denen du dich anpasst – ob bewusst oder unbewusst –, die Normen sind, mit denen du dich *tatsächlich* identifizieren möchtest.

Wenn du in einem Unternehmen arbeitest, in dem die Kollegen pessimistisch und unmotiviert sind oder es eine Menge Beschwerden und Lästereien gibt, so ertappst du dich höchstwahrscheinlich irgendwann dabei, wie du selbst in diesen Modus verfällst. Wenn die anderen Frauen im Fitnessstudio so aussehen, als würden sie auf den Laufsteg und nicht aufs Laufband gehen, so wirst du vermutlich in Zukunft auch etwas mehr auf dein Sport-Outfit achten. Wenn die anderen Gemeindemitglieder sich immer besonders fromm ausdrücken, wirst du das mit großer Wahrscheinlichkeit ebenfalls übernehmen – meist, ohne es zu merken. Wenn die Eltern um dich herum ihre Kinder unbedingt auf die „richtige" Schule schicken oder im „richtigen" Fußballverein anmelden wollen, so wirst du das auch höchstwahrscheinlich versuchen.

Und wenn die Menschen, mit denen du dich umgibst, nicht an mentalem Wachstum interessiert sind und kein Bedürfnis danach haben, neue Dinge auszuprobieren oder sich große Ziele zu setzen, dann kann es sehr schwer werden, die entsprechende Motivation für dein eigenes Leben zu finden.

Was also tun?

Kündigst du all deine Freundschaften und suchst dir andere Wegbegleiter? Verlässt du deinen Partner und brichst den Kontakt zu deiner Familie ab? Wie schaffst du eine neue Wachstumskultur um dich herum, wenn du dich noch immer in alten Kreisen bewegst? Wie befreist du dich von den sozialen Normen, die dich zurückhalten, ohne alles hinter dir zu lassen?

Es ist nicht so unmöglich, wie es im ersten Moment wirken mag.

Finde deine Leute

Nur, um das klarzustellen: Ich denke keineswegs, dass das Verlassen deiner Familie und die Kündigung diverser Freundschaften die richtige Lösung ist. Solltest du allerdings feststellen, dass die sozialen Normen deiner momentanen Umgebung dich davon abhalten, dein volles Potenzial auszuschöpfen, oder du in einem Muster gefangen bist, das dir nicht guttut, ist es vermutlich an der Zeit, deinen Kreis zu erweitern und eventuell sogar deine Zeit überlegter zu nutzen.

Ich verspreche dir, dass es da draußen Menschen gibt, die zu dir passen – Menschen, bei denen du eine starke Verbindung spürst, bei denen du ehrlich und einfach nur du selbst sein kannst, die dich im positiven Sinne herausfordern und die dir zeigen, wenn du die falsche Richtung einschlägst. Genauso warten diese Menschen auf jemanden wie dich, der ihr Leben auf dieselbe Weise bereichert, wie sie auch deines bereichern werden.

Es liegt an *dir,* sie zu finden.

Das bedeutet höchstwahrscheinlich, dass du aus der Behaglichkeit deines vertrauten Bekanntenkreises heraustreten musst, um dich auf die Suche nach weiteren Freunden zu begeben. Es bedeutet, dich an jemanden zu wenden, den du nicht so gut kennst, den du aber aus der Ferne bewunderst und der dich inspiriert. Es könnte bedeuten, sich neuen Aktivitäten zu widmen – an einem Kurs oder einer Konferenz teilzunehmen, einer Gruppe auf Facebook oder einem Online-Forum beizutreten, Teil eines Buchklubs zu werden oder eine Community wie doitscared.com zu finden.

Ich weiß, all das wirkt auf den ersten Blick ein wenig Furcht einflößend, insbesondere, wenn du dein ganzes bisheriges Leben in demselben kleinen Bekanntenkreis verbracht hast.

Lass mich dir jedoch versichern, dass es mit der Zeit einfacher wird. Je mehr du dich der Möglichkeit neuer Begegnungen und Freundschaften öffnest, desto überraschter wirst du sein, wie die richtigen Leute plötzlich von allein in dein Leben treten.

Es ist ähnlich wie beim Kauf eines neuen Autos – eine Erfahrung, die ich erst kürzlich gemacht habe. Ich habe recherchiert, Bewertungen gelesen, über meine Kriterien nachgedacht und die Auswahl schließlich auf zwei Modelle reduziert: einen Ford Explorer und einen Lincoln MKC.

Bevor ich über einen Autokauf nachdachte, hatte ich den Fahrzeugen um mich herum nie besondere Aufmerksamkeit geschenkt. Warum auch? Fünf Jahre lang hatten Chuck und ich uns ein Auto geteilt, und meistens war er es, der fuhr. Doch sobald der Kauf eines neuen Autos zur Debatte stand, sah ich plötzlich nichts anderes mehr, wenn ich unterwegs war. Und weißt du, welche Modelle mir immer wieder ins Auge fielen? Der Ford Explorer und der Lincoln MKC. Es fühlte sich fast so an, als würden sie mich verfolgen!

Bedeutet das, dass es auf den Straßen plötzlich einen besonders starken Zulauf von Fords und Lincolns gab? Hatte das Automobilwerk mit einer Überproduktion zu kämpfen, die zufällig mit meinem Wunsch nach einem neuen Auto zusammenfiel?

Natürlich nicht.

Ich sah diese spezifischen Modelle überall, weil mein Gehirn darauf fokussiert war. Und genauso funktioniert es auch mit Menschen. Wenn du die Art von Freundschaft identifizierst, die du dir wünschst, dann beginnt dein Gehirn damit, entsprechende Möglichkeiten auszumachen. Manchmal reicht es schon, deine Absichten festzulegen.

Echte Rechenschaftsbeziehungen pflegen

Was tun, wenn du deine Leute gefunden hast? Wie genau vertiefst du diese Beziehungen, führst tief gehende Unterhaltungen und schaffst die Vertrauensbasis zu einem Rechenschaftspartner, über die wir in Kapitel elf bereits gesprochen haben? Wie baust du einen Unterstützerkreis auf?

Beginne damit, mindestens eine vertrauenswürdige Person zu suchen, die dich auf die Weise unterstützt und zur Rechenschaft zieht, wie du es dir wünschst. Eine Person, die bereit ist, dasselbe auch von dir anzunehmen. Vielleicht möchtest du ja dieselbe Art von Beziehung mit verschiedenen Menschen für die verschiedenen Bereiche deines Lebens führen – eine Freundin, die dir auf professioneller Ebene zur Seite steht, und eine andere, die dich auf deinem Weg zu weniger Gewicht, besserer Elternschaft oder tieferem Glauben begleitet.

Ich habe beispielsweise neben meinem Unterstützerkreis noch einige andere enge Freundinnen, die mich auf unterschiedliche Weise zur Rechenschaft ziehen. Meine Freundin Bonnie, die ich kenne, seit unsere Kinder zusammen zur Vorschule gingen, treffe ich regelmäßig zum Mittagessen, um offen und ehrlich über die Schwierigkeiten zu sprechen, die entstehen, wenn man gleichzeitig Unternehmerin *und Mutter* ist. Meine

Freundin Alysha, die mich seit der sechsten Klasse kennt, kann bei Problemen eine umfassendere Sichtweise liefern als jeder andere. Edie ist eher eine Art geistliche Mentorin und ermutigt mich dazu, gründlicher über meinen Glauben nachzudenken. Laura und Heather, sowohl persönliche Freundinnen als auch Teil meines Managementteams, stellen mich auf der Arbeit fast täglich vor inspirierende Herausforderungen.

Jede Einzelne dieser Freundschaften bedeutet mir sehr viel, und jede von ihnen bringt mich auf ihre Weise voran. Es gibt solche Beziehungen, die mich erden und mir dabei helfen, auf der richtigen Spur zu bleiben. Und dann gibt es solche, die mich dazu ermuntern, mich zu verändern und mir die Richtung zu meinem Ziel weisen.

Rechenschaftspartnerschaften müssen übrigens nicht zwangsläufig im Verhältnis eins zu eins bestehen. Du kannst auch einer Gruppe beitreten oder eine eigene gründen, wie beispielsweise eine „Denkergruppe" zum Thema Unternehmensführung, eine Sportgruppe, einen Schreibklub oder einen Bibelkreis. Solche Zusammenschlüsse sind in der Regel etwas formeller organisiert und stellen außerdem eine perfekte Gelegenheit dar, um innerhalb der Gruppe neue, gleichgesinnte Freunde zu finden.

Behalte stets im Hinterkopf, dass die Gründung einer solchen Partnerschaft – ob nun mit einer Einzelperson oder in der Gruppe – nur dann funktioniert, wenn du Mitglieder auswählst, die ebenso überzeugt sind von dem, was sie tun, die ebenso an Wachstum interessiert sind und sich ebenso Veränderung in ihrem Leben wünschen wie du.

Hier sind einige weitere Ratschläge, wie du eine stabile Vertrauensbasis zu deinem Rechenschaftspartner aufbaust:

Sei verletzlich. Rechenschaft und Verantwortung funktionieren nicht, wenn du eine Abwehrhaltung einnimmst oder versuchst, dich als eine Version deiner selbst auszugeben, die nicht deinen wahren Gefühlen entspricht. Auch wenn das womöglich deine beste Waffe ist, dich in der großen weiten Welt zu behaupten, so solltest du sie gegenüber deinen Vertrauenspersonen aus der Hand legen, damit das Vorhaben funktioniert.

Weiterhin ist es wichtig, dir klarzumachen, dass du dich besonders dann verteidigen, schützen oder dich hinter deiner Maske verstecken möchtest, wenn du gestresst, emotional aufgeladen oder erschöpft bist. In solchen Momenten fällt es uns besonders schwer, uns auf unseren Rechenschaftspartner einzulassen, da sich bereits das kleinste Feedback wie harte Kritik anfühlt.

Eine gute Vertrauensperson wird erkennen, wenn wir nach unseren Waffen greifen oder eine Schutzmauer errichten, und uns entsprechend dazu ermutigen, gegen diesen Instinkt anzukämpfen und uns dem Kern des Problems zu widmen.

Lege die Grundregeln fest. Nicht jede Rechenschaftsbeziehung muss durch und durch formal sein, aber es ist dennoch sinnvoll, über die allgemeinen Richtlinien zu sprechen, um sicherzugehen, dass keine Missverständnisse entstehen und alle damit einverstanden sind, ehrliches Feedback zu geben und zu bekommen.

Eine Grundregel für deinen Unterstützerkreis könnte zum Beispiel Diskretion sein (wobei das eigentlich selbstverständlich sein sollte, aber manchmal ist es notwendig, solche Dinge laut auszusprechen). Du könntest zudem festlegen, wann Feedback geäußert werden kann und wann der jeweils andere besser nur zuhören sollte. Vielleicht möchtest du Wörter oder Sätze festhalten, die vermieden werden sollten, oder du hast eine bevorzugte Kommunikationsmethode, die du anwenden möchtest.

Definiere klare Ziele. Es ist schwierig, jemanden zu motivieren oder zur Verantwortung zu ziehen, wenn es keine konkreten Ziele gibt. Stelle deshalb sicher, dass alle Mitglieder deiner Gruppe ihre Ziele ganz klar äußern und dass jeder von ihnen nicht nur sein eigenes, sondern auch die Ziele der anderen im Auge behält.

Das könnte bedeuten, dass die Ziele bei jedem Treffen neu definiert werden oder sie eventuell irgendwo gesammelt und hochgeladen werden, wie beispielsweise in einem Dropbox-Ordner.

Nutze deine Zeit. Es ist nur allzu verlockend, sich ablenken zu lassen und bei Unterhaltungen den Fokus zu verlieren. Achte also darauf, die gemeinsame Zeit mit deinem Rechenschaftspartner oder deiner Gruppe sinnvoll zu nutzen. Lege bereits zu Beginn des Treffens konkrete Absichten fest. Was möchtest du gern aus der gemeinsamen Zeit mitnehmen? Welche aktuellen Probleme würdest du am liebsten diskutieren? Wo brauchst du einen kleinen Anstoß oder ein wenig Unterstützung von außen?

Sich diese Fragen zu stellen, kann dir dabei helfen, einen Anfang zu finden und alles Unwichtige von vornherein auszublenden.

Achte auf Regelmäßigkeit. Für die meisten von uns ist der Alltag manchmal ganz schön hektisch und wenn uns das Wasser bis zum Hals steht, leiden in der Regel unsere Beziehungen als Allererstes darunter. Wie kannst du also deine Rechenschaftspartnerschaften zu einer deiner obersten Prioritäten machen? Vielleicht hilft es, wenn du einen regelmäßigen Zeitpunkt festlegst, an dem ihr euch gegenseitig auf den neuesten Stand bringt – ein Mal pro Woche, ein Mal im Monat oder was immer sich für dich richtig anfühlt.

Meine Freundin Bonnie und ich vereinbaren immer schon unser nächstes Treffen, bevor wir uns voneinander verabschieden. Wenn wir das nicht tun, dauert es Monate, bis wir uns das nächste Mal sehen. Genauso handhaben wir es auch in unserem Unterstützerkreis: Wir legen einen bestimmten Zeitpunkt für unsere monatlichen Anrufe fest und planen unsere dreitägigen Treffen bereits Monate im Voraus, um sicherzugehen, dass sich jede von uns diesen Termin freihält.

Stelle herausfordernde Fragen. Ein äußerst wichtiger Teil in der Beziehung zu deinem Rechenschaftspartner ist die Bereitschaft, tiefgründige und prüfende Fragen zu stellen. Das bedeutet, jemandem ehrlich zu sagen, wenn er sich entgegen seiner eigentlichen Ansichten oder Zielsetzungen verhält, oder aber ihm einen kleinen Schubs zu geben, wenn er sich selbst im Weg steht.

An dieser Stelle kann das Ganze durchaus unangenehm werden, weil du hier aus deiner Komfortzone heraustrittst und dich in unbekannte Gefilde begibst. Das mag einerseits ein bisschen beängstigend sein, andererseits ist das aber genau der Punkt bei einer Rechenschaftsbeziehung: dass wir uns verantwortlich zeigen – sowohl für unser Verhalten als auch für das unseres Gegenübers.

Also, lege los und baue einen Unterstützerkreis auf! Finde heraus, welche Art von Unterstützung du benötigst, und dann suche gezielt nach Menschen, die dir dabei helfen, an dir zu arbeiten, und die dich zum Handeln motivieren. Dieser Schritt kann entscheidend für die Umsetzung deiner Ziele und Träume sein.

Kapitel neunzehn
Vermeide die Vergleichsfalle

Verfolge *deine* Ziele und Träume, nicht die eines anderen

Vergleich ist der Dieb der Freude.
Theodore Roosevelt

E s ist jedes Mal das Gleiche.

Jedes Jahr Anfang März bieten wir für fünf Tage eine öffentliche Anmeldung für die *Elite Blog Academy* an und begrüßen die neuen Studierenden, die bereit sind, ihre Leidenschaft in ein Unternehmen zu verwandeln. In den ersten Wochen schießt die Motivation durch die Decke. Alle beginnen an demselben Ausgangspunkt mit derselben Aufgabe. Alle sind voller Energie und können es kaum erwarten, eine neue Herausforderung zu meistern. Sogar die Absolventen werden von dieser Dynamik angesteckt. Es entsteht ein Gefühl von unendlichen Möglichkeiten.

Das ist so schön!

Aber dann, ungefähr Mitte April, beginnen die anfängliche Energie, die Aufregung und der Enthusiasmus zu schwinden. Denn die Wahrheit ist, dass die Gründung jedes erfolgreichen

Unternehmens mit viel harter Arbeit verbunden ist, und ein Online-Unternehmen gehört definitiv dazu. Ja, die Möglichkeiten sind schier grenzenlos, und doch muss man zunächst erheblichen Aufwand betreiben, bis möglichst alles funktioniert. Das ist der Moment, an dem unsere Studierenden sich auf ihren Hosenboden setzen und sich an die Arbeit machen müssen – ihre ganz eigene Leistung für ihr eigenes Unternehmen in ihrem eigenen Tempo erbringen müssen.

Die meisten finden mit der Zeit ihren Rhythmus und arbeiten sich Schritt für Schritt durch die Lektionen, wobei sie sie aufeinander aufbauen lassen, so wie der Kurs es vorsieht. Das sind diejenigen, die am Ende Erfolg haben, auch wenn die Reise für einige länger ist als für andere.

Es gibt allerdings auch immer mindestens einige Teilnehmer, die sich zu sehr damit beschäftigen, was die anderen tun. Sie vergleichen ihre eigenen Ansätze und Ideen mir denen ihrer Mitstudierenden und beginnen, an sich selbst zu zweifeln. Sie sehen, dass andere die Lektionen schneller beendet haben als sie selbst, und bekommen das Gefühl, den Anschluss zu verlieren. Anstatt sich auf ihre eigene Arbeit zu konzentrieren und dem Weg zu folgen, den der Kurs ihnen empfiehlt, suchen sie anderswo nach Antworten. Sie lesen jeden neuen Artikel zum Thema Bloggen, halten sich stundenlang in Foren und Facebookgruppen auf, hören sich unzählige Podcasts an und machen nebenher noch weitere Online-Kurse – und all das nur, um dem Eindruck entgegenzuwirken, sie könnten etwas verpassen.

Durch all diese Ablenkungen erhalten sie so viele gegensätzliche Informationen, dass sie schließlich aufgrund purer Unentschlossenheit wie gelähmt sind. Sie verbringen so viel Zeit damit, auf andere zu schauen, dass sie sich nicht auf ihre eigene Arbeit fokussieren können.

Das sind in der Regel die Kandidaten, die nicht vorankommen.

Denn egal, ob du versuchst, ein Unternehmen zu gründen, den Haushalt zu schmeißen, befördert zu werden oder einen bestimmten Traum zu verwirklichen: Der Vergleich mit anderen ist eine gefährli*che Falle,* die dich nicht mehr loslässt, sobald du darin gefangen bist.

Es ist so schon schwierig genug, auf dem richtigen Weg zu bleiben, wenn es um uns herum so viele verlockende Möglichkeiten und ablenkende Faktoren gibt. Die sozialen Medien erinnern uns kontinuierlich daran, was wir alles nicht tun, und zeigen uns all die Dinge, die wir verpassen. Wir vergleichen Jobs und Kleidung, Autos, Häuser und Status, ganz zu schweigen von unseren Fähigkeiten als Eltern sowie unserem Sozialleben und sogar unseren Beziehungen.

Ganz egal, wie gut wir uns in einem Bereich schlagen, es gibt immer jemanden, der es besser macht oder der zusätzlich in einem anderen Bereich erfolgreich ist.

Es ist genauso wie mit den Studierenden in der *Elite Blog Academy:* Je mehr wir darauf achten, was andere tun, und je mehr wir unsere Leistungen mit denen anderer vergleichen, desto weniger Erfolg werden wir in unserem eigenen Leben haben und desto unzufriedener werden wir sein. Der Vergleich mit anderen führt unweigerlich zu Frustration, dagegen können wir nichts tun. Trotzdem gibt es eine Möglichkeit, die Vergleichsfalle zu vermeiden, die so viele Menschen scheitern lässt.

Was bedeutet Erfolg für dich?

Ich denke, der Hauptgrund für die Gefahr, die von dem Vergleich mit anderen ausgeht, liegt in der Ungleichheit auf dem Spielfeld. Was du dir wünschst und was Erfolg für dich bedeutet, ist *deine* persönliche Definition. Das bedeutet, dass die Menschen, mit denen du dich vergleichst, in den meisten Fällen auf einem völlig anderen Weg sind als du – ein Weg mit anderen Regeln und anderen Zielen.

Wenn du nicht danach strebst, ein Haus zu besitzen, das aussieht wie aus einem Luxuskatalog, oder danach, einen Cadillac Escalade zu fahren, wieso solltest du dich (oder dein Haus oder Auto) dann mit einer Freundin vergleichen, die ihren Fokus genau auf diese beiden Dinge gelegt hat? Wenn dir nichts daran liegt, die Karriereleiter emporzuklettern und dir in der Unternehmenswelt einen Namen zu machen, wieso solltest du dann neidisch auf deine Schwägerin schielen, die genau dieses Ziel verfolgt? Wenn eine Weltreise dich nicht sonderlich reizt, wieso fühlst du dich dann wie ein Versager, wenn du von den Reiseabenteuern anderer Leute hörst?

Dein Weg ist dein Weg, und deine Träume zu verwirklichen, bedeutet herauszufinden, was für dich wichtig und von Bedeutung ist. Es bedeutet allerdings auch zu verstehen, dass die Dinge, die dir am Herzen liegen, nicht zwangsläufig denselben Stellenwert für andere haben und umgekehrt. Und das ist völlig in Ordnung.

Du bist niemandem etwas schuldig, außer dir selbst.

Außerdem musst du deine Träume vor niemandem rechtfertigen oder deine Ziele an die Ideen anderer anpassen. Dies ist dein Weg, deine Reise. Und wenn es sich für dich richtig anfühlt, dann ist das alles, was zählt.

An dieser Stelle geht es darum herauszufinden, was du willst und wie genau du Erfolg für dich definierst. Ist es ein toller Job, den du voller Leidenschaft ausübst? Ist es eine Menge Freizeit, die du mit deiner Familie verbringst, oder die Möglichkeit, zu Hause bei deinen Kindern sein zu können? Definierst du deinen Erfolg als Schuldenfreiheit oder das Abbezahlen eines Darlehens? Ist es ein größeres Haus, ein besseres Auto oder der Umzug in eine schönere Gegend? Bedeutet es für dich, die Beziehung zu den Menschen zu vertiefen, die dir am wichtigsten sind? Ist es Gewichtsabnahme und körperliche Fitness oder die Gründung eines eigenen Unternehmens? Fühlst du dich erfolgreich, wenn du ein Boot kaufst und um die Welt segelst? Oder ist Erfolg für dich die Leidenschaft für Gerechtigkeit, die Umwelt, die Verringerung der Armut oder der Wunsch, Gott zu ehren und zu dienen?

Was wünschst du dir mehr als alles andere? Wie sieht die Gestaltung eines erfüllten und glücklichen Lebens für dich aus? Denn letztendlich musst du darin und damit leben.

Deshalb ist es vollkommen zwecklos, sich mit anderen zu vergleichen. Und der Vergleich deines eigenen Weges mit dem einer völlig anderen Person führt unweigerlich dazu, dass du dich verläufst.

Wenn du also diese Vergleichsfalle vermeiden möchtest, solltest du zunächst herausfinden, was für dich persönlich den höchsten Stellenwert hat, worin deine eigenen Prioritäten bestehen und wie genau der Weg zu deinem Ziel aussieht.

Zum Glück haben wir über diesen Prozess bereits gesprochen. Du findest die Antworten auf genau diese Fragen, indem du ein konkretes Ziel formulierst und den Fokus auf selbiges legst. Noch eindeutiger werden die Antworten, wenn du dein Warum identifizierst und die tiefere Bedeutung hinter deinem Ziel definierst. Dein Aktionsplan entspricht deinem Wegweiser – der Route, der du folgen musst, um zu deinem Ziel zu gelangen.

Setze dir Scheuklappen auf

Auch wenn wir bereits einen Aktionsplan erstellt und eine entsprechende Route festgelegt haben, so gibt es in der Realität immer etwas, das uns ablenkt. Der schwierige Teil ist nicht die Erstellung des Plans. Ihm blind zu vertrauen, alles andere auszublenden und loszumarschieren – *das ist der Moment*, in dem es beginnt, schwierig zu werden.

Konkret zu handeln und am Ball zu bleiben, ohne sich ablenken oder in die Irre führen zu lassen, ist nie einfach. Denn – seien wir mal ehrlich – es kann einem ganz schön Angst einjagen, sich auf einen Plan zu verlassen, der vielleicht gar nicht funktioniert. Doch wir erinnern uns: Konkretes Handeln ist das beste Gegenmittel gegen die Angst. Und was die wenigsten Menschen begreifen, ist, dass der Schlüssel zum Erfolg darin liegt, weiterzumachen. Solange du kontinuierlich kleine Schritte in die richtige Richtung gehst, wirst du früher oder später ankommen.

Das Problem besteht für die meisten nicht darin, dass sie den falschen Weg gewählt haben. Das eigentliche Problem ist, dass viele Leute zu sprunghaft sind und ihre Richtung ändern, sobald sie eine neue Idee haben oder von etwas beeinflusst werden, was andere tun. So rennen sie stetig im Kreis oder taumeln hin und her, ohne jemals irgendwo anzukommen, anstatt gewissenhaft und kontinuierlich in dieselbe Richtung zu gehen.

Genau das ist es, was mit den Studierenden der *Elite Blog Academy* passiert, die ihre eigenen Leistungen ununterbrochen mit denen der anderen vergleichen, sich nur die ansprechendsten Aufgaben heraussuchen oder das tun, was andere sagen, ohne zu überprüfen, ob es wirklich das ist, was zu ihnen passt oder was sie sich für sich selbst vorgestellt haben.

Dasselbe geschieht auch bei jeder anderen Art von Ziel, sofern du nicht dazu bereit bist, deine Scheuklappen aufzusetzen und dich an die Arbeit zu machen.

Behalte das immer im Hinterkopf.

Nehmen wir mal an, dein größtes Ziel besteht darin, deine Hypotheken und Kredite abzubezahlen und zu hundert Prozent schuldenfrei zu werden. Einige Monate lang läuft alles super. Du hast aufgehört, auswärts zu essen, hältst dich beim Shoppen zurück und hast deine Ausgaben insgesamt drastisch reduziert.

Und dann ... passiert das, was so typisch für das Leben ist. Du siehst all die tollen Dinge, die deine Freunde in den sozialen Medien posten – Urlaubsbilder, neue Klamotten und durchgefeierte Nächte. Du wirst neidisch, und während du weiter nach links und rechts schaust, kommt dir das große Ziel, das zu Beginn noch so wichtig schien, nur noch halb so genial vor. Du vermisst es, dich mal so richtig zu amüsieren. Langsam beginnst du, wieder in die alten Muster zu verfallen. Ein Besuch bei Starbucks hier, ein neues Outfit dort, immer öfter der Besuch in deinem Lieblingsrestaurant. Bis dir eines Tages bewusst wird, dass du wieder genau dort bist, wo du angefangen hast.

Unabhängig davon, was du anstrebst, spielt sich die gleiche Geschichte immer wieder aufs Neue ab. Es beginnt mit der ersten Phase voller Energie und Enthusiasmus, in der sich alles neu und aufregend anfühlt. An dieser Stelle fühlst du dich unbesiegbar, so als ob absolut nichts dich aufhalten könnte. Es ist der anfängliche Adrenalinschub, der einsetzt, wenn du deine Komfortzone verlässt. Ein Gefühl der Grenzenlosigkeit.

Aber das hält nicht lange an.

Denn anschließend kommt der chaotische Mittelteil, der Moment, in dem alles „real" wird, vielleicht sogar schmerzhaft. Hier beginnt die harte Arbeit und mit ihr kommen Erschöpfung, Frustration und Zweifel – und trotzdem ist diese Phase ebenso wichtig wie jede andere.

Doch gerade weil es hart und schmerzhaft wird, beginnen viele während dieser Phase damit, sich nach etwas umzusehen, das leichter und aufregender ist. Sie vergleichen ihren aktuellen Standpunkt – den chaotischen Mittelteil – mit jemandem, der all die Arbeit bereits erfolgreich erledigt und diesen Abschnitt entsprechend hinter sich gebracht hat. Oder sie vergleichen sich mit jemandem in der Anfangsphase voller Energie und Motivation und wünschen sich dorthin zurück. Selbst wenn das bedeutet, mit etwas ganz Neuem anzufangen und nie irgendetwas zu erreichen.

Je nach Ziel kann diese Phase der chaotischen Mitte sehr, sehr lange andauern. Wochen, Monate, manchmal sogar Jahre. Es braucht sowohl eine Menge Entschlossenheit, Durchhaltevermögen und Biss, um durchzuhalten, als auch die Bereitschaft, die Scheuklappen aufzusetzen, sich an den Plan zu halten und die notwendige Arbeit zu erledigen.

So gelangst du schließlich zur letzte Phase – dem Teil, in dem die harte Arbeit geschafft ist, ihre Wirkung zeigt und du dich an der reichen Ernte erfreuen darfst. Diese Phase erreichen leider die wenigsten, da viele unterwegs stecken bleiben oder frustriert aufgeben und sich etwas Neuem widmen – wieder und wieder.

Lass nicht zu, dass dir das Gleiche passiert.

Setze lieber sofort deine Scheuklappen auf, sobald du dein Ziel vor Augen und einen konkreten Plan erstellt hast. Achte nicht auf das, was um dich herum passiert, und vergleiche dich vor allem nicht mit anderen. Vertraue auf den Prozess und mache dir bewusst, dass es schwierig sein muss. Wenn es einfach wäre, dann würde es jeder tun.

Denke daran: Die größten Erfolge sind die, für die man hart arbeiten muss.

Übe dich in Dankbarkeit

Wenn es darum geht, der Vergleichsfalle zu entkommen, dann gibt es einen weiteren wesentlichen Punkt, der einen gewaltigen Unterschied machen kann – unabhängig davon, in welcher Phase wir uns gerade befinden.

Dankbarkeit.

Nichts ist einfacher und richtungsweisender, als sich die Zeit zu nehmen und über die Dinge nachzudenken, für die wir dankbar sind.

Im Alltag führt Vergleich fast ausnahmslos zu Unzufriedenheit – das Gefühl, dass unsere Besitztümer oder unsere Erfolge nicht genug sind. Und obwohl nicht jede Art von Unzufriedenheit schlecht ist – manchmal brauchen wir diesen sanften Anstoß, um uns unseren Ängsten zu stellen oder etwas zu verändern –, ist das Gefühl, dass uns im Vergleich zu anderen etwas fehlt, im Allgemeinen nicht sehr hilfreich.

Dankbarkeit kann hier Abhilfe schaffen.

Anstatt uns auf die Dinge zu fokussieren, die wir nicht haben, richten wir unsere Aufmerksamkeit auf das, was wir haben. Anstatt uns Vorwürfe zu machen für alles, was wir noch nicht erreicht haben, feiern wir die kleinen Meilensteine entlang des Weges. Anstatt sehnsüchtig zum Horizont zu blicken, schauen wir zurück und sehen, wie weit wir bereits gekommen sind.

Wir können nicht immer kontrollieren, was um uns herum geschieht oder wie andere uns behandeln. Was wir jedoch unter Kontrolle haben, ist unsere Reaktion auf all diese Dinge. Eine beständige Haltung der Dankbarkeit einzunehmen, ist die beste Möglichkeit, um der Opferrolle zu entkommen und das Gefühl loszuwerden, anderen gehe es besser als uns.

Genauso wie Mut ein Muskel ist, der durch Übung stärker wird, so wird auch Dankbarkeit immer leichter und natürlicher, je mehr uns darin üben – bis sie schließlich ein Teil von uns wird.

Ein weiterer Pluspunkt der Dankbarkeit ist, dass sie uns umgehend glücklicher macht. Denn es ist nahezu unmöglich, unzufrieden zu sein, wenn wir uns auf die Dinge konzentrieren, für die wir dankbar sind.

Ein Leben zu gestalten, das du *liebst,* beginnt mit der Wertschätzung des Lebens, das du *hast*. Es geht um *dein* Leben. Also tritt nicht in die Vergleichsfalle. Sondern verfolge die Ziele und Träume, die dir wichtig sind, nicht die eines anderen

Kapitel zwanzig
Verzichte auf Ausreden

Suche nicht nach Ausflüchten, sondern nach Wegen

*Der Grund für meinen Erfolg: Ich habe nie
Ausreden erfunden oder akzeptiert.*
Florence Nightingale

Man merkt es ihr aufgrund ihrer Lebhaftigkeit und ihres Optimismus nicht an, aber meine Freundin Susie hatte wahrhaftig kein einfaches Leben.

Sie wuchs in Großbritannien in ärmlichen Verhältnissen auf und war auf die dortige Sozialhilfe angewiesen. Ihre Mutter war psychisch krank und ihr alkoholabhängiger Vater neigte dazu, regelmäßig für mehrere Monate oder sogar Jahre zu verschwinden. Ihr Alltag war daher völlig unvorhersehbar.

Ihre Familie zog immer wieder um. Wenn es gut lief, fanden sie eine Unterkunft in einer staatlich geförderten Wohnung; in schlechten Zeiten kamen sie in Obdachlosenheimen unter. Als Kind schämte sich Susie sehr für ihre Eltern und war stets darum bemüht, unangenehme Details vor ihren Lehrern und Klassenkameraden zu verbergen.

Als Teenager stolperte sie dann über ein Buch mit dem Titel *Denke groß*. Darin gab es ein Kapitel, das erklärte, dass Ausreden unweigerlich zu Misserfolg führten und man diese Neigung überwinden müsse, wenn man im Leben erfolgreich sein wolle. Von da an schwor sich Susie, ihr Leben nicht länger von äußeren Umständen bestimmen zu lassen und keine Ausreden mehr zuzulassen.

Und das schaffte sie auch.

Trotz fehlender Ausbildung ging sie zunächst nach Australien und kam anschließend in die USA, wo sie eine extrem erfolgreiche Karriere im Vertriebsbereich hinlegte und als Mitarbeiterin eines der umsatzstärksten Unternehmen ein sechsstelliges Jahresgehalt bezog. Während die meisten Menschen an ihrer Stelle durchaus zufrieden gewesen wären, wusste Susie, dass ihre Berufung an anderer Stelle lag. Und so kündigte sie schließlich ihren Job und gründete ihre eigene Lebensberatungs- und Motivationspraxis.

Mittlerweile inspiriert Susie Moore als Bestsellerautorin von *What If It Does Work Out?* – zu deutsch: Was, wenn es tatsächlich funktioniert? – Tausende Menschen und motiviert sie dazu, ein zielorientiertes und sinnbestimmtes Leben zu führen.[13]

Und das alles nur, weil sie sich geweigert hat, Ausreden zu (er-)finden.

Meine Freundin Edie ist zwar in Appalachia aufgewachsen, also weit weg von Großbritannien, dennoch gleicht ihre Geschichte der von Susie. Eine Geschichte, die sie in herzzerreißenden Einzelheiten in ihrem Buch *All the Pretty Things* – All die schönen Dinge – erzählt. Ein alkoholabhängiger Vater. Extreme Armut. Dauernder Hunger. Keine Stabilität.

Ohne ein geeignetes Vorbild und mit einer Familie bestehend aus Alkoholikern, Verrückten und Kriminellen war Edie dafür prädestiniert, in dieselben Muster zu verfallen. Schließlich war diese Lebensweise alles, was sie kannte. Doch genau wie Susie beschloss Edie bereits in jungen Jahren, nicht länger in der Opferrolle zu verharren.

Im Alter von etwa neun Jahren machte sie eine entscheidende Erfahrung. Sie wollte damals gern Teil eines Cheerleader-Teams werden, aber ihre Mutter konnte zu diesem Zeitpunkt keine Turnstunden bezahlen. Also lernte Edie das Tanzen auf dem Spielplatz von den anderen Mädchen, die ihrerseits Turnstunden nahmen. Sie trainierte so hart, dass sie besser wurde als alle anderen. Als die Aufnahmeprüfungen näherrückten, war sich Edie absolut sicher, es ins Team zu schaffen, da ihre Sprünge und Saltos die der anderen bei Weitem übertrafen.

Aber dann, erklärte sie, „schaffte ich es doch nicht, weil ... nun ja ... weil ich eins dieser Kinder war ... Wahrscheinlich kennst du diese Art von Kindern: Sie tragen nicht die richtige Kleidung. Sie sehen so aus, als würde niemand richtig für sie sorgen. Man sieht sie voller Mitleid an und würde sie am liebsten mit nach Hause nehmen und sich um sie kümmern. Ich war so ein Kind. Ich hatte weder die richtigen Schuhe noch die richtigen Klamotten. Ich kam nicht aus der richtigen Familie."[14]

Einige der anderen Eltern, die sich das Vortanzen angesehen hatten, waren außer sich, als Edie nicht bei den Cheerleadern aufgenommen wurde. Sie überzeugten die Trainerin davon, ihre Meinung zu ändern. Als diese jedoch am nächsten Tag zu Edie nach Hause kam, um ihr einen Platz im Team anzubieten, lehnte Edies Mutter ab. Sie war der Meinung, das Team würde Edie nicht verdienen, wenn die Trainerin Edies Talent nicht auf den ersten Blick erkannte.

Edie erinnert sich daran, „wie ihr kleines Kinderherz zu ihr sagte: ‚Niemand soll mich jemals wieder ablehnen. Von nun an werde ich mein Allerbestes geben und die Allerbeste sein. Ich werde so hart arbeiten, dass niemand mich jemals wieder ablehnen kann.'"[16]

Von diesem Moment an arbeitete Edie *tatsächlich* härter als alle anderen. Sie bestand ihr Abitur mit Auszeichnung, studierte Medizin und wurde Hausärztin. Und schließlich gab sie – ähnlich wie Susie – ihren sicheren Beruf auf, um ihren eigenen Weg zu gehen. Zunächst unterrichtete sie ihre zwei jüngsten Töchter zu Hause und eines Tages gründete sie dann ihr eigenes – äußerst erfolgreiches – Unternehmen.

Sowohl Susie als auch Edie hätten sich nur allzu leicht ihren Lebensumständen ergeben können. Niemand hätte ihnen einen Vorwurf gemacht – wie könnte man auch erwarten, dass jemand solch extreme Armut, solch gestörte Familienverhältnisse einfach so überwindet? Es war nicht ihr Fehler, sie waren lediglich Opfer äußerer Einflüsse.

Doch Susie Moore und Edie Wadsworth wollten ihre Opferrolle nicht akzeptieren und weigerten sich, sich selbst aufzugeben. Ihre feste Entschlossenheit, über ihre nachteilige Situation hinauszuwachsen, begann mit der Entscheidung, keine Ausreden mehr vorzuschieben.

Denn das ist im Grunde der einzige Weg.

Du bist der einzige Faktor, den du kontrollieren kannst

Meine Töchter gehen auf eine Schule, an der Uniformen getragen werden – eine Regel, für die ich unglaublich dankbar bin. Ein Jahr lang besuchten sie eine Schule ohne Uniform und die täglichen Diskussionen bezüglich des richtigen Outfits machten mich zu einer starken Befürworterin von Dresscodes!

Doch selbst mit einer relativ strengen Regelung hinsichtlich der Uniformen ist meine Tochter Maggie noch immer sehr pingelig, wenn es um ihr Äußeres geht. Sie trägt bestimmte Farben an bestimmten Tagen und ist darauf bedacht, das perfekte Haarband, die perfekten Socken und die perfekten Schuhe auszuwählen, um ihren Look zu vervollständigen. Ich habe ihr zu Beginn des neuen Schuljahres eine Auswahl an unterschiedlichen Röcken und kurzen Hosenröcken bestellt, damit sie sich austoben kann. Nichtsdestotrotz gibt es nur einen einzigen Rock, den sie wirklich mag.

Diesen Rock trägt sie mittlerweile jeden Tag.

Das ist normalerweise kein Problem. Im Gegensatz zu ihrer Schwester Annie, die eine wandelnde Katastrophe ist, ist Maggie eigentlich kein Wildfang. Und ihre Kleidung bleibt eigentlich immer relativ sauber.

Eigentlich.

Eines Morgens überraschte uns Chuck – unser hauseigener Frühstücks-Chefkoch der Extraklasse – mit Blaubeerpfannkuchen, eine seltene Köstlichkeit, insbesondere an einem Wochentag. Wir freuten uns alle riesig, bis Maggie ihren letzten Pfannkuchen anschnitt und auf eine besonders saftige Blaubeere stieß, die praktisch explodierte und sich über ihren Teller und ihren Lieblingsrock verteilte.

Desaster.

Und schon entwickelte sich dieser so ungewohnt angenehme Morgen im Hause der Soukups zu einem heillosen Durcheinander aus Gejammer (Maggie), Geschrei (Chuck, der nicht nur Küchenchef, sondern auch Leiter des Fleckenentfernungskommandos ist), Gesang (Annie, die völlig selbstvergessen dasaß und sich von dem Chaos um sie herum kein bisschen beeindrucken ließ) und Gelächter (meinerseits, hinsichtlich der Absurdität der Situation).

Nach nur wenigen Minuten war klar, dass der Rock an diesem Tag nicht getragen werden konnte. Und so verwandelte sich meine zuvor noch so liebenswerte und vollkommen zufriedene Tochter kurzerhand in eine waschechte Dramaqueen. Es wurde geweint und gestampft und geschmollt und ordentlich gegrollt, bis ich schließlich genug hatte. In der allerbesten Version meiner mütterlichen Ich-verstehe-gerade-absolut-keinen-Spaß-Stimme machte ich ihr klar, sie solle sich zusammenreißen, es sei ja lediglich ein Rock und nicht das Ende der Welt – vor allem in Anbetracht der Tatsache, dass sie noch zwei weitere, funktionstüchtige und brandneue Ersatzröcke besitze ...

Schließlich sagte ich etwas sanfter: „Süße, es wird im Leben immer Dinge geben, die du nicht kontrollieren kannst. Die Sache mit deinem Rock tut mir echt leid, aber du entscheidest selbst, ob du dich davon beeinflussen und runterziehen lässt. Wenn du dir davon den Tag verderben lässt, dann gewinnt die Blaubeere. Willst du das wirklich? Willst du wirklich von einer Blaubeere besiegt werden?"

Das war ein ziemlich alberner Satz, aber er entlockte meiner Tochter immerhin ein kleines Lächeln, bevor das Schmollen erneut begann.

Es gibt im Leben so vieles, das sich außerhalb unserer Kontrolle befindet. Wir können weder die Zukunft noch das Wetter, weder bedeutende Ereignisse noch Katastrophen vorhersagen. Wir können uns unsere Familie, unsere Hautfarbe, unseren sozialen Status oder unsere finanzielle Situation nicht aussuchen. Auch unseren IQ können wir nicht beeinflussen. Außerdem kann uns jederzeit etwas Unerwartetes und Schreckliches passieren: ein traumatisches Erlebnis, eine Krankheit, Niederlage – oder eine gemeine Blaubeere, die wir nicht haben kommen sehen.

Alles, was wir ganz sicher über das Leben wissen, ist, dass es absolut unvorhersehbar ist.

Es geht weniger darum, *ob* all diese Dinge geschehen werden, sondern vielmehr wann. Denn sie werden geschehen, weshalb wir unbedingt begreifen müssen, dass der einzige Faktor, den wir kontrollieren können, wir selbst sind.

Du kannst nicht kontrollieren, was dir widerfährt oder wie andere Menschen dich behandeln, aber du hast deine Reaktion darauf selbst in der Hand. Wie wir bereits in Kapitel zehn gesehen haben, liegt es in deiner Hand, das Steuer – und damit die Kontrolle – zu übernehmen, unabhängig von den äußeren Umständen.

Machen wir uns nichts vor: Es kann sehr beängstigend sein, die volle Verantwortung für dein eigenes Leben zu übernehmen. Es bedeutet, dass es nichts und niemanden mehr gibt, hinter dem du dich verstecken kannst, sondern dass du da draußen im Freien stehst – verletzlich, exponiert und schutzlos.

Und das erfordert wahren Mut.

Suche nach einem Vorbild, nicht nach einem Retter

Jennifer Marx, die ich bereits kurz in Kapitel sechzehn erwähnte, führte zwanzig Jahre lang ihr eigenes Unternehmen in der Reiseführerbranche, bis sie entschied, dass es Zeit für etwas Neues war. Sie war harte Arbeit gewohnt, doch das unaufhaltsame Aussterben ihrer Branche machte ihr zu schaffen.

Also begann sie damit, nach Orientierung zu suchen – nach jemandem, der ihr den Weg weisen konnte. Fündig wurde sie im Jahr 2017 bei der *Elite Blog Academy*. Sie stürzte sich in den Kurs, setzte ihre Scheuklappen auf und bearbeitete jede einzelne Aufgabe der Reihe nach. Weniger als ein Jahr später hatte der

Umsatz ihrer Website JenniferMaker.com den aus ihrer Zeit in der Reiseführerbranche bei Weitem überschritten.

Ich wollte von ihr wissen, an welchem Punkt sie ihren Erfolg an der *Elite Blog Academy* festmachen würde. Und sie erklärte mir, dass sie, obwohl sie sich bereits seit vielen Jahren in der Unternehmensführung auskannte, bisher nie ein richtiges Vorbild gehabt hatte – jemanden, der sich in einer ähnlichen Lage wie sie befunden hatte und ihr ihre Möglichkeiten aufzeigte. Und als sie diese Möglichkeiten schließlich erkannte, wurde ihr klar, dass auch sie diese Dinge umsetzen konnte.

Es ist ganz natürlich, dass man nach einem Vorbild oder einem Wegbegleiter sucht, wenn man in unbekannte Gefilde kommt, etwas Neues ausprobiert oder sich unsicher fühlt. Denn seien wir mal ehrlich: Bei jeder Art von Unterfangen ist es ein gutes Gefühl, jemanden an der Seite zu wissen, der all das bereits durchlebt hat, der dein Anliegen versteht und genau weiß, wo du gerade stehst. Es hilft ungemein, wenn da jemand ist, der bereit ist, sein Wissen mit dir zu teilen, dir mit Rat und Tat zur Seite zu stehen und dir vielleicht sogar genau zu zeigen, wie du vorgehen musst.

Das ist der Fall für jede erdenkliche Situation. Nichts ist beruhigender für eine frisch gebackene Mutter als eine andere, erfahrenere Mutter, die sich mit Themen wie Stillen, Zahnen und Durchschlafen auskennt. Für einen Existenzgründer ist nichts so wertvoll, wie mit langjährigen Unternehmern zu sprechen oder ihnen zuzuhören.

Bei vielen Berufen sind Mentoring und Beratung gar nicht mehr wegzudenken. Profisportler haben Trainer. Ärzte fangen als Praktikanten an und werden dann zu Assistenzärzten von erfahreneren behandelnden Ärzten. Anwälte durchlaufen zunächst ein Referandariat, bevor sie die Karriereleiter emporklettern.

Niemand möchte sich auf dem Weg einsam fühlen und sich ganz allein in unbekannte Gefilde wagen. Es ist beruhigend, in jemandes Fußstapfen treten zu können und zu wissen, dass das, was du versuchst, tatsächlich möglich ist. Weil es bereits jemand geschafft hat.

Im Allgemeinen sind Vorbilder, Lehrer, Mentoren und Berater eine gute Sache, insbesondere wenn es darum geht, trotz deiner Angst aktiv zu werden. Wenn du dich also gerade darauf vorbereitest, deine Komfortzone zu verlassen und etwas Neues auszuprobieren, dann ist es eine durchaus clevere Idee, jemanden zu finden, der dich auf deinem Weg begleiten kann. Diese Person kann dich vor Fehltritten bewahren und dir bestätigen, wann du auf der richtigen Spur bist. Du kannst diese Art von Unterstützung durch die Teilnahme an einem Kurs oder die Beauftragung eines professionellen Beraters erhalten. Oder du sprichst mit jemandem, der bereits das erreicht hat, was du erreichen möchtest.

Es gibt da allerdings einen Haken.

Du bist derjenige, der nach einem Vorbild sucht – nicht andersrum. Das ist ein völlig anderes Szenario, als einfach darauf zu hoffen, dass jemand anders für dich die Lösung findet oder dir den Weg zeigt. Nach Unterstützung zu suchen, ist nicht dasselbe, wie auf Rettung zu hoffen.

Es ist besonders wichtig, diesen Unterschied zu verstehen.

Wenn du aktiv nach einem Vorbild suchst, dann übernimmst du Verantwortung und machst die Reise zu deiner eigenen. Du agierst proaktiv, nicht reaktiv. Und du hast begriffen, dass die Aufgabe deines Wegbegleiters nicht darin besteht, die Arbeit für dich zu machen, sondern dir Möglichkeiten aufzuzeigen und dich auf dem Weg mit seinem Rat zu unterstützen.

Wenn du lediglich auf einen Retter wartest und darauf hoffst, dass dir jemand die Arbeit abnimmt, begibst du dich automatisch in die Opferrolle. Und was noch schlimmer ist: Du verlierst all deine Energie an jemanden, der vielleicht nie auftauchen wird.

Als Jennifer Marx sich bei der *Elite Blog Academy* anmeldete, war das Wichtigste, was sie erhielt, ein eindeutiger Weg hin zu dem Ziel, das sie sich gesetzt hatte. Dennoch war sie diejenige, die diesen Weg zu ihrem eigenen machen und die notwendige Arbeit selbst erledigen musste.

Ich versichere dir, du bist nicht auf einen Retter angewiesen. Sehr wohl aber auf ein Vorbild. Zum Glück gibt es Lehrer, Beraterinnen und Mentoren so weit das Auge reicht. Du brauchst nur nach ihnen Ausschau zu halten. Sie werden dir dabei helfen, mit auf Ausreden zu verzichten und dich dabei unterstützen, auch in schwierigen Zeiten einen Weg zu finden – und zu gehen.

Einen Mentor finden

Im Laufe der vergangenen Jahre hatte ich eine Reihe verschiedener Mentoren, professionelle und private, die mir sowohl bei meinem Unternehmen als auch in meinem Privatleben weitergeholfen haben. Genauso genieße ich es, selbst eine Wegbegleiterin für andere zu sein.

Ich habe gelernt, dass es unglaublich nützlich sein kann, die Perspektive von jemandem zu bekommen, der mehr Erfahrung hat als man selbst, egal, ob bei beruflichen oder privaten Themen. Es schafft eine Ebene der Motivation und Herausforderung, die du allein kaum erreichen kannst. Und das führt so gut wie immer zu positiven Ergebnissen.

Warum ein Mentor?

Ein guter Berater hilft dir dabei zu wachsen und kann dir Dinge beibringen, die du nie lernen würdest, wenn du dich ausschließlich in deinem Bekanntenkreis bewegst. Du magst vielleicht den Eindruck haben, auch von deinen momentanen Freunden genügend Input zu bekommen, aber wenn du nie aus diesem Kreis heraustrittst, wird dir unter Garantie etwas Wichtiges entgehen.

Das Gute ist, dass dein Mentor nicht zwangsläufig jemand sein muss, mit dem du dich einmal pro Woche zum Kaffee triffst. Es kann ebenso gut jemand sein, der dich durch Bücher, Podcasts oder einen Blog inspiriert.

Wonach zu suchen solltest

Leider gibt es da draußen viele Menschen, die behaupten, Mentoren, Experten, Berufs- oder Lebensberater zu sein, obwohl sie gar kein Recht dazu haben, Ratschläge zu erteilen. Manchmal haben sie keine wirkliche Erfahrung, manchmal wissen sie einfach nur, wie sie sich gut verkaufen können, sind aber nicht dazu in der Lage, anderen beizubringen, dasselbe zu tun.

Wenn du nach einem Mentor suchst, empfehle ich dir, zunächst zu überprüfen, was die Person in ihrem eigenen Leben oder Unternehmen bisher erreicht hat. Hat sie dieselben Ergebnisse erzielt, die du gern erzielen würdest? Steht sie finanziell gut da? Hat sie ein stabiles Privatleben? Es ist völlig in Ordnung, diese Fragen zu stellen und um Transparenz zu bitten – insbesondere, wenn du jemanden dafür bezahlst, dich zu beraten.

Ein weiterer wichtiger Hinweis: Lass dich nicht von jemandem bezüglich deines Unternehmens oder Start-ups beraten, der selbst keine Erfahrung in diesem Bereich hat. Das gilt sowohl für jemanden, den du offiziell dafür engagierst, als auch für jemanden, der dir kostenlose Beratung anbietet. Achte darauf, auf wen du hörst, und fühle dich frei, *jeden* zu ignorieren – egal, wie selbstbewusst oder glaubwürdig er erscheinen mag –, der keine greifbaren Resultate erzielt.

Außerdem solltest du dir jemanden suchen, von dem du tatsächlich etwas lernen kannst und dessen Lehrstil und Ratschläge bei dir Wirkung zeigen. Unsere Gehirne arbeiten alle ein wenig unterschiedlich. Das bedeutet, dass die Art, wie manche Menschen reden und lehren, bei dir Anklang finden wird, während die Art und Weise, wie andere Menschen sprechen und ihr Wissen vermitteln, für dich nicht funktioniert. Und das ist völlig in Ordnung.

Frage ebenfalls nach Empfehlungen. Bitte deine Freundinnen und Bekannten um Informationen und scheue dich nicht, auch einen potenziellen Mentor zu fragen, ob er noch einen anderen Berater kennt, an den du sich wenden könntest.

Bist du bereit für einen Mentor?

Während es durchaus sinnvoll ist, mit „virtuellen" Mentoren zu beginnen, die dich aus der Ferne unterstützen, so wird höchstwahrscheinlich irgendwann der Punkt kommen, an dem du es in Betracht ziehst, einen professionellen Berater zu engagieren und für seine Dienste zu bezahlen. In der Regel schätzen wir die Dinge wesentlich mehr, wenn wir für sie bezahlen. Das führt dazu, dass du die Ratschläge ernster nehmen und die Vorschläge eher umsetzen wirst und somit letztendlich bessere Ergebnisse erzielst. Kostenlose Beratung hat einfach nicht denselben Effekt.

Wenn du das Gefühl hast, nur mit einem persönlichen Mentor wirklich weiterzukommen, dann nimm dessen professionelle Hilfe und Unterstützung in Anspruch.

Ob du dich nun für eine Beratung aus der Ferne oder ein individuelles Eins-zu-eins-Coaching entscheidest: Mit einem Mentor zu arbeiten, kann dich auf ein Niveau bringen, von dem du niemals zu träumen gewagt hättest. Du verdienst diese Art der Unterstützung!

Auch eine gute Ausrede bleibt eine Ausrede

Wir alle kennen diese Leute – diejenigen, die immer eine Entschuldigung parat haben, einen guten Grund, weshalb der Fehler nicht bei ihnen liegt, und eine nachvollziehbare Erklärung, die ihren Kopf aus der Schlinge zieht. Es ist wie eine Art magische Kraft, die automatisch die Schuld von ihnen weist.

Möglicherweise bist du einer von ihnen.

Ausreden sind schließlich keine Mangelware. Mein Mann zieht mich gern damit auf, dass Frauen so ziemlich alles rechtfertigen und begründen können, aber ich bin der Meinung, dass dies keine ausschließlich weibliche Fähigkeit ist. Ich denke, dazu ist jeder imstande. Es ist nicht schwer, gute Gründe für und gegen etwas zu finden.

Wenn du nach Ausflüchten suchst, wirst du garantiert welche finden. Mach dir jedoch bewusst, dass auch eine gute Ausrede nach wie vor eine Ausrede ist. Der einzige Weg, um diesem Teufelskreis zu entkommen, ist es, sich die Option auf Ausflüchte zu verbieten.

Sowohl Susie als auch Edie hätten zu jedem beliebigen Zeitpunkt aus einer Reihe durchaus nachvollziehbarer und gerechtfertigter Entschuldigungen wählen können: eine Kindheit in Armut, eine dysfunktionale Familie, Sucht, Missbrauch, fehlende Möglichkeiten, keine Orientierung.

Niemand hätte sie verurteilt, wenn sie es nicht geschafft hätten, sich aus ihrer Misere zu befreien und etwas aus ihrem Leben zu machen. Wie auch? Sie waren eindeutig Opfer eines unfairen Systems. Wie könnte man von ihnen erwarten, diese Art von Übervorteilung zu überwinden?

Und doch haben sie es geschafft. Und einen Weg gefunden.

Das bedeutet, dass auch du es schaffen kannst.

Dein Weg beginnt mit dem bewussten Verzicht auf Ausreden, egal, was kommt.

Verbanne ab sofort jegliche Art von Ausreden aus deinem Sprachgebrauch. Höre auf, nach Ausflüchten und Entschuldigungen zu suchen – denn du wirst immer fündig werden – und konzentriere dich stattdessen auf die eine Sache, die du kontrollieren kannst: *dich selbst*. Hoffe nicht länger auf einen Retter, sondern halte gezielt nach einem geeigneten Vorbild Ausschau, dem du folgen möchtest.

Suche nicht nach Ausflüchten, sondern nach Wegen.

Kapitel einundzwanzig
Bleibe motiviert

Feiere deine Erfolge entlang des Weges

In der Mitte von Schwierigkeiten liegen die Möglichkeiten.
Albert Einstein

Machen wir uns nichts vor: Der Angst zu trotzen und das Beste zu befürchten, ist nichts für schwache Nerven. Der Prozess, bei dem wir uns unseren Ängsten stellen sowie große Träume und Ziele verfolgen, ist nicht immer einfach. In Wahrheit ist er alles andere als einfach.

Denn wenn dieser Weg leicht wäre, würde jeder ihn gehen und er wäre nichts Besonderes mehr, nicht länger bemerkens- oder gar erwähnenswert. Wenn er einfach wäre, würde es sich nicht lohnen, für das Ziel am Ende des Weges zu kämpfen.

Während uns in der Theorie durchaus bewusst ist, wie schwer es sein kann, unserer Angst zu trotzen, ist es in der Praxis nicht immer selbstverständlich, sich daran zu erinnern. Wenn die Dinge schwierig werden oder wir mit Hindernissen und Enttäuschungen zu kämpfen haben, werden der Optimismus und die Energie der Anfangsphase schnell von Entmutigung, Frustration und Angst verdrängt.

Wir mögen es nicht, wenn es kompliziert oder gar schmerzhaft wird. Wir wollen uns nicht die Hände schmutzig machen oder kämpfen müssen. Und wir wollen auf keinen Fall den Schmerz der Niederlage oder die Schmach des Scheiterns spüren. Wir wollen uns nicht mit Schwierigkeiten herumschlagen oder riskieren, von anderen verurteilt zu werden. Wir wollen keine Verantwortung übernehmen oder herausfinden, dass wir nicht gut genug sind, um unser Ziel zu erreichen.

In harten Zeiten ist es schwer, motiviert zu bleiben. Doch gerade in diesen Zeiten brauchst du deine Motivation am allermeisten. Wenn du dich in diesem Fall dazu entschließt, bloß abzuwarten und zu hoffen, dass du Unterstützung von woanders oder jemand anderem bekommst, dann wirst du mit ziemlicher Sicherheit enttäuscht werden.

Denke daran, dass du letztendlich nur dich selbst kontrollieren kannst – nicht die Dinge, die dir widerfahren, wohl aber, wie du darauf reagierst. Aus diesem Grund ist es unbedingt notwendig, entsprechende Vorkehrungen zu treffen, die dir dabei helfen, Entmutigung vorzubeugen beziehungsweise zu überwinden und deine Motivation zu behalten.

Vorsicht vor Zwischenräumen

In jedem der vergangenen paar Jahre hatte ich die Ehre, einer kleinen Gruppe von Unternehmerinnen beratend zur Seite zu stehen. Das war jedes Mal eine sehr intensive Zeit und es hat mir viel Freude bereitet, die Entwicklungen sowohl im privaten als auch im professionellen Bereich mit anzusehen. Und obwohl ich eigentlich die Lehrerin bin, habe ich immer wieder das Gefühl, dass ich selbst mehr lerne, als ich den anderen beibringe.

Das Auswahlverfahren für die Mitgliedschaft in diesen Lerngruppen ist zwar relativ streng, dennoch achte ich weder auf die

Größe noch auf den Bereich oder das Ziel des Unternehmens. Stattdessen lege ich meinen Fokus auf die Bewerberinnen mit dem höchsten Potenzial, diejenigen, die die entsprechende Einstellung und den notwendigen Arbeitswillen mitbringen, selbst wenn sie noch ganz am Anfang stehen. Letzten Endes fällt es kaum auf, dass alle Mitglieder der Gruppe ganz unterschiedliche Arten von Unternehmen führen, weil alle mehr oder weniger dieselbe Geisteshaltung haben und in dieselbe Richtung steuern.

Das bedeutet allerdings nicht, dass es nicht zu Vergleichen kommt.

Vor nicht allzu langer Zeit teilte Nicole, eines der Gruppenmitglieder, den anderen während einer unserer allmonatlichen Telefonkonferenzen mit, sie fühle sich völlig entmutigt. Sie hatte extrem hart gearbeitet und alles getan, was wir bei unserem letzten Workshop mit ihr gemeinsam als ihre Prioritäten identifiziert hatten. Dennoch hatte sie den Eindruck, dass die Dinge sich nicht schnell genug entwickelten. Sie wurde das Gefühl nicht los, hinterherzuhinken.

Nicole hatte sich für eine meiner Gruppen angemeldet, obwohl sie ihr Unternehmen erst vor einigen Monaten gegründet hatte und somit noch ganz am Anfang stand. Sie wollte erfolgreich sein und begriff, dass es keine bessere Möglichkeit gab, das Projekt auf die richtige Weise zu beginnen, als Teil einer Gruppe von anderen erfolgreichen Unternehmerinnen zu werden, die diesen Weg bereits gegangen waren und ihr mit ihren Erfahrungen zur Seite stehen konnten.

Damit hatte sie in vielerlei Hinsicht auch definitiv recht. Aufgrund all der Informationen, die sie von den anderen Gruppenmitgliedern bekam, würde sich ihre Lernkurve signifikant verkürzen und ihrem Unternehmen die Möglichkeit geben, entsprechend schnell zu wachsen.

Trotzdem warnte ich sie zu Beginn des Kurses, dass sie nicht über Nacht erfolgreich sein würde, bloß weil sie ein Teil der Gruppe war. In unserer ersten Einzelsitzung erklärte ich ihr ausführlich, die größte Gefahr für sie bestünde nicht etwa in fehlender Bereitschaft, sondern im Vergleichen ihrer eigenen Situation mit den Fortschritten der anderen Gruppenmitglieder, die ihr größtenteils weit voraus waren.

„Nicole, du wirst dafür kämpfen müssen, das Steuer auf deiner eigenen Reise in der Hand zu behalten. Es wird Zeiten geben, in denen alle anderen an verlockenderen Aufgaben zu arbeiten scheinen als du selbst. Du wirst mit eigenen Augen zu sehen bekommen, was möglich ist, und das wird auf den ersten Blick sehr beeindruckend sein. Aber ohne ein stabiles Fundament wirst du diesen Zustand nie erreichen können. Also konzentriere dich erst einmal auf den ersten Teil deines Weges."

Sie versprach mir, dass sie verstanden hatte, was ich ihr sagen wollte, und ich wusste, dass es stimmte. Doch wenn der Alltag einsetzt und die Dinge beginnen, schwierig zu werden, ist es nur menschlich, solche Warnungen zu vergessen. Deshalb kann es von Vorteil sein, einen Mentor oder einen Berater zu haben, der einen hin und wieder an genau diese Dinge erinnert.

Als Nicole also während der Telefonkonferenz über ihre Entmutigung und Frustration sprach, erinnerte ich sie vorsichtig daran, dass sie sich gerade genau an dem für sie richtigen Abschnitt ihres Weges befände. Und dann stellte ich ihr eine wichtige Frage.

„Wie oft schaust du zurück und blickst auf das, was du bereits erreicht hast, im Vergleich zu dem, was noch zu erledigen ist?"

Nicole dachte eine Weile darüber nach, bevor sie antwortete: „Ich schaue so gut wie gar nicht zurück", gab sie zu. „Ich sehe nur die Dinge, die ich noch erreichen möchte."

Man konnte förmlich sehen, wie ihr ein Licht aufging. Im Nachhinein beschreibt sie diesen Moment übrigens als Wendepunkt, an dem sie bemerkte, wie sich ihre Perspektive veränderte.

Seitdem führt sie ein „Erfolgsprotokoll", eine einfache Tabelle, in die sie einmal täglich mindestens ein Erfolgserlebnis einträgt, so klein es auch sein mag. Diese simple Handlung, die sie Tag für Tag wiederholt, hat für Nicole alles verändert. Anstatt wegen mangelnder Fortschritte unzufrieden zu sein, wird sie stets daran erinnert, wie weit sie bereits gekommen ist.

Wenn es darum geht, trotz unserer Angst das Beste zu befürchten, sind die großen Ziele, die wir uns setzen und denen wir uns verpflichten, der Schlüssel zum Erfolg. Sie sind unser Antrieb, der das Feuer in uns entfacht und uns dazu motiviert, nicht nur das Beste zu befürchten, sondern auch unser Bestes zu geben.

Doch so wichtig sie auch sein mögen, so können genau diese großen Ziele ebenfalls zur Gefahr werden.

Ist dir beim Autofahren an einem heißen, sonnigen Tag schon einmal aufgefallen, dass es manchmal so aussieht, als sei die Fahrbahn weiter vorne glänzend und nass? Man nennt das eine Fata Morgana. Laut Wikipedia entsteht sie, weil Konvektion – der Transport der Luftströme – zu unterschiedlichen Lufttemperaturen führt. Die heiße Luft der Fahrbahnoberfläche weicht in ihrer Temperatur von der kühleren Luft, die über der Straße herrscht, ab und erzeugt somit ein Gefälle im Lichtbrechungsindex der Luft.

Das Ärgerlichste an dieser Fata Morgana ist, dass man sie nie erreichen kann. Ganz egal, wie lange oder wie weit du fährst, sie wird dir immer einen Schritt voraus sein und weit in der Ferne liegen.

Leider fühlen sich unsere großen Ziele manchmal genau wie solch eine Fata Morgana auf der Autobahn an – immer ganz knapp außer Reichweite. Anstatt uns zu motivieren, werden sie zu einer Frustrationsquelle und ihre scheinbare Unerreichbarkeit entmutigt uns. Wenn du das Stadium des chaotischen Mittelteils erreichst und die Dinge schwierig und anstrengend werden, dann ist es nur natürlich, dass Verzweiflung aufkommt und der Eindruck entsteht, die Reise zum Ziel niemals bewältigen zu können.

Nur allzu leicht bleibt man in einem „Zwischenraum" stecken, einem Ort irgendwo zwischen deinem aktuellen Standort und deinem angestrebten Ziel. Es ist dieser Ort, an dem du all deine großen Ziele vor dir siehst. Aber um dorthin zu gelangen, gibt es noch so unendlich viel zu tun, dass du meinst, nie ans Ende deiner Reise zu kommen.

Wenn wir zu viel Zeit in diesem Zwischenraum verbringen, werden wir nie das Gefühl haben, tatsächlich etwas zu erreichen oder irgendwo anzukommen, auch wenn wir es in Wirklichkeit tun. Genau aus diesem Grund ist es so wichtig, sich täglich Zeit zu nehmen, um auf das zu blicken, was wir bereits geschafft haben, anstatt auf all das, was noch vor uns liegt. Feiere deine Erfolge und Leistungen, anstatt dich an den Dingen festzubeißen, die du noch zu erledigen hast.

Konkrete Ziele zu haben, ist eine wundervolle Sache. Zielorientiert zu sein, ist eine durchaus nützliche Eigenschaft. Aber das zu ignorieren, was du bereits erreicht hast, kann dich nur allzu leicht entmutigen.

Schlussendlich ist der Weg das Ziel, also beginne damit, ihn zu genießen. Am besten tust du das, indem zu nicht zu lange in einem Zwischenraum verweilst. Und ja, blicke nach vorne – auf das, was noch zu tun ist. Auf das, was alles möglich ist. Vergiss dabei jedoch nicht, anzuerkennen, wie weit du schon gekommen bist.

Verändere die Botschaft

Vor nicht allzu langer Zeit habe ich mich mit meinem Freund Kyle über das Schreiben unterhalten, und er sagte: „Ich würde so gern an meinem Blog arbeiten, aber ich bin einfach so extrem unsicher, wenn es ans Schreiben geht. In der fünften Klasse hat meine Lehrerin mir mal gesagt, dass ich kein Talent dazu habe. Und seitdem höre ich jedes Mal ihre Stimme, wenn ich mich hinsetze, um zu schreiben. Ich glaube, das ist es, was mich zurückhält."

Ich erkannte das Problem sofort. Hast du es auch bemerkt?

Es war eine selbst auferlegte Grenze – eine einschränkende Überzeugung, die ihn daran hinderte, sein volles Potenzial auszuschöpfen.

Selbstverständlich ist mein Freund Kyle nicht der Einzige mit selbst auferlegten Grenzen bezüglich seiner Fähigkeiten. Nicht nur er hat diese Stimme im Kopf, die ihm einredet, er sei nicht gut genug.

Wir alle haben solch eine Stimme.

Vielleicht sagt sie dir, dass du die Gehaltserhöhung nicht verdienst oder dass du nicht so talentiert oder witzig oder wortgewandt bist wie deine Kollegin. Vielleicht redet sie dir ein, dass du keine gute Mutter oder Hausfrau bist oder sie flüstert dir Dinge zu wie „Du wirst es nie schaffen, dich zu organisieren" oder „Du bist eine absolute Niete in Mathe". Die Stimme kann dir weismachen, dass du niemals schuldenfrei sein wirst oder einfach nicht schlau genug bist, um Erfolg zu haben. Oder sie versucht, dich davon zu überzeugen, dass du zu beschäftigt bist, um deine großen Ziele und Träume zu verfolgen, oder keine Zeit hast zu lesen, zu lernen oder dir etwas Gutes zu tun.

Vielleicht rät dir die Stimme davon ab, etwas Neues zu wagen oder ein Risiko einzugehen, weil du eventuell versagen könntest. Oder sie warnt dich davor, nach Hilfe zu fragen, da deine Bitte abgelehnt werden könnte. Vielleicht sagt sie dir auch, dass du nicht all deine Zeit und Energie in die Verwirklichung deiner Träume stecken solltest, weil du unsicher bist, was andere darüber denken könnten. „Was, wenn sie dich nicht verstehen?", flüstert die Stimme in dein Ohr. „Was, wenn sie sich über dich lustig machen?"

Was auch immer die Stimme zu dir sagt und wie auch immer deine selbst auferlegten Grenzen aussehen mögen, ich kann dir garantieren, *dass* sie existieren. Und während wir diese Überzeugungen, die uns einschränken, nicht immer kontrollieren und die Stimme in unserem Kopf nicht immer abstellen können, so können wir uns trotzdem dazu entschließen, sie zu ignorieren! Unsere selbst auferlegten Grenzen können nur deshalb über unser Leben bestimmen, weil uns nicht klar ist, dass die Stimme in unserem Innern nicht unbedingt auf der Wahrheit beruht, sondern auf Angst.

Wir nehmen an, dass diese Stimme und diese Grenzen unsere Realität widerspiegeln, während sie in Wirklichkeit nicht mehr sind als eine Stimme und ein simpler Glaubenssatz. Nur, weil uns die Stimme in unserem Kopf sagt, etwas entspräche der Wahrheit, heißt das noch lange nicht, dass es auch tatsächlich wahr ist. Eigentlich sind diese Gedanken und Annahmen in den meisten Fällen – oder sogar so gut wie immer – absolut nicht wahr.

Es sind lediglich Gedanken.

Wenn wir jedoch die Angst identifizieren, die hinter unseren selbst auferlegten Grenzen und der Stimme in unserem Kopf steht, dann können wir sie überwinden und uns von der Macht befreien, die sie über uns haben. Wir schaffen es, uns klarzumachen: „Die Stimme in meinem Kopf sagt mir, dass ich nicht klug genug bin, um erfolgreich zu sein, aber eigentlich ist es bloß meine Angst vor Fehlern, die zu mir spricht. Doch selbst kluge Menschen machen Fehler, nur so können sie lernen." Das nennt man die Veränderung des Skripts, also die Umformulierung der Botschaft, die in deinem Kopf auf Dauerschleife läuft und dir kontinuierlich einredet, du seist nicht gut, klug oder hübsch genug, du seist niemals dazu fähig, dich zu organisieren oder du seist eine miserable Autorin.

Es ist diese Botschaft, die dich von deiner angeblichen Unfähigkeit überzeugt.

Wenn du es schaffen willst, deine entmutigenden inneren Selbstgespräche zu ignorieren, dann musst du eine neue Botschaft finden, mit der du die alte ersetzen kannst.

Denke mal darüber nach. Wenn die aktuelle Stimme in deinem Kopf dein Gehirn so programmiert, dass es Dinge über dich glaubt, die nicht der Wahrheit entsprechen, dann ist der beste Weg, um dein Gehirn umzuprogrammieren, eine neue Botschaft zu finden. Eine, die tatsächlich stimmt.

Wir müssen die Mitteilung in unserem Hinterkopf so umformulieren, dass sie weniger negativ und selbstkritisch ist. Für Kyle würde dies bedeuten, sich um die Stimme zu kümmern, die ihm einredet, er könne nicht schreiben. Was meinst du, würde passieren, wenn sich Kyle täglich – eventuell sogar mehrmals am Tag – etwas sagen würde wie: „Je mehr ich schreibe, desto mehr verbessere ich meinen Stil. Es braucht Zeit, um eine Kunst zu erlernen und zu beherrschen, und ich werde so viel üben, wie ich möchte. Bloß weil eine einzelne Person vor langer Zeit meine Texte nicht mochte, bedeutet das noch lange nicht, dass ich nicht gut bin. Es gab so viele Menschen, die meine Geschichten mochten und gelobt haben, deshalb werde ich weitermachen und mich weiter verbessern, damit ich mit meinen Worten etwas bewegen kann."

Es mag einige Zeit dauern, aber sein Gehirn und sein Unterbewusstsein werden diese neue Botschaft als die neue Wahrheit akzeptieren und die selbst auferlegten Grenzen, die ihn zuvor davon überzeugten, kein guter Autor zu sein, werden langsam, aber sicher verschwinden.

Achte außerdem darauf, was die neue Botschaft nicht ausdrückt. Es heißt nicht: „Ich bin der beste Autor der Welt, niemand schreibt so gut wie ich." Diese Formulierung würde nicht funktionieren, denn Kyle würde niemals daran glauben.

Stattdessen muss die neue Botschaft die alte Version aufgreifen und auf eine sehr spezifische, positivere Weise neu formulieren. Und zwar so ehrlich, dass es dir leichtfällt, sie zu glauben und zu verinnerlichen.

Verändere die Botschaft und du wirst deine Einstellung verändern – versprochen.

Stärke dein Selbstvertrauen

Wir Menschen haben ein unersättliches Bedürfnis nach Bestätigung. Ganz egal, wie oft wir gesagt bekommen, dass wir klug, fähig, schön oder mutig sind oder irgendeine andere positive Eigenschaft besitzen, so wollen wir doch immer noch mehr davon. Wir vergessen Komplimente in der Regel kurz nachdem sie ausgesprochen worden sind. Insbesondere, sobald das Leben sich von seiner harten Seite zeigt, melden sich Selbstzweifel und Ängste zu Wort, sodass unser Vertrauen in die eigenen Fähigkeiten rasant zu schwinden beginnt. Deshalb ist es besonders wichtig, sein Selbstvertrauen kontinuierlich zu stärken. Es gibt unzählige motivierende Ratgeber, die du unbedingt lesen, inspirierende Podcasts, die du hören, und Veranstaltungen, die du besuchen solltest. Du kannst nie oft genug deine liebste Bibelstelle oder Andacht lesen und wiederholen, denn die Energie, Motivation und Inspiration, die sich im einen Moment so unglaublich anfühlen, werden im nächsten schon wieder verschwunden sein. Generell gilt: Je mehr positive und erbauliche Botschaften du dir „zuführst", desto eher wird die eine oder andere hängen bleiben.

Tanke also kontinuierlich positive Energie, Motivation und Inspiration, um dein Selbstvertrauen zu stärken.

Gewöhne dir beispielsweise an, während der Fahrt, der Arbeit oder dem Abwasch Podcasts zu hören (meinen *Do-It-Scared*-Podcast zum Beispiel). Setze dir das Ziel, mindestens ein inspirierendes Buch pro Monat zu lesen oder du liest deinen Lieblingsratgeber immer und immer wieder. Halte Ausschau nach Veranstaltungen und Versammlungen in deiner Nähe, die dich beflügeln können und mit Gleichgesinnten in Kontakt bringen. Plane Verabredungen mit Freundinnen und Mentoren, die dich sowohl herausfordern als auch ermutigen. Arbeite aktiv an deiner Motivation und mache Bestätigung und Inspiration zu deiner obersten Priorität, sodass du deine Leistungen und Erfolge nicht aus den Augen verlierst.

Tu dir etwas Gutes

Vor einigen Jahren tat ich etwas, das ich noch nie zuvor getan hatte – etwas, das ich selbst vermutlich niemals in Erwägung gezogen hätte, wenn mein Mann es nicht vorgeschlagen und unterstützt hätte.

Ich nahm mir eine Auszeit. Vier ganze Tage lang tat ich nichts anderes als zu lesen, spazieren zu gehen, Yoga zu machen, zu baden und am Pool zu liegen. Ich habe mich völlig von der Arbeit abgekoppelt und mich buchstäblich von der Welt zurückgezogen. Und ich habe unglaublich viel geschlafen.

Als ich zu meiner Familie – und zur Arbeit – zurückkehrte, war ich wie ein neuer Mensch: erholt, entspannt und voller Energie. Mir war bis dahin gar nicht bewusst gewesen, wie nah ich einem Burn-Out gewesen bin, aber diese vier Tage waren einfach himmlisch. Sie erinnerten mich daran, dass regelmäßige Entspannung unbedingt notwendig ist – selbst für Leute wie mich, die normalerweise aufblühen, je geschäftiger sie sind.

Seitdem achte ich sehr darauf, mir regelmäßig bewusste Auszeiten zu nehmen und mich zurückzuziehen, mindestens alle paar Monate. Als introvertierte Person, die die meiste Zeit Aufgaben erledigt, die eher extrovertiert sind, ist diese Zeit für mich selbst der beste Weg, um meine Batterien aufzuladen.

Umso schockierter war ich, als ich vor ein paar Monaten ein Foto von meiner Auszeit in den sozialen Medien postete und von zahlreichen Frauen angeschrieben wurde, die mir sagten: „Das klingt wunderbar, aber ich könnte das nicht!" oder „Wow, ich wünsche, ich könnte mir auch mal eine Auszeit nehmen, aber das ist einfach nicht möglich!"

Lass mich dir sagen: Es *ist* möglich. Deine Auszeit muss nicht in einem Urlaub in einem Fünfsternehotel bestehen. Eine meiner besten Auszeiten hatte ich zu Hause, als mein Mann mit den Kindern übers Wochenende zum Campen gefahren war. Du brauchst allerdings nicht zwangsläufig allein zu sein, um zur Ruhe zu kommen. Für mich ist ein wenig Zeit nur mit mir selbst unglaublich erholsam, aber eine extrovertierte Person mag sich in so einer Situation isoliert fühlen und braucht stattdessen ein Wochenende unter Freunden, um sich zu entspannen. Es geht nicht darum, was genau du machst, um dich wohlzufühlen. Wichtig ist lediglich, dass du dir wirklich Zeit für dich selbst nimmst, ohne dich schuldig zu fühlen.

Denn letztendlich tust du nicht nur dir selbst damit einen großen Gefallen. Da wären einmal die offensichtlichen und sofortigen Auswirkungen: Du hast Spaß und machst das, was du gern möchtest. Du bist glücklich, entspannt und hast ein Lächeln im Gesicht. Dagegen hat das Ignorieren deiner Bedürfnisse erhebliche langfristige Folgen für Körper, Geist und Seele.

Wenn wir uns zu sehr auspowern, können wir nichts und niemandem mehr unsere volle Energie und Aufmerksamkeit schenken. Uns von Zeit zu Zeit eine kleine Auszeit zu gönnen, ist wie ein Ventil für all den Druck, der sich aufgebaut hat. Das führt zu mehr Energie und lindert die Erschöpfung, es stärkt unser Immunsystem, wir werden ruhiger, empathischer und haben unsere Emotionen besser unter Kontrolle.

Wenn wir uns Zeit nehmen, uns um uns selbst zu kümmern, steigern wir außerdem unsere Fähigkeit, für das Wohlbefinden anderer Menschen zu sorgen und für unseren Partner, unsere Kinder, für Freunde und Familie da zu sein. Diejenigen, die uns am nächsten stehen, haben in der Regel am meisten unter unserem Stress zu leiden, was bedeutet, dass sie ebenfalls diejenigen sind, die am stärksten von unserer Selbstfürsorge profitieren.

Und auch wenn es sich zunächst egoistisch anfühlen mag, insbesondere, wenn du so etwas noch nie zuvor gemacht hast – das ist es absolut nicht! Erinnerst du dich an das Prinzip der Sauerstoffmaske im Flugzeug? Wenn du dir zuerst die eigene Marke aufsetzt, bevor du anderen dabei hilfst, dann ist dieser Akt der Selbstfürsorge alles andere als egoistisch.

Feiere jeden Erfolg

Mut ist eine Entscheidung, die du jeden Tag aufs Neue triffst. Eine Entscheidung, die die Bereitschaft erfordert, auch im Angesicht von Angst zu handeln und immer wieder Schritte in Richtung deiner Ziele zu unternehmen, selbst wenn du nicht immer genau weißt, wohin der Weg führt.

Doch auch wenn du voller Elan dabei bist, passiert es nur allzu leicht, dass du vergisst, wie weit du schon gekommen bist. Deshalb ist es so wichtig, nicht immer nur nach vorne zu schauen, sondern auch regelmäßig einen Blick zurück zu werfen. Halte deine Leistungen schriftlich fest. Führe ein Dankbarkeits- oder Erfolgstagebuch und nimm dir Zeit, die Erfolge entlang deines Weges zu feiern. Formuliere neue Botschaften, die dich ehrlich motivieren und dir die Wahrheit sagen. Sorge für dich selbst und behalte so deinen Elan.

Letzten Endes ist dieses Buch nicht dazu da, um es einfach nur passiv zu lesen. Vielmehr soll es dich dazu animieren, aktiv zu werden und dein Leben in die richtige Richtung zu lenken. Wenn du noch nicht dazu gekommen bist, empfehle ich dir, den Test unter doitscared.com zu machen, der dir mehr über deine persönlichen Angsttypen verrät. Dort findest du außerdem die entsprechenden Werkzeuge, die dir dabei helfen, dein neues Wissen anzuwenden und den nächsten Schritt zu gehen.

Du bist stärker, als du denkst. Du kannst es schaffen, deiner Angst zu trotzen. Und du kannst es schaffen, trotz deiner Angst das Beste zu befürchten – und zu tun. Wenn du am Ball bleibst, egal, was passiert, dann kommst du deinen Zielen und Träumen unweigerlich näher.

Mut in Aktion auf einen Blick

Definiere dein Ziel
Wenn du nichts anvisierst, triffst du jedes Mal daneben. Definiere dein großes Ziel und fokussiere dich darauf, um auf dem richtigen Weg zu bleiben.

Finde dein Warum
Dein Warum muss größer sein als deine Angst. Also überlege dir genau, weshalb dir ausgerechnet dieses Ziel so viel bedeutet und schaffe einen Impulsgeber, der dich kontinuierlich motiviert.

Erstelle deinen Aktionsplan
Teile dir dein Ziel in überschaubare Etappen ein und entscheide dich jeden Tag dafür, dich an deinen Plan zu halten und deinem Ziel Schritt für Schritt näher zu kommen.

Baue einen Unterstützerkreis auf
Mach dich auf die Suche nach Rechenschaftspartnern. Umgib dich mit Menschen, die ehrlich zu dir sind, dir dabei helfen, deine Ängste zu überwinden und dich im positiven Sinne herausfordern.

Vermeide die Vergleichsfalle
Übernimm die volle Verantwortung für deine Entscheidungen. Dann setze deine Scheuklappen auf und verfolge *deine* Ziele und Träume, nicht die anderer.

Verzichte auf Ausreden
Höre auf, dich für alles zu rechtfertigen, weil auch eine gute Ausrede letztendlich eine Ausrede bleibt. Suche nicht nach Ausflüchten, sondern nach Wegen.

Bleibe motiviert
Triff entsprechende Vorkehrungen, um immer wieder für Motivation und Ermutigung zu sorgen. Nimm dir Zeit, um deine Erfolge zu feiern und vergiss auch die Selbstfürsorge nicht.

Danksagung

Dieses Buchprojekt wäre ohne die Hilfe und Unterstützung der folgenden Personen nicht möglich gewesen. Vielen Dank für euren Einfluss auf mein Leben, meine Arbeit und dieses Buch.

Chuck, mein Fels in der Brandung, meine große Liebe, mein bester Freund. Danke, dass du mich unterstützt und aufmunterst, was auch immer passiert. Danke, dass du mich ermutigst, wenn mir nach Aufgeben zumute ist, mich herausforderst, wenn ich einen kleinen Schubser brauche, mich zum Lachen bringst und mich immer daran erinnerst, meinem eigenen Rat zu folgen und meiner Angst zu trotzen.

Maggie und Annie, meine süßen Mädchen. Ich liebe euch so sehr und ich bin unglaublich stolz auf euch beide. Danke, dass ihr mir immer etwas gebt, worüber ich schreiben kann. Ihr bringt mich auf den Boden der Tatsachen zurück und erinnert mich daran, was wirklich zählt.

Meine RSO-Familie – Laura, Heather, Jayson, Natalie, Jessica, Kelly, Kristene, Emma, Melissa, Amanda, Maggie, LaTrisha, Ashley und Danny. Dank euch ist es jeden Tag eine pure Freude, zur Arbeit zu kommen. Danke, dass ihr immer alles gebt, meine verrückten Ideen unterstützt, mir sagt, wenn etwas zu weit geht, und mich dazu zwingt, zu SCHREIBEN (auch, wenn ich es nicht möchte!). Ich liebe unsere konstruktiven Konflikte, unsere angeregten Diskussionen, die tägliche Überwindung von Hindernissen und wie ihr mich immer wieder dazu bringt, mich zu verbessern. Ich kann mich wirklich glücklich schätzen, dass ich jeden Tag mit so wundervollen Kolleginnen zusammenarbeiten darf.

Sowohl alte als auch neue Freundinnen, die mich immer wieder zur Verantwortung ziehen, mich unterstützen und mir wahre Liebe schenken – Alysha, Edie, Bonnie, Heather, Laura, Natalie, Kate, Susie, Gry, Laura, Janna, Shelly, Bill und Wendy, Lisa, Melissa, Rachel – ich bin so unendlich dankbar für jede Einzelne von euch!

Danke an Grant und das ganze Team von *Launch Thought Productions* für die Unterstützung bei der Sichtung der Umfrageergebnisse und der Erstellung des genialen *Do It Scares Fear Assessment*, das es ohne euch nicht gäbe.

Lori, sowohl für deine Geduld als auch für deine Beharrlichkeit. Ich bin so dankbar, dass ich erneut mit dir zusammen an einem Buch arbeiten konnte!

Charles und Meg, dafür, dass ihr unsere Bücher immer in Ordnung haltet, Bond für deine Hilfe bei der Erreichung unserer Ziele und *Full Cycle Marketing*, weil ihr ein großer Teil dieser Reise seid.

Ein großer Dank geht zudem an all diejenigen, die dabei geholfen haben, dieses Buch Wirklichkeit werden zu lassen und es unter die Leute zu bringen – das gesamte Team von Zondervan, insbesondere Carolyn, Alicia und Dirk; Andrew Wolgemuth, mein Literaturagent; und Ashley Bernardi, die beste Publizistin aller Zeiten!

Und zu guter Letzt gilt mein Dank selbstverständlich allen Leserinnen und Lesern meines Blogs, den Hörerinnen und Hörern des Podcasts, den Käufern des Planers sowie all den EBA-Studierenden, die unsere unglaubliche Community zu dem machen, was sie ist. Eure Leidenschaft, euer Mut und eure

Anteilnahme inspirieren mich jeden Tag aufs Neue! Ich liebe es, euch dabei zuzusehen, wie ihr eurer Angst trotzt, das Beste befürchtet und anschließend andere dazu ermutigt, es ebenfalls zu tun. Zusammen können wir die Welt verändern!

Quellenangaben

1. Siehe Stanley Milgram, Obedience to Authority: An Experimental View (New York: Harper & Row, 1974).
2. Charles Duhigg, Smarter, Faster, Better: The Transformative Power of Real Productivity (New York: Random House, 2017), 31.
3. Jocko Willink and Leif Babin, Extreme Ownership: How U.S. Seals Lead and Win (New York: St. Martin's, 2015), 30–31.
4. Siehe Helen Weathers, „Griffiths Lottery Win", Daily Mail, March 22, 2013, www.dailymail.co.uk/news/article-2297798/ Griffiths-lottery-win-How-winning-1-8m-wreck-life.html.
5. Siehe Teresa Dixon Murray, „Why Do 70 Percent of Lottery Winners End Up Bankrupt?" Plain Dealer, January 14, 2016, www.cleveland.com/business/index.ssf/2016/01/why_do_70_percent_of_lottery_w.html.
6. Siehe Jimmy Evans and Allan Kelsey, Strengths Based Marriage: Build a Stronger Relationship by Understanding Each Other's Gifts (Nashville: Nelson, 2016).
7. Patrick Lencioni, The Five Dysfunctions of a Team: A Leadership Fable (San Francisco: Jossey-Bass, 2002).
8. Siehe Brigid Schulte, „Making Time for Kids? Study Says Quality Trumps Quantity", Washington Post, March 28, 2015, www.washingtonpost.com/local/making-time-for-kids-

study-says-quality-trumps-quantity/2015/03/28/10813192-d378-11e4-8fce-3941fc548f1c_story.html.
9. Angela Duckworth, Grit: The Power of Passion and Perseverance (New York: Simon & Schuster, 2016).
10. Carol Dweck, Mindset: The New Psychology of Success (New York: Ballantine, 2006), 6.
11. Brian Tracy, Eat That Frog: 21 Great Ways to Stop Procrastinating and Get More Done in Less Time (San Francisco: Berrett-Koehler, 2001), 2.
12. Siehe Leo Widrich, „How the People around You Affect Personal Success", Lifehacker, July 16, 2012, https://lifehacker.com/5926309/how-the-people-around-you-affect-personal-success.
13. Susie Moore, What If It Does Work Out? How a Side Hustle Can Change Your Life (Mineola, NY: Ixia, 2016).
14. Edie Wadsworth, All the Pretty Things: The Story of a Southern Girl Who Went through Fire to Find Her Way Home (Carol Stream, IL: Tyndale, 2016).
15. „Perseverance, Determination, and Living Your Best Life: An Interview with Edie Wadsworth", Abschrift von Episode 10, Do It Scared with Ruth Soukup podcast, https://doitscared.com/episode10.